ARCHÄOLOGIE

W0078428

Helga Willinghöfer, geboren in Dortmund, studierte Klassische Archäologie, Ägyptologie und Kunstgeschichte in Köln und Bonn. Sie betreut als Lektorin die Publikation von Ausstellungskatalogen.

ARCHÄOLOGIE

Helga Willinghöfer

DUMONT

Impressum

Umschlagvorderseite von links nach rechts und von oben nach unten:
Rekonstruktion des so genannten Ötzi, der 1991 in den Ötztaler Alpen entdeckt wurde / Der Parthenon auf der Akropolis in Athen / Archäologen bei der Arbeit: Ausgrabung eines sächsischen Gräberfeldes bei Osterwohle (Sachsen-Anhalt) / Sophia Schliemann, die Frau des Archäologen, mit Goldschmuck aus dem großen Schatzfund von Troja / Von radikalislamischen Taliban zerstört: die Buddhastatuen von Bamijan / Archäologischer Forschungstaucher mit einem Fund aus der Zeit der Pharaonen

Umschlagrückseite von links nach rechts:
Das Erechteion auf der Akropolis in Athen, Aquarell von James Stewart, 1751 / C14-Analyse im Labor

Frontispiz: Der Stein von Rosette. Basalt, H. ca. 113 cm. London, British Museum. Bei der Inschrift auf dem Stein von Rosette handelt es sich um einen Erlass von Ptolemaios V. Epiphanes, der auf das Jahr 196 v. Chr. datiert wird (s. S. 112).

Für Stefan

Bibliographische Information der Deutschen Bibliothek
Die Deutsche Bibliothek verzeichnet diese Publikation
in der Deutschen Nationalbibliographie;
detaillierte bibliographische Daten sind im Internet über
http://dnb.db.de abrufbar.

Originalausgabe
© 2004 DuMont Literatur und Kunst Verlag, Köln
Alle Rechte vorbehalten
Druck: Rasch, Bramsche
Buchbinderische Verarbeitung: Bramscher Buchbinder Betriebe

Printed in Germany   ISBN 3-8321-7618-7

Inhalt

Inhalt

Vorwort

Der vorliegende Band möchte überblicksartig beschreiben, was Archäologie heute bedeutet, wobei die vorgestellten Beispiele aus einem Gebiet stammen, das in etwa der größten Ausdehnung des Römischen Reiches zu Beginn des 2. Jahrhunderts n. Chr. entspricht. Auf die ostasiatische und lateinamerikanische Archäologie soll nicht näher eingegangen werden, da deren Ziele und Methoden einerseits mit denen der klassischen Altertumswissenschaften im Mittelmeerraum übereinstimmen, andererseits das Gebiet aber den vorgegebenen Rahmen sprengen würde, wollte man es auch nur ansatzweise adäquat würdigen.

Es geht auch nicht allein um Wissenschaftsgeschichte, obwohl selbstverständlich die interessantesten und spektakulärsten Grabungen und Funde – etwa die Entdeckung des Grabes von Tut-anch-Amun im Tal der Könige in Ägypten – sowie die wichtigsten Pioniere der Archäologie (Winckelmann, Schliemann, Evans usw.) vorgestellt werden sollen. Vielmehr soll eine Standortbestimmung versucht werden, um zu markieren, was Archäologie heute bedeutet. Dabei geht es neben der Vorstellung und Erläuterung der verschiedenen Archäologien (»Klassische«, griechisch-römische Archäologie, Ägyptologie, Vor- und Frühgeschichte, Vorderasiatische Altertumskunde usw.) auch um die Rolle der Nachbardisziplinen sowie um die naturwissenschaftlichen Untersuchungsmethoden (Dendrochronologie und C14-Bestimmungen zur Datierung von Holz und organischem Material, Medizin und Anthropologie zur Untersuchung von Skelettfunden, geophysikalische Untersuchungen zur Aufnahme größerer Flächen und Luftbildarchäologie), die für den modernen Archäologen ein unverzichtbarer Bestandteil seiner Arbeit geworden sind.

Der »klassische« Archäologe, der sich hauptsächlich der kunsthistorischen Einordnung von Denkmälern, ihrer Datierung, Künstlerzuschreibungen und landschaftlichen Einordnungen widmete, der die »edle Einfalt und stille Größe« der klassischen griechischen Kunst in ästhetisierender Betrachtung isolierter archäologischer Highlights nachvollzog, ist fast verschwunden, seine Seh- und Arbeitsweise hat neuen, auf den Gesamtzusammenhang der antiken Kulturen ausgerichteten Forschungsansätzen Platz gemacht, bei denen nicht nur einzelne prominente Bauwerke oder Statuen untersucht werden, sondern der Wissenschaftler in erster Linie bemüht ist, eine antike Zivilisation in all ihren Facetten zu untersuchen und zu rekonstruieren.

Neben diesen traditionellen Aufgabengebieten des Archäologen sollen aber auch Aspekte wie Denkmalpflege, Kunsthandel, Raubgrabungen und Tourismus angesprochen werden. Bei aller Bemühung um Vollständigkeit und Vielfalt können jedoch aufgrund der Fülle des Materials nur einzelne interessante Beispiele angeführt werden, die für die jeweilige Zeit und die entsprechende Situation und Fragestellung repräsentativ sind.

Der Begriff »Archäologie« ist vom griechischen Wort »archaiologia« (Erzählungen aus der alten Geschichte) abgeleitet und setzt sich aus dem griechischen »archaios« (alt, ursprünglich) und »logos« (Kunde, Wissenschaft) zusammen, bedeutet also wörtlich die »Wissenschaft vom Alten«. Die Archäologie ist neben der Altphilologie und der Alten Geschichte ein Bereich der Klassischen Altertumswissenschaften. Archäologen untersuchen in erster Linie die materiellen Hinterlassenschaften antiker Kulturen, wobei die Zusammenarbeit mit den geisteswissenschaftlichen Nachbardisziplinen heute ebenso unumgänglich ist wie die mit Medizin, Biologie, Physik und Computertechnik.

Aufgrund der im Laufe der Zeit unübersehbar gewordenen Funde und Forschungsergebnisse kann es schon lange keinen »Universalarchäologen« mehr geben, der alle maßgeblichen Fundorte kennt, beständig über die aktuellsten wissenschaftlichen Ergebnisse informiert ist, gleichzeitig alle entsprechenden antiken Sprachen und Schriften beherrscht und darüber hinaus die kulturgeschichtlichen Zusammenhänge und Entwicklungen überschaut. Aus diesem Grund hat sich die Archäologie bereits im 19. Jahrhundert in verschiedene, sich teilweise überschneidende Fachgebiete aufgeteilt, wie sie heute auch an den Universitäten gelehrt werden.

Die verschiedenen Archäologien
Klassische Archäologie
Gewöhnlich versteht man unter Archäologie, wenn der Begriff nicht genauer spezifiziert ist, die Klassische Archäologie, die sich mit den materiellen Hinterlassenschaften der Griechen, Etrusker und Römer in historischer Zeit, das heißt zwischen dem 2. Jahrtausend v. Chr. und dem 4./5. nachchristlichen Jahrhundert im gesamten Gebiet des ehemaligen Römischen Reiches beschäftigt. (Das Prädikat »classisch« für diesen Bereich wurde erstmals 1869 von Alexander Conze verwandt, es wurzelt in der absoluten Vorbildfunktion, die der Klassizismus der griechisch-römischen Antike zu-

maß.) Ein spezieller Bereich innerhalb der Klassischen Archäologie ist neben der *Etruskologie* die so genannte *Ägäische Vorgeschichte*. Sie beschäftigt sich mit den kykladischen (3. Jahrtausend v. Chr.), minoischen (2. Jahrtausend v. Chr.) und mykenischen (Ende 2. Jahrtausend) Funden. Die Kykladen sind eine schon früh besiedelte Inselgruppe in der südlichen Ägäis (Naxos, Paros, Melos), als minoisch werden allgemein die vorgriechischen Funde auf Kreta bezeichnet, als mykenisch die auf dem griechischen Festland.

Provinzialrömische Archäologie
Ein weiterer Teilbereich der Klassischen Archäologie ist die Provinzialrömische Archäologie, die sich in Deutschland mit den Auswirkungen der römischen Eroberung auf die fünf germanischen Provinzen des Römischen Reiches – Gallia Belgica, Raetia, Noricum, Germania superior und Germania inferior – befasst. Der zeitliche Rahmen sind die Jahrhunderte zwischen 58 v. Chr. (Eroberung Galliens durch Cäsar) und 476 n. Chr. (Untergang des Weströmischen Reiches, der letzte Kaiser, Romulus Augustulus, wird von dem Herulerkönig Odowaker abgesetzt). An den deutschen Universitäten gehört dieser Fachbereich zu den jüngsten, ob-

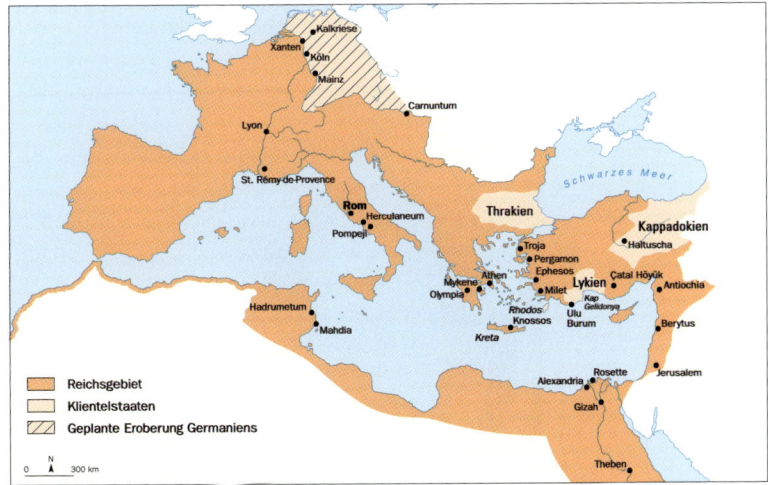

Das Römische Reich zur Zeit von Kaiser Augustus (reg. 23 v. Chr. – 14 n. Chr.). Eingetragen sind wichtige im Text erwähnte Orte und Städte.

9

wohl Funde und Forschungen zum römerzeitlichen Germanien sehr viel älter sind.

1852 wurde von den Deutschen Geschichts- und Altertumsvereinen das Römisch-Germanische Zentralmuseum in Mainz »zur Erforschung der Vor- und Frühgeschichte Deutschlands« (so die Satzung) gegründet. 1784 hatte man als erstes römisches Bauwerk auf deutschem Boden die Thermen von Badenweiler ausgegraben, nachdem Arbeiter auf der Suche nach Steinmaterial für den Bau des markgräflichen Amtshauses auf ein Gewölbe gestoßen waren.

1892 wurde auf Initiative Theodor Mommsens (1817–1903) die Reichslimeskommission (RLK) gegründet, 1902 die Römisch-Germanische Kommission des Deutschen Archäologischen Instituts.

Schon früh setzte man sich auf diesem Gebiet auch mit theoretischen Fragen und Problemen der Ausgrabungstechnik auseinander, die Landesaufnahme (*survey*, s. S. 66) wurde intensiv betrieben und konnte so auch der Klassischen Archäologie neue Impulse geben.

Das Fach ist heute ein internationales Forschungsgebiet, und ebenso wie in Deutschland gibt es natürlich auch in anderen ehemals von den Römern besetzten Gebieten in Europa und rund um das Mittelmeer – etwa in England, Frankreich, Spanien, Nordafrika oder Ägypten – provinzialrömische Forschungen.

Das erste römische Bauwerk, das in Deutschland ausgegraben wurde: die Thermen in Badenweiler (Baden-Württemberg), 1785, Kupferstich

Grab der Julier (um 35–
25 v. Chr.) und Ehren-
bogen (10–20 n. Chr.) in
Glanum (Saint-Rémy-de-
Provence)

Historische Bauforschung
Die Historische Bauforschung untersucht alle Bereiche
des menschlichen Bauens, von den Lehmziegeln der
prähistorischen Behausung bis zum modernen Wol-
kenkratzer aus Stahl und Glas, von der einfachen Siedlung bis zur hochkomplexen Stadtanlage. Ihr Aufga-
benbereich umfasst sowohl die Ausgrabung als auch
die Dokumentation, die zeichnerische Rekonstruktion,
Konservierung, Restaurierung und gegebenenfalls die
Wiederaufrichtung und Rekonstruktion aus bereits
vorhandenen Bauelementen (Anastylosis).
   Der erste bekannte Bauforscher war der römische
Schriftsteller Vitruv (geb. um 84 v. Chr.), der ein 10-
bändiges, dem Kaiser Augustus gewidmetes Lehrbuch,
De architectura, schrieb. Es enthält sowohl praktisch-
technische und materialkundliche Anleitungen zum
Bauen als auch entsprechende Exkurse zur Architek-
turgeschichte bis in die archaische Zeit. Die zugehöri-
gen Zeichnungen haben sich leider nicht erhalten. Das
Buch Vitruvs hatte großen Einfluss auf die Architekten
der Renaissance, nachdem 1414 das erste vollständige
Exemplar entdeckt worden war. Fra Giocondo illustrierte den Text 1513, Andrea Palladio 1556.
   Die Anfänge der historischen Bauforschung nach
heutigem Verständnis gehen auf das 18. Jahrhundert
zurück, als junge Architekten zur Abrundung ihrer
Ausbildung nach Rom und Griechenland reisten, um
dort die antike Architektur als Grundlage des zeit-

Die Celsus-Bibliothek in Ephesos (Gesamt und Detail). Vom Österreichischen Archäologischen Institut mit Hilfe zahlreicher privater Spenden wiederaufgebaut (Fertigstellung 1978)

genössischen Bauens kennen zu lernen. Heute untersucht die Archäologische Bauforschung die antiken Bauwerke mit dem Schwerpunkt Konstruktion und Technik, sie ist ein Zweig der Architektenausbildung. Zentrales Arbeitsgebiet ist die Bauaufnahme, das heißt Vermessen, Zeichnen, Dokumentieren, und die anschließende Interpretation der gewonnenen Daten, wobei nicht nur das einzelne Gebäude, sondern in einem zweiten Schritt auch Siedlungsstrukturen, z.B. die Verteilung öffentlicher, sakraler und privater Gebäude innerhalb eines Ortes, untersucht werden.

Spektakulär sind die im Rahmen dieses Fachbereiches entstehenden virtuellen, dreidimensionalen so genannten CAD-Rekonstruktionen (Computer Aided Design/Rechnergestütztes Entwerfen und Konstruieren). Diese seit den 1980er Jahren beständig weiterentwickelte und verfeinerte Technik ermöglicht es, verschwundene oder nur noch als Ruinen oder in Fragmenten erhaltene Gebäude einschließlich ihrer Innenausstattung, aber auch ganze Architekturensembles oder Städte mit Hilfe von digital verarbeiteten Plänen, Zeichnungen, Gemälden, Fotos, historischen Quellen, aber auch Beschreibungen von Zeitzeugen am Computer farbig, maßstabgerecht und mit wissenschaftlicher Genauigkeit zu rekonstruieren. Darüber hinaus besteht inzwischen die Möglichkeit, sich als »Besucher« in dieser virtuellen Architektur zu bewegen und sie aus jeder beliebigen Perspektive zu betrachten.

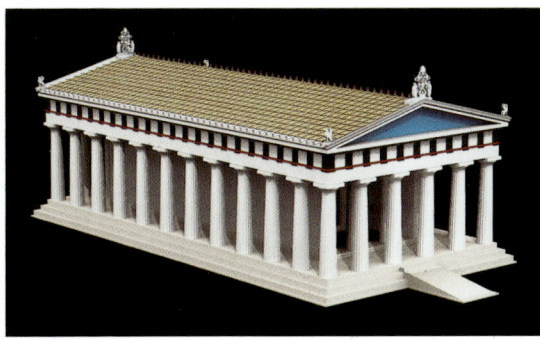

Rekonstruktion des Aphaia-Tempels von Ägina. 3D-Computergraphik

Ur- (Vor-) und Frühgeschichte

Die Ur- (Vor-) und Frühgeschichte (Prähistorie) wurde ab der zweiten Hälfte des 19. Jahrhunderts zu einer eigenständigen Forschungsdisziplin. Durch die Entwicklung von Oskar Montelius' Typologie 1903 und ihre im Folgenden erarbeiteten weiteren Differenzierungen verfügte sie über ein Instrument, die europäischen Grab- und Siedlungsfunde aus vorgeschichtlicher, schriftloser Zeit in eine chronologische Reihenfolge zu bringen. Der Forschungsbereich der Vor- und Frühgeschichte ist zeitlich und geographisch sehr viel weiter gefasst als der der Klassischen Archäologie. Die Urgeschichte untersucht die erhaltenen Spuren menschlichen Lebens seit der Steinzeit im gesamten europäischen (und außereuropäischen) Raum.

Die Frühgeschichtsforschung (das heißt die Zeit nach dem Untergang des Römischen Reiches bis in die jüngste Vergangenheit, auch als *Mittelalterliche Archäologie* bezeichnet) bedient sich etwa im Bereich der Stadtarchäologie ebenfalls prähistorischer Untersuchungsmethoden. So werden heute beispielsweise Ausgrabungen in den Städten nicht von klassischen Archäologen vorgenommen – die sich traditionell stärker der Analyse und Einordnung von entsprechend aufbereiteten Funden widmen –, sondern von Ur- und Frühgeschichtlern. Die von der Ur- und Frühgeschichte angewandten Methoden lassen sich grundsätzlich bei allen Untersuchungen prähistorischer Zusammenhänge einsetzen, wo immer Spuren menschlicher Existenz erforscht werden.

Ägyptologie
Die Ägyptologie (ihr ist auch die *Koptologie* zugeordnet, die sich der Kultur der frühen Christen in Ägypten widmet) befasst sich mit dem antiken Ägypten von der frühdynastischen bis in die Römerzeit (etwa 3100 v. Chr. – 4. Jahrhundert n. Chr.). Sie nahm ihren Anfang mit der ägyptischen Expedition Napoleons 1798/99, an der zusätzlich 167 »savants« (Mathematiker, Chemiker, Feldvermesser, Ballonfahrer, Archäologen, Ingenieure, Architekten, Literaten und Maler) beteiligt waren. Diese dokumentierten, vermaßen und zeichneten neben dem zeitgenössischen Ägypten und der Naturgeschichte des Landes auch die erhaltenen antiken Denkmäler. Zwischen 1809 und 1828 wurden die Ergebnisse dieser Untersuchungen in einer in ihrem Umfang, ihrer Qualität und ihrer Genauigkeit überwältigenden Publikation veröffentlicht, der *Description de l'Egypte* (10 Text- und 26 Tafelbände mit 900 Plänen und 3000 Zeichnungen). Die *Description* ist bis heute, vor allem weil viele der dort dokumentierten Denkmäler inzwischen zerstört sind, eine unersetzliche archäologische und historische Quelle. Der Kriegszug Napoleons endete zwar in einem Desaster für die französischen Truppen, doch in seiner Folge wurde mit der Entzifferung der Hieroglyphen durch Champollion (s. S. 112) der Grundstein für eine neue Wissenschaft gelegt.

Die Ägyptologie ist an den Universitäten nicht, wie die klassische Altertumskunde, in einen kunsthistorischen (Denkmäler) und einen philologischen (Schriftzeugnisse) Zweig geteilt, sondern beide Bereiche werden »unter einem Dach« gelehrt.

Aufgrund der relativen stilistischen Statik der ägyptischen Kunstwerke – die Frage nach Künstlerzuschreibungen, landschaftlicher Einordnung oder Datierung (aufgrund der meist ausführlichen Inschriften) stellt sich praktisch nicht – ist die Lehre weniger kunsthistorisch, sondern stark philologisch, das heißt auf die schriftlichen Quellen (Grab-, Objekt- und Tempelinschriften, Papyri etc.) ausgerichtet.

Theben, Medinet Habu, Relief im Peristyl des Palastes, aus: *Description de l'Egypte ...* Dargestellt ist der Pharao Ramses III. (reg. 1184–1153 v. Chr.), der nach seinem siegreichen Feldzug gegen die Libyer – rückwärts auf seinem Wagen sitzend – seinen Dienern beim Zählen der den Gefangenen abgeschlagenen Händen zusieht. Über der Darstellung steht der Kriegsbericht.

Vorderasiatische Archäologie
Das Forschungsgebiet der Vorderasiatischen Altertumskunde sind die Kulturen des Nahen Ostens, Assyrien, Babylon, Sumer, Akkad, Elam, Uratur und die Hethiter sowie ihre Nachfolgestaaten (heute Türkei, Armenien, Georgien, Iran, die Staaten des Persischen Golfes und der Arabischen Halbinsel, Palästina, Israel, Jordanien, Syrien und der Irak) zwischen dem 9. Jahr-

Der Schlangendrache von Babylon, das heilige Tier des Gottes Marduk, Detail des Ischtar-Tores, frühes 6. Jh. v. Chr.

tausend v. Chr. und dem 7. Jahrhundert n. Chr. (islamische Eroberung).

Eine Initialzündung zum Entstehen der Vorderasiatischen Altertumskunde waren die Expeditionen Carsten Niebuhrs (1733–1815), der zwischen 1761 und 1767 den Orient bereiste. Seine Kopien der Inschriften von Persepolis (1765) boten die Grundlage zur Entzifferung der Keilschrift, seine *Reisebeschreibungen nach Arabien und anderen umliegenden Ländern* sind bis heute lesenswert.

Die Vorderasiatische Archäologie ist heute ein selbständiges Fachgebiet, sie ging aus der fast ausschließlich philologisch ausgerichteten Altorientalistik hervor. In enger Verbindung zu ihr steht die Biblische Archäologie, die die Siedlungs- und Kulturgeschichte Palästinas erforscht.

Christliche Archäologie
Die kulturhistorische Phase zwischen der Spätzeit des Römischen Reiches und dem frühen Mittelalter untersucht die Christliche Archäologie, ihr Forschungsgebiet sind die Spuren der frühen Christen. Nach der Entdeckung der ersten römischen Katakomben 1578 war sie zunächst eine theologische Disziplin und ein Teilbereich der Kirchengeschichte. Heute ist sie eine

eigenständige Wissenschaft, die jedoch eng mit der Archäologie der jeweils vorangehenden (Rom, Ägypten, Vorderasien) und folgenden Kulturen verbunden ist.

Archäologie außerhalb Europas und des Mittelmeerraums
Auf dem nordamerikanischen Kontinent war der spätere dritte Präsident der Vereinigten Staaten, Thomas Jefferson (1743–1826) einer der Pioniere der archäologischen Feldarbeit. 1784 öffnete er zahlreiche Grabhügel, um ihr Alter zu bestimmen. Intensiv ging man auch der Frage nach dem Alter der menschlichen Besiedlung Amerikas nach. Archäologie gehört in Amerika zur Völkerkunde (Anthropology) und ist dort heute stark historisch, kulturgeschichtlich und soziologisch ausgerichtet.

Zwischen 1839 und 1842 hatten John Lloyd Stephens (1805–1852) und der Zeichner Frederick Catherwood (1799–1854) in Zentralamerika bereits Uxmal, Copan, Palenque und Chichen Itza, die Zentren den Mayakultur, entdeckt. Gegen Ende des 19. Jahrhunderts begannen die archäologischen Untersuchungen in Peru, Argentinien, Bolivien und Chile durch den deutschen Altamerikanisten Max Uhle (1856–1944). Die Vorgeschichtsforschung in Amerika war eng mit ethnographischen Untersuchungen an noch lebenden Indianerstämmen verknüpft, um so Vergleichsmaterial und Analogien zu untergegangenen Kulturen zu finden.

In Indien wurde 1863 zur Aufnahme der historischen Denkmäler der »Archaeological Survey of India« gegrün-

Maya-Schriftzeichen in Copan, Mexiko. Zeichnung von Frederick Catherwood für den Band *Incidents of Travel in Central America, Chiapas and Yucatan* von John Stevens, New York 1843

det. Diese Institution war auch für die Entdeckung der Indus-Kultur, einer der ältesten Zivilisationen der Menschheit, verantwortlich. Hier wurden 1921/22 die großen Städte Harappa und Mohenjo-Daro (später von Sir Mortimer Wheeler, 1890–1976, erneut untersucht) ausgegraben.

Um die Vorgeschichtsforschung der chinesischen Hochkultur machte sich vor allem der Schwede J. G. Anderson (1874–1960) verdient, er entdeckte das neolithische Dorf Yang Shao.

Zentralasien entlang der Route der Seidenstraße wurde um die Jahrhundertwende von Sir Marc Aurel Stein (1862–1943) erforscht; in Australien und Ozeanien waren – ebenso wie in Afrika – archäologische Entdeckungen häufig ein Nebenprodukt völkerkundlicher Studien.

Neue Forschungsrichtungen

Von heute unüberschaubar großen Forschungsfeld der Archäologie haben sich einzelne Spezialgebiete abgespalten, etwa die Ende der 1950er Jahre in Großbritannien entstandene so genannte *Industriearchäologie*, bei der es um den Erhalt, die denkmalpflegerische Betreuung und, wenn möglich, um eine integrierte moderne Nutzung industrieller Bauwerke, Maschinen und Produkte geht.

Der junge Wissenschaftszweig der *Montanarchäologie* beschäftigt sich mit der Geschichte des Bergbaus und des Hüttenwesens. Dabei lassen sich in Zusammenarbeit mit der Mittelalterlichen Geschichte und naturwissenschaftlichen Disziplinen wie der Geologie neue Erkenntnisse zu Erzgewinnung und -verhüttung sowie zu technischen Produktionsabläufen und Handel gewinnen. Darüber hinaus erhält man Einblicke in die bereits frühe Zerstörung der Wälder, die u. a. zur Gewinnung von Baumaterial und Holzkohle gerodet wurden; die Schadstoffemission etwa von Blei und Schwefel kann man anhand von Bodenanalysen nachweisen. (Als verblüffend positiver Effekt des mittelalterlichen Ausstoßes von Umweltgiften lässt sich eine bessere Konservierung von leicht vergänglichen Materialien, etwa Leder oder Stoff, feststellen.)

Seit dem Beginn der 1970er Jahre ist die so genannte *Stadtarchäologie* eine separate Forschungsdisziplin, seit den 90er Jahren blüht sie in Deutschland aufgrund der umfangreichen Bau- und Sanierungsmaßnahmen vor allem in den östlichen Bundesländern. Hier fanden in den letzten 15 Jahren Rettungsgrabungen in bis dahin ungekanntem Ausmaß statt. Das Aufgabengebiet der Stadtarchäologen ist vielfältig: Es geht um die natürlichen und vom Menschen geschaffenen Voraussetzung für die Siedlungsentwicklung, um historische Topographie und Straßensysteme, Verkehr, Infrastruktur, Bebauungsgefüge, Handel, Handwerk, Verteidigung, Ernährung, Gesundheit, Hygiene, religiöses Leben und Tod. So erschließen sich beispiels-

Der Förderturm der Zeche Zollverein in Essen: 1851 in Betrieb genommen, 1986 stillgelegt und unter Denkmalschutz gestellt. Heute befinden sich in der Anlage Veranstaltungsräume, Restaurants, Bühnen, Ausstellungsräume und sogar ein Schwimmbad; seit 2001 gehört die Zeche Zollverein zum UNESCO-Weltkulturerbe.

weise gesellschaftliche Strukturen oder die Ausbildung sozialer Schichten über die Lage und Ausstattung der Wohnhäuser innerhalb einer Stadt, über die Qualität der Grabstätten oder die Rekonstruktion der Wasserver- und -entsorgung.

Da Funde in den Städten meist zufällig bei größeren Baumaßnahmen gemacht werden, stehen solche Grabungen fast immer unter enormem Zeitdruck, der Bauherr möchte seinen Zeitplan einhalten, jeder verlorene Tag kostet viel Geld. Finanzielle Mittel für eine Grabung sind in der Regel nicht eingeplant, ebenso fehlt es häufig an geschultem Personal und an einer entsprechenden Ausrüstung für ein solches, meist sehr kurzfristig angesetztes Unternehmen. So bleibt dem Ausgräber nur, möglichst schnell und mit oft unzureichenden Mitteln unter schwierigsten äußeren Bedingungen (Regen, Kälte, schlammige Baugruben) so viele Funde und Befunde, das heißt bewegliches (Keramik-, Metall-, steinerne Fundstücke usw.) und unbewegliches (Mauern, Schichten usw.) Material, so präzise wie möglich zu dokumentieren, denn für gewöhnlich werden die aufgedeckten Befunde nach ihrer Erfassung abgeräumt und sind dann für immer verloren. Um die Kosten für Personal, Material und Geräte zu sparen, beauftragen viele Kommunen heute kommerzielle Grabungsfirmen mit Ausgrabungen, die ihrerseits wiederum Arbeitsplätze für Archäologen schaffen. Seit den 70er Jahren des 20. Jahrhunderts hat man versucht, zumindest Teile von Mauerzügen, Pflasterungen und Grundrissen zu konservieren, indem man sie in Neubauten integrierte oder auf modernem Laufniveau durch farblich und im Material kontrastierende Stein-

Bei Notgrabungen kämpfen die Archäologen nicht nur mit Zeitnot, sondern oft auch mit dem Unverständnis der Anwohner.

Blick vom Kölner Dom auf die Domplatte vor dem Römisch-Germanischen Museum (Mitte rechts). Im Pflaster nachgezeichnet ist die römische Bebauung, u. a. die Mauern des Hauses mit dem Dionysos-Mosaik.

setzungen markierte – eine Lösung, die nicht immer überzeugen kann.

Um das Auftauchen solcher Zufallsfunde möglichst einzuschränken und innerhalb der Stadt bereits bei der Planung von Baumaßnahmen, die in ältere Besiedlungshorizonte eingreifen werden, vorsorgende Maßnahmen zu treffen, wird beispielsweise für die Kölner Innenstadt seit 1996 ein so genannter »Digitaler Archäologischer Schichtenatlas« erstellt. Im Rahmen dieses Pilotprojektes sollen u. a. zunächst alle Flächen, für die archäologische Nachrichten vorliegen, kartiert werden. In diesen Karten werden dann die vorhandenen archäologischen Funde und Befunde mit ihrer entsprechenden Fundschicht verzeichnet. Darüber hinaus arbeitet man alte und aktuelle Katasterpläne in den Atlas ein und registriert alle Bodeneingriffe nach 1945 (U-Bahn-Tunnel, Kanalisationsarbeiten usw.). In einem weiteren Schritt will man später auch die Daten der erhaltenen mittelalterlichen Grundbuchakten aus dem

Küstenlinien können durch Umwelteinflüsse (z. B. die Anschwemmung von Sedimenten) ihren Verlauf ändern. Für die Stadt Milet wird mit Hilfe von Bohrungen und der Analyse der Bohrkerne versucht, diese Veränderungen im Laufe der Jahrhunderte zu rekonstruieren.

Vermutete Position der Küstenlinie nach:
D. Eisma, 1978
±100 n. Chr.
S. Erinç, 1978
1. Jh. n. Chr.
Schröder & Bay, 1996
~250 v. Chr.

o   Stadt
●   hist. Ort
⚔   Seeschlacht
∿   Fluss
–··– Landesgrenze

12. bis 16. Jahrhundert sowie Gemälde, Graphiken und historische Fotos in die Dokumentation aufnehmen.

Der Wert einer solchen sich immer weiter vervollständigenden und verfeinernden Dokumentation geht natürlich weit über den rein denkmalpflegerischen Aspekt hinaus: Funde und Befunde können in ganz neuen Zusammenhängen betrachtet, historische Entwicklungen sehr viel genauer rekonstruiert werden als anhand gezeichneter Einzelpläne, und zwar nicht nur für die Römerzeit, sondern auch für das Mittelalter und die Neuzeit. Problemlos können die Daten beständig aktualisiert werden. Vorgesehen ist, dass neben dem Amt für Bodendenkmalpflege und den jeweils verantwortlichen städtischen Dienststellen und Planungsämtern auch die Bürger über das Internet Zugriff auf die gewonnenen Daten erhalten.

Die *Geoarchäologie* untersucht mit geologischen Methoden archäologische Fragen. So analysiert man beispielsweise mit Hilfe von Dünnschliffuntersuchungen oder aufwändigen geochemischen Verfahren archäologische Artefakte (Bausteine, Steinwerkzeuge und -keile usw.), um so Rückschlüsse auf das Material, seine Herkunft, das Abbaugebiet oder den Steinbruch, aus dem das Rohmaterial stammt, zu erlangen, was wiederum Hinweise auf die antike Infrastruktur (Transportwege) und die gesellschaftliche Organisation geben kann. Auch Herstellungstechniken lassen sich auf diese Weise rekonstruieren.

Mit Hilfe von Bohrungsserien und der Analyse der so gewonnenen Bohrkerne kann man den Verlauf antiker Küstenlinien rekonstruieren, die sich im Verlauf der Jahrhunderte durch das von Flüssen angeschwemmte Sediment oft erheblich verändert haben. Antike Hafenanlagen liegen heute, beispielsweise im kleinasiatischen Milet, oft viele Kilometer landeinwärts; auch der Verlauf von Flüssen oder die Lage von ursprünglichen Inseln (die heute als Hügel aus dem Schwemmland ragen) kann mit Hilfe solcher Untersuchungen rekonstruiert werden.

Unterwasserarchäologie
Im Wasser unter Luftabschluss erhalten sich – ähnlich wie im Moor – neben Stein oder Metall auch zahlreiche organische Materialien wie Holz, Knochen, Textilien oder Nahrungsmittelreste sehr lange, deren Unter-

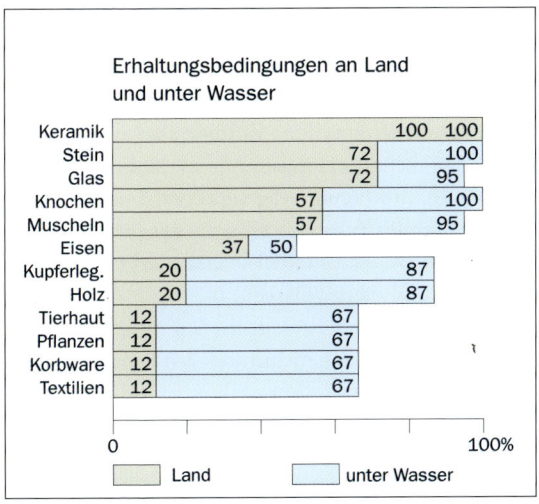

Viele Materialien erhalten sich unter Wasser besser als in der Erde.

Erhaltungsbedingungen an Land und unter Wasser

Material	Land	unter Wasser
Keramik	100	100
Stein	72	100
Glas	72	95
Knochen	57	100
Muscheln	57	95
Eisen	37	50
Kupferleg.	20	87
Holz	20	87
Tierhaut	12	67
Pflanzen	12	67
Korbware	12	67
Textilien	12	67

0   100%
☐ Land   ☐ unter Wasser

Scène à Morges le 24 août 1854
découverte des palets à Morges par A. Morlot le 27 mai 1854.

F. Forel.
T. Troyon.
Al. Morlot.

Ein Pionier der Unterwasserarchäologie: Adolphe von Morlot wandelt zwischen den Überresten eines Pfahlbaus auf dem Grund des Genfer Sees, 1854, Aquarell

suchung Aufschlüsse über Lebensbedingungen, antike Bautechniken usw. geben kann. Die Unterwasserarchäologie untersucht – von der Steinzeit bis heute – all die Funde, die unter Wasser, aber auch im Moor und in verlandeten Seen, erhalten geblieben sind (dies bedeutet, dass nicht alle Untersuchungen des Unterwasserarchäologen im Taucheranzug stattfinden müssen, unter bestimmten Bedingungen reichen auch Gummistiefel). Dabei kann es sich um Siedlungen handeln, deren Überreste sich in flachen Ufergewässern finden, wie beispielsweise am Bodensee, um Dörfer, Gräber oder Straßen, die überflutet wurden, aber auch um Hafenanlagen, Brücken, Einzelfunde wie untergegangene Schiffe und ihre Ladung oder verlorene (über Bord geworfene) Gegenstände (wie etwa die Krieger von Riace, s. S. 170), die wiederum Rückschlüsse auf Handelsbeziehungen und -wege zulassen.

Methodisch unterscheiden sich Grabungen unter Wasser nicht von solchen an Land. Ein Fundort wird entdeckt – wie bei fast allen Grabungen auf festem Boden handelt es sich auch bei denen unter Wasser meistens um Notgrabungen; Fundstellen werden bei Bauarbeiten zufällig aufgedeckt und müssen dann möglichst schnell wissenschaftlich dokumentiert werden, bevor sie für immer verschwinden – und die Größe des zu untersuchenden Areals festgelegt, Schichten werden abgetragen (unter Wasser können jedoch keine Schnitte angelegt werden), dann die Funde elektronisch vermessen und mit Hilfe von Fotos und Zeichnungen dokumentiert. Die Grabungsarbeit selbst ist jedoch erheblich komplizierter, sehr viel langwieriger und finanziell enorm aufwändig: Das Personal besteht fast ausschließlich aus ausgebildeten Tauchern, und da diese pro Tag höchstens zwei Tauchgänge von insgesamt zwei Stunden Länge unternehmen dürfen, ist ein solches Projekt entsprechend zeitraubend. Der Einsatz von Echolot, Sidescan- und 3D-Sonar (Ultraschallgeräte zur Lokalisierung von Objekten auf dem Meeresboden, die gewonnenen Daten werden im Computer zu dreidimensionalen Bildern zusammengesetzt), Photogrammetrie (Methode zur berührungslosen Erfassung und Vermessung von Objekten mit Hilfe von Bildern), Videotechnik, Tauchrobotern und Mini-U-Booten unterstützt die Arbeit der Unterwasserarchäologen.

Die noch nicht verabschiedete UNESCO-Konvention zum Schutz des kulturellen Erbes unter Wasser soll den Umgang mit Unterwasserfundplätzen regeln, bis dahin ist dies noch Angelegenheit der einzelnen Mitgliedsstaaten. In Deutschland stehen Unterwasserfundstellen wie alle anderen archäologischen Fundplätze unter Schutz, Funde müssen dem zuständigen Denkmalamt gemeldet werden, Untersuchungen dürfen in der Regel nur im Notfall und nur durch ausgebildete Fachleute vorgenommen werden. Der Verband der Landesarchäologen der Bundesrepublik Deutschland hat 1983 eine eigene Kommission für Unterwasserarchäologie gegründet, die unterwasserarchäologische Projekte unterstützt und berät, Lehrgänge anbietet, Archäologen für dieses Spezialgebiet ausbildet, aber auch das öffentliche Bewusstsein für die kulturelle Bedeutung der Fundstätten unter Wasser zu fördern sucht.

Zu den archäologisch aufschluss-reichsten Schiffsfunden gehören das Wrack von Uluburun (dendro-chronologische Datierung eines Holzscheites: 1306 v. Chr.) und das etwa 100 Jahr später (um 1200 +/–50 Jahre, Radiokarbondatierung) vor der türkischen Küste in der Nähe des Kaps Gelydonia gesunkene Handelsschiff, dessen Wrack bereits 1954 entdeckt wurde. Beide Frachter hatte Kupfer- und Zinnbarren gela-

alleinige Handelsmonopol im östli-chen Mittelmeerraum hatten und die Phönizier schon sehr viel früher als bisher angenommen als Seefah-rer aktiv waren.

Zu den wichtigsten Wrackfunden für die Klassische Archäologie zäh-len aufgrund ihrer sehr qualitätvol-len Ladung die in den Jahren 1907 und 1900 vor Mahdia in Tunesien und vor der griechischen Insel Anti-kythera entdeckten Frachtschiffe.

Ein erstaunlicher Fund aus dem Wrack vom Kap Gelydonia: Altmetall, das zum Recyceln gesammelt wurde

den, das Schiff vom Kap Gelydonia darüber hinaus Altmetall in Wei-denkörben zur Wiederverwertung – zerbrochene Pflugscharen, Äxte, Messer, Meißel und Gussabfälle. Wahrscheinlich kam dieses Schiff aus Syrien/Kanaan, das heißt, es handelte sich um ein frühes phöni-zisches Handelsunternehmen. His-torisch wichtig war das Wrack von Kap Gelidonya, weil es bewies, dass die Mykener – anders als bis dahin von der Forschung angenommen – in der späten Bronzezeit nicht das

Aus dem vor Mahdia gesunkenen Schiff, dessen Untergang mit Hilfe des Fragments einer an Bord gefun-denen römischen Amphore in das 1. Jahrhundert v. Chr. datiert werden kann, konnten etwa 500 verschiede-nen Objekte geborgen werden, u. a. Skulpturen aus Marmor und Bron-ze, Vasen usw. Möglicherweise war die Ladung die Beute eines römi-schen Raubzuges in Griechenland; warum das Schiff jedoch so weit ab-seits der Route Griechenland–Rom unterging, ist bisher nicht geklärt.

Das Stadtpanorama von Alexandria, im Vordergrund der Leuchtturm, Rekonstruktion nach antiken Beschreibungen und Darstellungen

Zu den bekanntesten antiken Schiffsfunden in Deutschland, bei denen es sich um Reste römischer Binnenschiffe handelt, gehören die Lastschiffe vom Kölner Rheinufer, zwei Wracks aus Xanten (alle in den 1980er Jahren gefunden), fünf 1981/82 entdeckte Schiffe in Mainz aus dem 3./4. Jahrhundert n. Chr. sowie zwei Plankenfahrzeuge aus dem frühen 2. Jahrhundert n. Chr., die 1994 in der Nähe des römischen Truppenlagers von Oberstimm (Bayern) freigelegt wurden.

Besonders spektakulär sind die Funde, die in den letzten zehn Jahren in den ägyptischen Küstengewässern vor dem modernen Alexandria gemacht wurden. Große Teile der 331 v. Chr. von Alexander dem Großen gegründeten antiken Stadt waren seit dem 4. nachchristlichen Jahrhundert durch Erdbeben, Flut-

wellen und das langsame Wegrutschen der Stütz- und Befestigungsmauern (Substruktionen) eingestürzt und im Meer versunken. Die an Land erhaltenen Reste hatte man im Laufe der Zeit als kostenlose Steinbrüche ausgebeutet oder überbaut.

Einer französischen Tauchexpedition des Centre d'Etudes Alexandrines unter der Leitung von Jean Yves Empereur (CNRS, Centre national de la recherche scientifique, vergleichbar der deutschen Max-Planck-Gesellschaft) gelang es ab 1994, vor der Hafenmole des Forts Quait Bey unter Wasser in 6 bis 8 Metern Tiefe Steinblöcke zu identifizieren, die u. a. möglicherweise zum antiken Leuchtturm des Hafens von Alexandria, dem so genannten Pharos, gehört hatten.

Der Amerikaner Franck Goddio arbeitet seit 1996/97 im Hafen von Alexandria. Seither hat er in jährlichen Tauchkampagnen Überreste der königlichen Paläste, Granitblöcke, Säulen, Fußbodenbeläge, Statuen, Sphingen, Keramik und vieles mehr entdeckt.

Allerdings werden Goddios Interpretationen von vielen akademischen Archäologen mit Zurückhaltung betrachtet, da diese ihnen häufig als zu hypothetisch und wenig fundiert erscheinen. Die aufsehenerregendsten Funde Goddios können seit 2003 im neu erbauten Nationalmuseum von Alexandria bestaunt werden.

Luftbildarchäologie

Durch Menschenhand hervorgerufene Veränderungen im Erdboden können sich je nach Jahreszeit, Bodenfeuchtigkeit, Lichteinfall und Höhe des Pflanzenbewuchses in unverbautem Gelände beim Betrachten aus größerer Höhe durch Bodenverfärbungen, Schatten oder Unregelmäßigkeiten in der Pflanzendecke deutlich abzeichnen. So wachsen beispielsweise Getreidehalme über einem ehemaligen Graben höher und kräftiger, weil die Erde in diesem Bereich feuchter und nährstoffhaltiger ist als die der Umgebung, während andererseits der Bewuchs über in der Erde verborgenen Mauern spärlicher ausfällt, da der Boden dort schneller austrocknet, die Pflanzen nicht so tief wurzeln können und später reifen. Auch der Verlauf heute versandeter Flussläufe oder ehemaliger Küstenlinien lässt sich aus großer Höhe oftmals präzise nachvollziehen.

Die ersten Luftaufnahmen machte der Kartograph Gaspard Felix Tournachon bereits im Jahre 1858 mit Hilfe eines Fesselballons, 1863 entstanden die ersten Luftbilder Londons bei einem Ballonflug. Als Pionier der Luftbildarchäologie gilt der britische Pilot Osbert G. S. Crawford, der nach dem 1. Weltkrieg systematisch vom Flugzeug aus archäologische Stätten in England fotografierte und damit die bis heute gepflegte Tradition der Luftbilddokumentation britischer Denkmäler initiierte. Auch die während des 2. Weltkrieges entstandenen und heute in umfangreichen Archiven aufbewahrten Aufnahmen der Luftwaffe (im In- und Ausland) können, nach entsprechender Aufbereitung, Aufschlüsse über Bodendenkmäler geben.

Luftbildaufnahme einer römischen Villa rustica bei Gaimersheim (Bayern). Die hellen Streifen bezeichnen Mauerreste, über denen das Getreide weniger stark [...] weil es ihm [...] jähr-stoffen fehlt.

1995 gab die US-Regierung die Satellitenaufnahmen der Corona-4-Mission frei, die für den amerikanischen Geheimdienst angefertigt worden waren. Besonders die Aufnahmen von Ägypten und dem Nahen Osten – sie sollten ursprünglich die Einhaltung der Waffenstillstandsvereinbarungen zwischen Ägypten und Israel überwachen – waren für die Archäologen von Interesse. Mit ihrer Hilfe und weiteren Fernerkundungsaufnahmen (z. B. von Terra, einem Nasa-Satelliten, der stereoskopische Bilder liefert, aus denen man dreidimensionale Landschaftsdarstellungen generieren kann) lassen sich ehemalige Wasserstellen, Flussläufe, Wander- und Karawanenwege sowie archäologische Fundorte identifizieren.

Ab 1960 fanden in Deutschland planmäßige Flüge über dem Rheinland statt, seit den 70er Jahren auch über den anderen Bundesländern. Ost- und Mitteldeutschland wurde nach der Wende, als die zuvor für den Erkundungsflug gesperrten Zonen zugänglich wurden, ebenfalls mit einbezogen. In Sachsen-Anhalt hat man beispielsweise innerhalb von sechs Jahren 50.000 Aufnahmen von fast 3200 bisher unbekannten Fundstellen gemacht. Dabei darf nicht außer Acht gelassen werden, dass eine Flugstunde etwa zehn Stunden Nachbereitung am Boden erfordert – die Aufnahmen müssen bearbeitet, eingemessen, kartiert und inventarisiert werden. Aufgrund des chronischen Personalmangels in den Denkmalämtern wird der Rückstand bei der Auswertung oft immer größer, so dass die Spuren eines Denkmals häufig bereits zerstört sind, bevor sie in eine archäologische Karte eingetragen sind.

Vor allem bei größeren Architekturensembles (Stadtanlagen, Militärlager, Straßen, Grenzbefestigungen wie der römische Limes) oder weit verstreuten, aber in einem Zusammenhang stehenden Einzelfundorten (Brunnen, Wasserstellen, Lager) lässt sich eine zusammenhängende Struktur mit Hilfe der Luftbildprospektion erheblich müheloser verfolgen und rekonstruieren als vom Boden aus. Weit abgelegene oder nur mit erheblichem Aufwand zugängliche Denkmäler (etwa im Gebirge oder in der Wüste) erschließen sich durch die Luftbildarchäologie ebenfalls problemlos.

Mit Hilfe von Luftbildern lassen sich die Abmessungen antiker Baudenkmäler genau bestimmen, Schutzmaßnahmen können getroffen werden, bevor aus Unkenntnis nicht wiedergutzumachende Schäden angerichtet werden. Schon bei der Planung einer Ausgrabung können die Grenzen des zu untersuchenden Areals genau bestimmt werden, man muss nicht »blind« suchen, erfolgversprechende Sondagen können präzise angelegt werden.

Die Qualität der Luftaufnahmen ist stets abhängig von den Entwicklungen in der Luft- und Raumfahrt, aber auch von der Fototechnik. Heute werden Luftbilder von speziell ausgebildeten Fotografen mit senkrecht unter ein Flugzeug montierten Kameras gemacht (teilweise auch mit mehreren Fotoapparaten gleichzeitig, um dreidimensionale Bilder zu erzielen), hier kommt auch die Infrarot- (schwarzweiß) oder Falschfarbenfotografie (farbig) zum Einsatz. So können in systematischen Erkundungsflügen durch einander überschneidende Aufnahmen ganze Landstriche dokumentiert werden, womit sich die Luftbildarchäologie der Kartographie nähert. Satellitenaufnahmen als noch weiter »sehendes« Instrument der Fernerkundung liefern Bilder von noch größeren Gebieten.

Experimentelle Archäologie
Die experimentelle Archäologie – nicht zu verwechseln mit der so genannten »lebendigen Archäologie«, die als pädagogische Veranstaltung von manchen Freilichtmuseen angeboten wird – beschäftigt sich nicht mit Ausgrabungen oder Datierungsfragen, sondern versucht, anhand von Funden, überlieferten Beschreibungen, bildlichen Darstellungen und volkskundlicher Beobachtung Techniken, Herstellungsverfahren und die Verwendung bestimmter Gegenstände, Werkzeuge oder Geräte nachzuvollziehen. Hierbei kann es sich um einfache Aufgaben wie Brotbacken oder das Weben

Experimentelle Archäologie

»Die Methode des Experiments wird in der historischen Wissenschaft wenig geübt, und doch kann sie zur Lösung begrenzter praktischer Probleme entscheidend beitragen. Die rekonstruierende Inszenierung vergangener Zustände hat freilich auch immer einen spektakulären, publikumswirksamen Aspekt. Wenn sie gut gemacht ist, kann sie zu einer stimulierenden Werbung für die Beschäftigung mit der Geschichte werden, andernfalls nimmt sie dem Unternehmen seine wissenschaftliche Seriosität und Glaubwürdigkeit. Das archäologische Experiment ist unleugbar eine Art Theater, aktivistisch-fiktive Vorführung von Vergangenem auf wissenschaftlich erarbeitetem Fundament. Niemand kann die Umweltbedingungen und die Mentalität einer längst versunkenen Epoche wiederherstellen, die unzähligen in Vergessenheit geratenen routinemäßigen Kleinigkeiten rekonstruieren, die dem täglichen Leben das Gepräge gaben. Ist man sich dieser Grenzen nicht bewusst und macht sie nicht deutlich, wird die historische Inszenierung unweigerlich zur naiven Spielerei.«

Marcus Junkelmann 1986

von Stoffen handeln; im Experiment werden darüber hinaus Werkzeuge nachgebaut und auf ihre Funktionsmöglichkeiten getestet, auch Brücken und Häuser rekonstruiert man mit den entsprechenden Materialien und Werkzeugen und untersucht sie auf ihre technischen Eigenschaften.

Umfangreichere und auf einen längeren Zeitraum angelegte »Versuchsanordnungen« sind geeignet, den Alltag vergangener Jahrhunderte oder Jahrtausende wieder lebendig zu machen.

In Deutschland besonders bekannt ist der Archäologe Marcus Junkelmann, der seine Experimente im Bereich des römischen Militärwesens anstellt. Seine Ritte entlang des Limes, der Donau und der Nordsee, die er seit 1988 unternahm, brachten neue Erkenntnisse über Organisation und Praxis der römischen Kavallerie, darüber hinaus rekonstruierte er Rüstungen, Waffen, Gladiatorenausstattungen usw.

Aufwändig sind auch die Experimente in Berlin-Düppel. Dort hat man über archäologisch ergrabenen Siedlungsresten ein ganzes mittelalterliches Dorf rekonstruiert. In verschiedenen Arbeitsgruppen werden alte, heute ausgestorbene Haustierrassen und Nutz-

Das Grabrelief eines *retiarius* (Gladiators) zeigt die übliche Ausrüstung mit Dreizack, Dolch und Schulterschutz, das Netz fehlt allerdings, 3. Jh. n. Chr., Marmor

Schulterpanzer mit hochgezogenem Schirm für einen *retiarius*, 1. Jh. n. Chr., Bronze

pflanzen zurückgezüchtet (etwa die Äpfel Königlicher Kurzstiel oder Roter Winterkalvill), handwerkliche Techniken (Töpfern, Spinnen, Weben, Walken, Färben, vor allem aber die Teer- und Pechherstellung) erforscht und Häuser mit mittelalterlichem Werkzeug erbaut.

Einen besonderen Bereich der experimentellen Archäologie stellt der Nachbau von antiken, aber auch jüngeren Handels- und Kriegsschiffen dar. Dies ist die einzige Möglichkeit, ihre Bauweise und Frachtkapazität, die Größe der Besatzung, Seetauglichkeit, Manövrierfähigkeit und Geschwindigkeit zu erforschen.

Abhängig von der jeweiligen Problemstellung müssen die Anforderungen an die experimentelle Archäologie sehr streng sein. Geht es beispielsweise um die Frage, wie viel Zeit ein Handwerker braucht, um aus einem Steinblock eine Säulentrommel zu schlagen oder die Oberfläche einer Marmorstatue zu polieren, so ist die Benutzung entsprechend »antiker« Werkzeuge von Anfang an unverzichtbar, um zu aussagekräftigen Ergebnissen zu gelangen. Möchte man hingegen wissen, wie lange ein Gespann benötigt, um einen Block vom Steinbruch zur Baustelle zu schaffen, so sollten der Transportschlitten und die Art des Zugtieres den jeweils zeitgenössischen Bedingungen entsprechen, ob der Block mit einer modernen Motorsäge oder einem »antiken« Meißel gebrochen wurde, spielt dann keine Rolle.

Zu bedenken ist jedoch immer, dass mit jeder Lockerung der Vorgaben die Gefahr größer wird, eine Art »Disneyland« mit in räudige Flokatis gehüllten Neandertalern, verkleideten römischen Bauarbeitern oder »mittelalterlichen« Rittern mit Holzschwertern zu inszenieren, das vielleicht für Kinder attraktiv, wissenschaftlich aber nutzlos ist (seriöse

Vereinigungen experimenteller Archäologen s. S. 192).

Zum Bereich der experimentellen Archäologie zählt im weitesten Sinne auch die Analyse von Nutzungs- und Bearbeitungsspuren, die jedoch wesentlich aufwändiger und komplizierter ist als etwa das Nachkochen einer römischen Fischsoße. Diese Untersuchungen, die seit den 60er Jahren vorgenommen werden, haben sich zunächst auf steinerne Objekte konzentriert, man untersuchte die Auswirkungen von Schaben, Schlagen, Schneiden, Reiben usw. auf Stein (vgl. auch S. 22, Geoarchäologie). Mit Hilfe leistungsstarker Mikroskope kann man verschiedene Gebrauchs- und Herstellungsspuren deutlich voneinander unterscheiden. Seit den 90er Jahren werden solche Untersuchungen auch durch experimentelle Studien unterstützt und darüber hinaus an Keramik, Knochengeräten und anderen Funden vorgenommen. Auf diese Weise lässt sich einerseits die Funktion der Objekte feststellen – wurde mit einem Werkzeug Holz, Leder, Fleisch oder Getreide geschnitten? –, andererseits aber auch, wie lange sie in Gebrauch waren, ob sie möglicherweise später zu anderen Zwecken weiterbenutzt wurden und wie schnell sie, wenn sie ihre Funktionstüchtigkeit verloren hatten, aus dem Arbeitsprozess ausgesondert wurden.

Zwei Gladiatoren, *secutor* und *retiarius*, Rekonstruktion Marcus Junkelmann

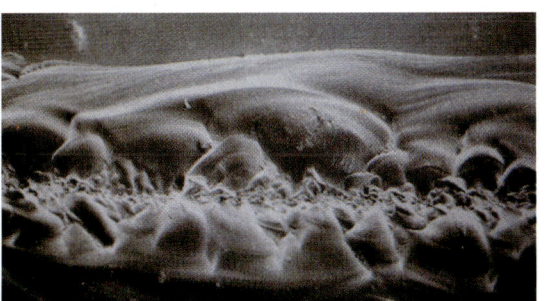

Kratzspuren auf einer metallenen Oberfläche lassen Rückschlüsse auf die Verwendung des Objekts zu (Mikroskopaufnahme)

Nachbardisziplinen wie die Alte Geschichte, aber auch die Altphilologie (Klassische/griechische und römische Philologie), die die überlieferten Texte – welcher Art auch immer – griechischer und römischer Autoren erforscht (Literatur, Dichtung, Gesetzes- und verwaltungstechnische Texte, Reden, Briefe, philosophische, naturwissenschaftliche, technische Traktate), bieten der Archäologie wertvolle »sprechende« Erkenntnisse, die aus der alleinigen Betrachtung von Funden und Befunden nicht gewonnen werden können. An den Universitäten gehören zum Fachbereich der Altphilologie auch Numismatik (Münzkunde), Epigraphik (Inschriftenkunde) und Papyrologie (Papyruskunde).

Diese Münze dokumentiert den heute zerstörten Bogen am Eingang des Trajans-Forums in Rom. Zu erkennen sind ein Viergespann und Figuren auf der Attika (dem oberen Geschoss), der eintorige Durchgang sowie je zwei Nischen mit Figuren rechts und links des Durchgangs.

Aufgrund der dichten und wohl auch relativ lückenlosen Überlieferung ermöglichen die *Münzen* vor allem Einsicht in die antike Geldwirtschaft; ihre Streuung lässt Rückschlüsse auf wirtschaftliche Beziehungen zu, sie sind im Grabungszusammenhang eine wichtige Datierungshilfe, zeigen mehr oder weniger detailreiche Darstellungen von Bau- oder Kunstwerken, die heute verloren sind, und geben, vor allem in der römischen Kaiserzeit, einen aussagekräftigen Spiegel der monarchischen Selbstdarstellung und der politischen Programme.

Die *Epigraphik* sammelt, erforscht, entziffert und publiziert Steininschriften auf Gebäuden, öffentlich aufgestellten Stelen und Grabsteinen – Verträge, Gesetze, offizielle Beschlüsse, Ehrungen, Beamtenlisten, Gebete, Weihungen, Widmungen, Testamente, Lebensläufe usw. –, aber auch Inschriften auf Metall, Holz, Ton, an Hauswänden, auf Werkzeugen, Waffen, Schmuck oder Kunstwerken. Durch eine epigraphische Aufarbeitung werden die meist formelhaften, oft mit Abkürzungen durchsetzten Texte lesbar und verständlich, Fehlstellen lassen sich über den Vergleich mit vollständig erhaltenen, ähnlichen Inschriften rekonstruieren. Mit Hilfe von Abklatschen oder Durchreibungen auf speziellem

Papier können Inschriften kopiert, transportabel gemacht und so weit entfernt von ihrem aktuellen Standort wissenschaftlich untersucht werden. Diese vielleicht etwas altertümlich wirkende Vervielfältigungsmethode ist erheblich präziser, als es ein Foto oder eine von Hand angefertigte Abschrift sein könnte.

Die *Papyrologie* beschäftigt sich mit den auf Papyrus, aber auch auf Leder oder Stoff geschriebenen griechischen und römischen Texten und macht sie – wie die Epigraphik die Stein-, Holz- und Metallinschriften – mit Hilfe von Abschriften, Übersetzungen, Ergänzungen und Kommentaren für den Wissenschaftler zugänglich und verwertbar. Anders als bei den oft nur durch wiederholte Abschriften überlieferten Werken der klassischen Autoren, mit denen sich die Altphilologie beschäftigt, die im Laufe der Jahrhunderte beim Kopieren missverstanden, verkürzt, durch Kommentare, Interpretationen oder Fehler des Abschreibenden verändert werden können, handelt es sich bei den Texten auf Papyrus (ebenso wie bei den Inschriften) um zeitnahe Originale, die einen direkten Einblick in Verwaltung und Rechtsprechung, aber auch in den Alltag und das Privatleben der jeweiligen Zeit vermitteln können. Im Gegensatz zu den Steininschriften sind die auf Papyrus jedoch nicht durch ihren offiziellen Charakter zu Formeln erstarrt und können so eher Aufschlüsse über die Entwicklung von Sprache und Grammatik geben.

Urkundenstele mit einem Beschluss der Volksversammlung über ein Gesetz gegen Staatsstreiche zugunsten einer Tyrannenherrschaft, so genanntes Antityrannengesetz des Eukrates. Der thronende Mann personifiziert das Volk von Athen, die Frau die Demokratie, 337/36 v. Chr. Marmor, H. 1,57 m, von der Athener Agora

Papyrusfragmente mit dem Text der *Phoenissen* des Euripides, 3. Jh. n. Chr. aus Hermopolis (Ägypten). Berlin, Papyrussammlung

Das Forschungsgebiet der (klassischen) Archäologen ist weit, sie versuchen – auch mit Hilfe der Nachbardisziplinen und verschiedener naturwissenschaftlicher Methoden – alle materiellen Hinterlassenschaften der antiken Kulturen zu erfassen und einzuordnen: Malerei (Vasenbilder, Mosaike, Wandmalerei in Häusern und Gräbern), Skulpturen (Groß- und Kleinplastiken aus Metall, Stein, Ton, Elfenbein, Holz oder einer Kombination der verschiedenen Materialien), das heißt Kultbilder und Weihestatuen in Tempeln und Heiligtümern, Grab- und Genrestatuen, Reliefs (als Grabstele oder Weihrelief, Reliefs auf Sarkophagen oder an Gebäuden), aber auch Porträts, Architektur in Form von Städten und kleineren Siedlungen (Wohnhäuser, Platzanlagen, Straßen, damit zusammenhängend Wasserver- und -entsorgung, handwerkliche Betriebe, Befestigungsanlagen), Tempel, Heiligtümer und Nekropolen; hinzu kommt die so genannte Kleinkunst (klein wegen ihrer Abmessungen, nicht aufgrund ihres Wertes), etwa Schmuck, geschnittene Steine (Gemmen und Kameen) und Kunstgewerbe, sowie Waffen, Haushaltsgeräte, Möbel, Kleidung usw.

Bei der scheinbar unübersehbaren Fülle verschiedenster Kunstwerke und Denkmäler darf man jedoch nicht übersehen, dass nur ein Bruchteil der in der Antike geschaffenen Artefakte (von Menschenhand gefertigte Objekte aus Stein, Ton, Metall, Glas, Bein, Holz, usw.) erhalten blieb – Schätzungen gehen von etwa 3 Prozent aus. Einen Eindruck davon, wie viel im Laufe der Jahrhunderte verloren gegangen ist, mag eine Beschreibung Roms aus dem 4. Jahrhundert n. Chr. verdeutlichen, einer Zeit, als die Stadt ihre Blütezeit bereits lange überschritten hatte: Erhalten waren 2 Kolossalstatuen (eine von ihnen 34 Meter hoch), 22 Reiterstandbilder, 80 vergoldete und 73 Gold-Elfenbein-Götterbilder sowie 3785 Bronzestatuen – die Marmorstatuen wurden nicht gezählt.

Ein besonderes Problem der Klassischen Archäologie besteht bezüglich der griechischen Malerei und Skulptur: Die Wandgemälde in öffentlichen oder priva-

Forschungsinhalt, Ziele, Methoden

Asaroton (ungefegter Raum), Kopie nach einem Mosaik des Sosos in Pergamon, Original um 200 v. Chr., Rom, Musei Vaticani Gregoriano Profano. Dargestellt sind Abfälle (Muschelschalen, Knochen, Hühnerbein), die man beim Essen üblicherweise auf den Boden fallen ließ und die nach jedem Gang von einem Diener weggefegt wurden. Auf dem Mosaik ist der ungefegte Zustand als besonderes Raffinement im Bild vorweggenommen (zur Steigerung des Realismus s. die Maus unten links, die sich einer geöffneten Walnuss nähert).

ten Bauwerken, die in der Antike hoch gerühmt wurden und einen ebenso hohen, wenn nicht höheren Stellenwert wie die Skulptur hatten, sind praktisch völlig verloren gegangen und mit den Gebäuden, in denen sie sich befanden, zerstört worden; ebenso verhält es sich mit den mit natürlichen Pigmenten auf Marmor- oder Holzpaneelen gemalten Tafelbildern. Antike Schriftquellen überliefern die Namen der prominentesten Maler und die Themen ihrer Bilder, Polygnot und Mikon im 5. Jahrhundert v. Chr., Parrhasios, Zeuxis und Apelles für das späte 5. und 4. Jahrhundert, doch allein die Beschreibungen antiker Autoren (Plinius, Pausanias), Mosaike (z. B. das Alexandermosaik aus Pompeji), griechische Vasenbilder, etruskische Grabmalereien oder römische Wandgemälde vermögen noch eine vage Ahnung von ihrem Aussehen zu vermitteln.

Originale griechische Malerei, allerdings erst aus dem späten 4. Jahrhundert v. Chr., blieb in den Königsgräbern von Vergina (Makedonien) erhalten. Zunächst hielt man das Hauptgrab im großen Tumulus (Grab II, um 335 v. Chr.) für die Bestattung Philipps II., des Vaters von Alexander dem Großen, heute rückt man lang-

Tomba del Tuffatore (Grab des Tauchers), Paestum, griechische Wandmalerei, um 480 v. Chr. Der Sprung von der Plattform ins Wasser symbolisiert den Übergang vom Diesseits ins Jenseits.

sam von dieser Zuweisung ab und vermutet eher einen späteren Grabinhaber (Kasander, Philipp III.).

Verloren ist größtenteils auch die ursprünglich farbige Fassung der antiken Skulpturen, Reliefs und Architekturelemente, deren Bemalung – weil sich die meisten dieser Denkmäler im Freien befanden – verwittert und abgewaschen ist. Hier können heute jedoch, auch wenn nur minimale Farbreste bzw. Verwitterungsspuren erhalten blieben, mit Hilfe physikalischer und chemischer Untersuchungen teilweise verblüffende Rekonstruktionen der ursprünglichen Farbigkeit erzielt werden (s. S. 78).

Ähnlich wie mit der Malerei verhält es sich mit der griechischen Großplastik. Da die griechischen Bildhauer seit der klassischen Zeit ihre Werke bis auf wenige Ausnahmen in Bronze gossen und diese in späteren Jahrhunderten zu anderen Zwecken wieder eingeschmolzen wurden, haben sich die meisten griechischen Statuen nur in Form römischer Marmorkopien erhalten. Diese können in Größe, Ausführung und Qualität stark vom Original abweichen, so dass man sich erst durch die genaue Untersuchung der einzelnen Kopien und einen Vergleich derselben untereinander (die so genannte »Kopienkritik«) ein Bild vom verlorenen Original zu machen vermag. Aus diesem Grund hat die Entdeckung originaler griechischer Bronzeplastiken, und seien sie auch fragmentarisch, für die Archäologie einen so großen Stellenwert. Zahlreiche Kultbilder bestanden aus einer Kombination von Gold und Elfenbein über einem Holzgerüst, und

Kore vom Erechtheion, Athen, Akropolis, um 460 v. Chr. Marmor, H. 2,31 m. Heute Akropolis-Museum, Athen

auch dieses kostbare Material wurde in nachantiker
Zeit geplündert und an anderer Stelle wiederverwandt.

Ziele: Die Datierung

Die Archäologie, die »Wissenschaft vom Alten«, stellt
sich neben dem Suchen, Ausgraben, Dokumentieren,
Sichern, Konservieren und Rekonstruieren von Funden
vor allem die Aufgabe, diese Funde mit Hilfe der bei
Ausgrabungen gewonnenen Erkenntnisse in eine chronologische Reihe zu bringen, sie zu datieren, um die
künstlerisch besonders qualitätvollen Stücke – etwa
Skulpturen oder Vasen – später vielleicht auch aufgrund stilistischer Kriterien oder anhand antiker
Schriftquellen bestimmten Künstlern oder Kunstland-
schaften zuzuordnen. In einem weiteren wichtigen Ar-
beitsschritt soll diese relativ eingeschränkte Fragestellung nach Datierung oder Künstlerzuschreibung dann
in einen kulturhistorischen Kontext eingeordnet werden, so dass die Kenntnis der antiken Kulturen nicht
nur auf dem Gebiet der Kunstdenkmäler vergrößert
wird, sondern sich auch historische, politische und gesellschaftliche Phänomene klären.

    Hilfsmittel bei der Datierung sind im Idealfall zu-
nächst Grabungen bzw. präzise Grabungsaufzeichnun-
gen, die Fundzusammenhänge klären (aus welcher
Schicht stammt ein Fund?, mit welchen anderen war
er vergesellschaftet?).

    Die ersten Schnittprofile wurden bereits im Jahre
1697 von O. Rundbeck gezeichnet, der darüber hinaus
auch Studien über die Ablagerung von Schichten an-
stellte, das heißt, dies war die Geburtsstunde der Methode der Stratigraphie (s. S. 64).

    Ein Teil der erhaltenen Denkmäler lässt sich mit
Hilfe antiker Inschriften (Bau-, Weih-, Ehren- und
Grabinschriften, Künstler- und Handwerkersignatu-
ren, Epigramme, Archonten- und Beamtenlisten,
Siegerlisten der Wettkampfstätten) oder fest datierter
Funde, z. B. in Gräbern beschriftete Keramik oder
Münzen, die einen so genannten »terminus ante/post
quem« – Datum vor/nach dem ein Objekt unter die

Kopie einer Erechtheion-Kore aus der Villa Hadri-ana (bei Rom), um 120 n. Chr.

Künstlersignatur auf einer griechischen Schale: »Hermogenes epoiesen« (Hermogenes hat sie gemacht)

Erde gelangt ist – liefern, auf das Jahr genau zeitlich fixieren (»absolute« Datierung). In dieses Gerüst aus fest datierten Stücken kann man – mit einiger Genauigkeit – solche Funde einsortieren, deren Zeitstellung zunächst unsicher oder unbekannt, das heißt »relativ«, ist.

Auch die erhaltenen Schriftzeugnisse antiker Autoren helfen, Denkmäler zu benennen und zu datieren. Für den Bereich der griechischen Städte, Tempel und Heiligtümer ist etwa die *Reise durch Griechenland* des Pausanias (111/115–um 180 n. Chr.) eine unschätzbare Hilfe; seiner Beschreibung verdanken wir zahllose Namen von Künstlern und Architekten, aber auch einen lebhaften Eindruck der griechischen Heiligtümer und ihrer Ausstattung, denn in der 2. Hälfte des 2. nachchristlichen Jahrhunderts, als Pausanias sie besuchte, standen ihre Bauten noch größtenteils aufrecht. Auch die zahlreichen Zuschreibungen und Benennungen von Orten oder Tempeln, die heute ganz selbstverständlich erscheinen, wären ohne den Leitfaden des Pausanias nicht möglich. Plinius der Ältere (23/24–79 n. Chr.) schrieb eine 37 Bände umfassende *Naturgeschichte*. In den Büchern 33 und 34 zur Metallkunde gibt er einen kurzen Überblick über die Geschichte der Bronzeplastik, und in den Büchern 35 bis 37 über Erden, Farben und Steinen skizziert er die Entwicklung von Malerei und Marmorskulptur. Er erwähnt die Namen der berühmtesten antiken Bildhauer und Maler, zählt die von ihnen geschaffenen Werke auf, nennt den

Höhepunkt (Akme) ihrer Schaffenszeit unter Angabe der Olympiade, beschreibt die Kunstwerke kurz oder schildert die dargestellten Themen und Attribute. Auf die Angaben des Plinius gehen bis heute die meisten archäologischen Künstlerzuschreibungen zurück, wobei man jedoch nicht außer Acht lassen darf, dass sein Thema nicht die Kunst, sondern die Naturkunde war, dass er Kunstwerke nur der Vollständigkeit halber und aufgrund ihres Materials in seinen Büchern erwähnt und dass er für seine Ausführungen auf ältere Autoren zurückgreift, deren Vorlage er teilweise in alphabetischer Reihenfolge abschreibt (im Registerband I zählt er 146 römische und 327 griechische Autoren als Quellen auf), wobei auch ihm Fehler unterliefen.

Ein weiteres wichtiges Hilfsmittel zur zeitlichen Einordnung archäologischer Objekte entwickelte der dänische Archäologe Christian Jürgensen Thomsen (1788–

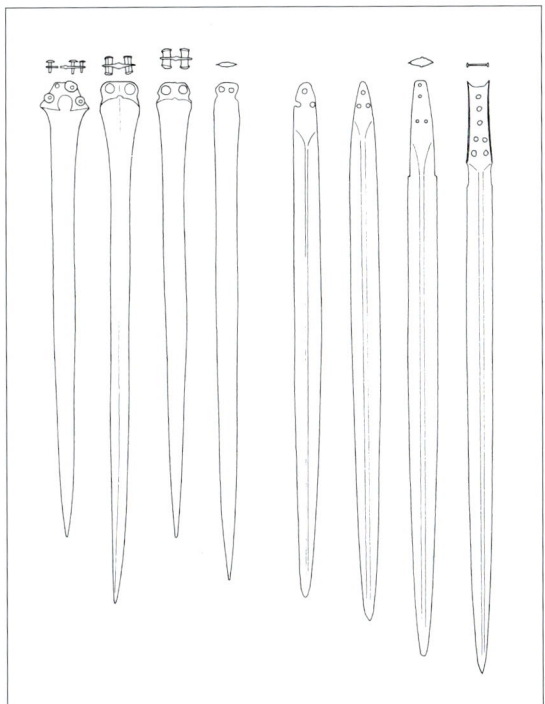

Typologische Reihe. Die Entwicklung der bronzezeitlichen Griffplattenschwerter von Stoß- zu Hieb- und Stichwaffen. Alle Schwerter hatten ursprünglich einen heute verlorenen Griff aus organischem Material. Zu erkennen ist, dass die Zahl der Nietlöcher von ursprünglich vier zunächst auf zwei reduziert wird, das längste Schwert misst 60 cm. Die jüngeren Schwerter sind bis zu 80 cm lang, haben eine schilfblattförmige Klinge mit einem Grat in der Mitte, die Griffplatten werden länger, die Zahl der Nietlöcher nimmt zu, weil die Klingen schwerer werden und dementsprechend zur sicheren Führung einen größeren Griff benötigen. Das letzte Schwert in der Reihe mit seiner langen Griffplatte und sieben Nietlöchern ist bereits eine Übergangsform zu den östlich beeinflussten so genannten Griffzungenschwertern.

1865) im Jahre 1819. Er beschäftigte sich hauptsächlich mit so genannten »geschlossenen Funden«, wie Gräbern, deren Inhalt gleichzeitig, in einem geschlossenen Zusammenhang unter die Erde gekommen war. Die Artefakte trennte er nach Gruppen – etwa Fibeln, Schwerter oder Gefäße – und ordnete diese nach verschiedenen Typen (Keramik etwa nach Ton, Brenntechnik, Form oder Verzierung). Die Unterschiede zwischen den einzelnen Typen nahm er als Anhaltspunkt für ihre Datierung, wobei man davon ausgeht, dass jeder Typus eine »Anlaufzeit«, einen Höhepunkt seiner Beliebtheit und ein langsames Verschwinden, das parallel zur Einführung neuer Typen abläuft, aufweist. Über den Vergleich mit anderen geschlossenen Funden gelang es Thomsen, eine Chronologie der einzelnen Objektgruppen aufzustellen, in der die einzelnen Stücke nach Material, Form, Dekor und Fundzusammenhang (Grab, Opferdepot, Schatz) geordnet sind. Thomsens typologisches Raster wurde zur Datierungsgrundlage für die Archäologie, vor allem für die Prähistorie, sein Dreiperiodensystem der Kulturgeschichte – Steinzeit–Bronzezeit–Eisenzeit – blieb bis heute gültig, sein methodisches Modell übernahmen zahlreiche andere archäologische Disziplinen.

Oscar Montelius (1843–1921) entwickelte neue, feinmaschigere Typologien (Seriation/sequence dating) und für ganz Europa regionale chronologische Raster, so genannte relative Chronologien, die Aussagen über das Altersverhältnis zwischen einzelnen Artefakten des gleichen Typus ermöglichen. Absolute Daten ließen sich beispielsweise über die mykenische Keramik in ägyptischen Fundzusammenhängen gewinnen, wenn diese durch Pharaonennamen präzise datiert waren.

Für den Bereich der Klassischen Archäologie waren – um nur ein prominentes Beispiel zu nennen – die Arbeiten von Sir John Beazley (1885–1970) von unschätzbarer Bedeutung. Mit Hilfe stilistisch-graphologischer Vergleiche ordnete er die figürlich bemalte schwarz- und rotfigurige griechische Keramik verschiedenen Künstlern zu. Im Zentrum seiner Aufmerksam-

keit standen dabei nicht Komposition, Inhalt oder Datierung eines Vasenbildes, sondern die Details – Augen, Ohren, Händen, Füßen, Schmuck oder Faltenwürfe der Gewänder –, an denen sich die Handschrift eines Malers identifizieren lässt. Beazley gruppierte die von ihm untersuchten Vasen nach Künstlern bzw. bei nicht eindeutig zuschreibbaren Stücken nach Ateliers oder Gruppen. Bestand das Œuvre eines Künstlers nur aus unsignierten Vasen, erfand Beazley – inspiriert vom bevorzugten Thema des Malers, seinem namentlich bekannten Töpfer, einer besonders qualitätvollen Arbeit oder dem Aufbewahrungsort eines speziellen Stückes – Laufnamen wie Gorgo-Maler, Amasis-Maler, Sandalen-Maler oder Berliner Maler.

Ein zweites wichtiges Hilfsmittel bei der Datierung, das auf den Theorien Johann Joachim Winckelmanns (1717–1768) basiert, ist das »vergleichende Sehen«, die Stilanalyse, die über Beschreibung, Vergleich und Interpretation zur Einordnung der Fundstücke führt: Denkmäler der gleichen Gattung und aus dem gleichen Fundgebiet – Statuen, Vasen, Bauwerke usw. – werden in eine Reihe gestellt und unter der Prämisse, dass sich eine Entwicklung vom Einfachen, eher Ungestalteten, Archaisch-Starren zum Komplizierten, Naturalistisch-Bewegten vollzieht, chronologisch, aber auch geographisch geordnet. Zentral ist hier der Begriff des »Stils«, der Kunstwerken einer Zeit, einer Region oder eines Künstlers gemeinsam ist. Für Winckelmann vollzog sich die Entwicklung der Kunst in einer Parabel aus Aufstieg, Höhepunkt und Niedergang, die parallel zur politischen und gesellschaftlichen Situation verlief, so dass den Zenit der antiken Kunst für ihn die Zeit der attischen Demokratie, die »Klassik« darstellte.

Stilistische Details zur Identifizierung einer Künstlerhandschrift (nach Beazley): Typisch für den Kleophrades-Maler (tätig um 500–470 v. Chr.) sind die hoch angesetzten, kleinen Ohren und ihre hakenförmige Binnenzeichnung, der S-förmige Kreisbogen um das Nasenloch und die herabgezogenen Mundwinkel.

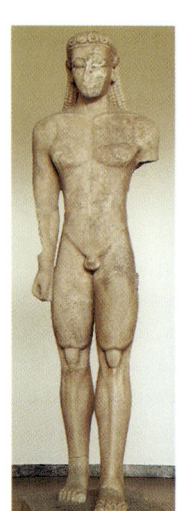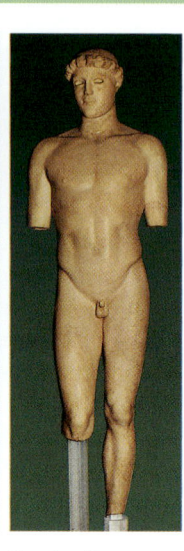

Drei marmorne Kouroi: Kouros vom Kap Sounion (um 590/80 v. Chr., H. 305 cm), der so genannte Anavyssos-Kouros oder Kroisos (um 530 v. Chr., H. 194 cm), der Kritios-Knabe (um 490/80 v. Chr., H. 86 cm). Wirkt der älteste Kouros noch starr, abstrahiert und unproportioniert (Muskeln und Gelenke sind als Ritzlinien wiedergegeben, die Ohren sind viel zu groß und haben die Form ionischer Kapitelle, die Augen sind flache Scheiben, das Haar hat die Struktur von Perlschnüren), wirkt der Kroisos in seinen Körperformen und den Details (man beachte etwa die kleine Falte über dem Bauchnabel) bereits harmonischer. Der Kritios-Knabe hat sich in dieser Reihe am weitesten in Richtung auf eine naturalistische Wiedergabe der Muskulatur entwickelt, die Bewegung des vorgesetzten rechten Beines spiegelt sich nun auch in einer Verschiebung der rechten Hüfte nach unten, der Kopf ist leicht aus der Achse gedreht, was zu einer Belebung der Figur beiträgt.

Mit Hilfe detaillierter, »objektiver« Beschreibungen versuchte man im Folgenden, Gemeinsamkeiten oder Unterschiede zwischen den zu untersuchenden Objekten festzustellen und sie dann in ein entsprechendes chronologisches, geographisches oder künstlerisches Raster einzuordnen und aus den Ergebnissen – z. B. mit Hilfe der antiken Schriftquellen – weitere Schlüsse zu ziehen (Hermeneutik). Die Stilanalyse war in Deutschland bis nach der Mitte des 20. Jahrhunderts das Standardwerkzeug der »klassischen« Archäologie; erst dann geriet sie aufgrund ihrer häufig subjektiven, eher intuitiv gewonnenen als wissenschaftlich begründbaren und für jeden anderen Forscher nachvollziehbaren Ergebnisse zunehmend in die Kritik, so dass sie heute, durchaus nicht immer zu Recht, als veraltet, rückständig und im Zusammenhang mit den aktuellen Fragestellungen als unbrauchbar gilt. Ein weiterer schwerwiegender Einwand gegen die Stilanalyse als Hauptinstrument der archäologischen Fundbearbeitung ist, dass mit ihrer Hilfe nur qualitätvolle, »schöne« Stücke wissenschaftlich bearbeitet werden können. Alltagsobjekte (unbemalte Keramik, Werkzeuge usw.) fallen – da sie sich einer solchen Einordnung aufgrund ihrer Materialität entziehen – dabei aus dem archäologisch bearbeitbaren Kontext heraus, so dass die Stilanalyse unter diesen Voraussetzungen nur eine winzige, »elitäre« Facette des antiken Lebens zur Kenntnis nehmen kann.

Stilistische Vergleiche mit mehr oder weniger präzise datierten Kunstwerken ermöglichen die Einordnung von isolierten Stücken, die aus einer gar nicht oder nur schlecht dokumentierten Grabung stammen – etwa bei sehr frühen Funden, die zu einer Zeit entdeckt wurden, als die Grabungstechniken und die Schichtbeobachtung noch in den Kinderschuhen steckten bzw. man gezielt nur nach Skulpturen oder Edelmetall suchte und die Beifunde prinzipiell für wertlos erachtet wurden. Auch bei Funden, deren Weg in ein Museum oder eine Privatsammlung sich nicht rekonstruieren lässt (wenn sie etwa aus Raubgrabungen, aus dem Kunsthandel oder aus Sammlungen stammen, die bereits vor mehreren Jahrhunderten angelegt wurden, ist ein solcher Vergleich bis heute oft die einzige Möglichkeit, Erkenntnisse zu erzielen und ein Werk für eine wissenschaftliche Analyse zu gewinnen. Dabei können landschaftliche, künstlerische oder religiöse Traditionen bewirken, dass zu unterschiedlichen Zeiten entstandene Arbeiten einander sehr ähnlich sind, während umgekehrt gleichzeitig, aber unter anderen Vorbedingungen geschaffene Werke sehr verschieden aussehen können.

Neben den »klassischen« Datierungsmethoden (Schichtbeobachtung, Stilanalyse, Typologien) können auch naturwissenschaftliche Untersuchungen (Dendrochronologie, C14-Analyse, Thermolumineszenzverfahren usw.) bei der Datierung von Funden hilfreich sein.

Abhängig von der Sorgfalt der Ausgrabung und der Auswertung der Befunde, aber auch von der Funddichte und dem Vorhandensein datierbarer Objekte, lässt sich so ein mehr oder weniger enges Zeitraster für neu entdeckte Stücke konstruieren, auch wenn häufig Fragen unbeantwortet bleiben müssen und zahlreiche Probleme erst durch zukünftige Grabungen oder die Entdeckung eines neuen Schriftzeugnisses gelöst werden mögen.

Panathenäische Preisamphoren

Diese Amphoren enthielten den Preis für die siegreichen Teilnehmer bei den alle vier Jahre stattfindenden großen Panathenäen-Wettkämpfen zu Ehren der Stadtgöttin Athena – Olivenöl. Sie wurden ohne Unterbrechung seit dem 6. Jahrhundert v. Chr. bis in römische Zeit hergestellt. Die Malerei auf diesen Amphoren zeigt stets auf der einen Seite Athena und auf der anderen Athleten beim Wettkampf. Als besondere »Datierungshilfe« tragen sie den Namen der zur Herstellungszeit jeweils amtierenden Archonten (höchste Beamte Athens), deren Reihenfolge und genaue Amtszeit wiederum aus den überlieferten so genannten Archontenlisten bekannt sind. So könnte man erwarten, dass sich mit Hilfe der panathenäischen Preisamphoren eine lückenlose Chronologie und Entwicklungsgeschichte der griechischen Vasenmalerei mit präzise datierten Einzeletappen rekonstruieren ließe. Dies ist jedoch nicht der Fall. Aus religiösen Gründen blieben Form, Maltechnik und Dekor stets den Traditionen des 6. Jahrhunderts verhaftet und außerordentlich konservativ, so dass die Datierung eines solchen Gefäßes allein aufgrund stilistischer Kriterien nicht möglich ist. Selbst den Wechsel vom schwarzfigurigen zum rotfigurigen Malstil, der gegen Ende des 6. Jahrhunderts v. Chr. stattfand, vollzogen die panathenäischen Preisamphoren nicht mit.

Panathenäische Preisamphore: Langstreckenlauf, H. 93 cm, Marsyas-Maler aus dem Jahr des Archonten Polyzelos, 367/66 v. Chr., Brüssel, Musées Royaux d'Art et d'Histoire

Wandel von Inhalt und Fragestellungen

Forschungsinhalt der Archäologie(n) ist, im weitesten Sinne, das Leben der Menschen in vergangenen Zeiten, wobei sie sich hauptsächlich mit den materiellen Hinterlassenschaften der frühen Kulturen beschäftigt. Die Methoden, mit denen diese Aufgabe bewältigt wurde und wird, ebenso wie die Fragestellungen an das jeweilige Material und seine Interpretation spiegeln immer auch die Jetztzeit und die individuelle Persönlichkeit des Forschenden wider, so dass Fragen zu keiner Zeit als endgültig beantwortet und bestimmte Methoden oder Deutungsvorschläge niemals als die einzig richtigen gelten können. Hilfe bieten in unterschiedlichem Umfang zwar die Nachbardisziplinen, etwa die Altphilologie oder die Alte Geschichte, aber auch sie unterliegen den genannten Einschränkungen.

Waren zunächst Datierung, landschaftliche Einordnung und Künstlerzuschreibung die zentralen Probleme der Archäologie, so entwickelten sich in der zweiten Hälfte des 19. Jahrhunderts neue Fragestellungen, man versuchte nun, übergreifende Strukturen – etwa einer Stadt oder eines Heiligtums – zu erkennen. Die archäologische Grabung veränderte sich von der Schatzsuche nach »großen«, ästhetisch ansprechenden Kunstwerken zum wissenschaftlichen Projekt, in dem Fundzusammenhänge eine zentrale Rolle spielten (Kontextuelle Archäologie). Funde wurden bei der Grabung nun unabhängig von ihrem äußeren Erscheinungsbild eingemessen und dokumentiert, Schichtenfolgen beobachtet und gedeutet. Zu den ersten Untersuchungen nach diesem Prinzip gehört die Grabung in Olympia (s. S. 130). Zur Einordnung von Plastiken, Reliefs, Vasen, Baugliedern usw. bediente man sich weiterhin der antiken Schriftquellen und der stilistischen Analyse, bei den Artefakten (das heißt kleineren Werkzeugen und Alltagsgerätschaften im weitesten Sinne, Messer, Fibel, Keramik usw.) der typologischen Reihen (s. S. 41).

Wissenschaftstheorie

Zu Beginn des 20. Jahrhunderts verlagerte sich die Aufmerksamkeit – vor allem der englischsprachigen Archäologen – zunehmend von der Datierung und Klassifizierung der Funde auf den Menschen und die kulturgeschichtliche Entwicklung verschiedener Regionen. Man erforschte die Bedingungen für die Entstehung bestimmter Artefakte; Technik, ökonomische Bedingungen, gesellschaftliche Strukturen und Organisa-

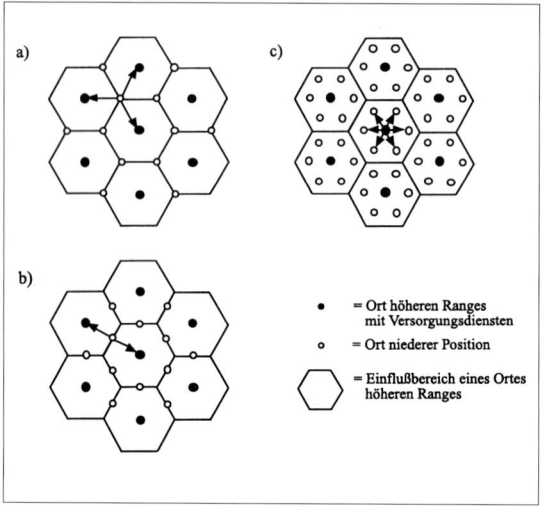

= Ort höheren Ranges
mit Versorgungsdiensten

= Ort niederer Position

= Einflußbereich eines Ortes
höheren Ranges

Drei grundsätzliche Typen von Siedlungsanordnungen im zentralörtlichen System, a) an der Versorgung und Märkten orientiert, b) am Transport orientiert c) administrativ orientiert

tionsformen standen nun im Mittelpunkt der Betrachtung. Untersuchungsobjekt waren hierbei vor allem Siedlungssysteme, -strukturen und -muster (Siedlungsarchäologie). Man versuchte, die Größe und damit die Bedeutung der einzelnen Orte zu verschiedenen Zeiten sowie ihre Beziehungen untereinander zu rekonstruieren, was wiederum Rückschlüsse auf gesellschaftliche, wirtschaftliche und politische Systeme und Entwicklungen zuließ – der Bau von Straßen oder Kanälen etwa erfordert gemeinschaftliches Arbeiten und somit komplexe gesellschaftliche Organisationsstrukturen, der Bau von Befestigungsanlagen verweist auf mögliche Konflikte mit den Nachbarn.

Hier liegt der Ursprung der archäologischen Geländebegehung (Oberflächenprospektion, *survey*). Zur Auswertung der Funde wurden mathematisch-statistische Modelle entwickelt bzw. aus anderen Disziplinen übernommen und den Bedürfnissen der Archäologie angepasst, etwa die Brainerd-Robinson-Matrix (1951, zur Feststellung von Gleichzeitigkeiten und Ähnlichkeiten zwischen verschiedenen Orten oder Schichten), die Harris-Matrix (1975, Diagramm zur Darstellung einer stratigraphischen Sequenz, das heißt der Abfolge der Ablagerung von Schichten, zur Feststellung komplexer stratigraphischer Beziehungen bei vielen Einzelgrabungen), die so genannte »multivariate Datenanalyse« (Datenauswertung unter der gleichzeitigen Berücksichtigung mehrerer Variablen) oder die Cluster-Analyse (Fundverteilungsanalyse). Die Auswertung der

Daten wurde zunehmend von hoch spezialisierten archäologischen Computerprogrammen übernommen.

Mit dem Aufkommen der so genannten »New Archaeology« (heute auch als »prozessuale Archäologie« bezeichnet) in den 6oer Jahren des 20. Jahrhunderts – wiederum hauptsächlich in England und Amerika – vollzog sich ein tiefgreifender Wandel in der Problemstellung. Hier konzentrierte man sich auf überkulturelle Entwicklungen und Gesetzmäßigkeiten, Kulturen wurden als Systeme beschrieben, bei denen Veränderungen in einem bestimmten Bereich (Subsystem) Verschiebungen in anderen Bereichen zur Folge haben. Die Einführung eines bestimmten Werkzeugs beispielsweise hat Folgen für den Arbeitsablauf, die Arbeitsteilung, die Rohstoffproduktion, den Handel und schließlich für die gesamte Gesellschaft. Am theoretischen Fallbeispiel durchexerziert, sollten die Ergebnisse solcher Überlegungen auf antike Gesellschaften angewandt und anhand der archäologischen Grabung verifiziert werden. Die entsprechenden Theorien entwickelte man mit Hilfe von Analogien mit modernen Völkern, die aus so genannten ethnoarchäologischen Untersuchungen gewonnen wurden.

Um den erzielten Ergebnissen wissenschaftliche Nachprüfbarkeit und Haltbarkeit zu verleihen, hielten nun komplizierte statistische Methoden und Wahrscheinlichkeitsberechnungen Einzug in das Fachgebiet. Außer Acht gelassen wurde bei diesem Ansatz allerdings, dass die Archäologie als historische Wis-

Stratigraphie umgesetzt in eine Harris-Matrix

senschaft eben keine Naturwissenschaft ist. Die Gedanken und Handlungen von Einzelpersonen und Gesellschaften mögen zwar gewissen Regeln und Regelmäßigkeiten unterliegen, sie sind jedoch für sich genommen jeweils einzigartig und unwiederholbar und lassen sich nicht wie eine naturwissenschaftliche Versuchsanordnung, bei der unter gleichen Bedingungen stets das gleiche Ergebnis erzielt wird, betrachten. Das Konzept der New Archaeology ließ sich in der Feldarchäologie letztendlich nicht umsetzen, in Deutschland übten diese Theorien zumindest während ihrer Blütezeit ohnehin praktisch keinen Einfluss aus; ihr Verdienst war jedoch, zunächst überhaupt die Frage nach den theoretischen Grundlagen der wissenschaftlichen Argumentation gestellt und daraus neue Problemstellungen und Erklärungsmodelle entwickelt zu haben, die die klassische kunsthistorische Betrachtungsweise der überlieferten Denkmäler und die »intuitive« Argumentation der Stil- und Strukturanalyse weit hinter sich lassen.

Ethnoarchäologie

Um das Zustandekommen archäologischer Fundkontexte zu rekonstruieren, aber auch um tiefere Einsichten in gesellschaftliche Zusammenhänge zu erlangen, bedient man sich seit den 70er Jahren des 20. Jahrhunderts auch so genannter ethnoarchäologischer Methoden. Hierbei werden in jüngerer Zeit verlassene oder zerstörte Siedlungen, aber auch noch existierende gesellschaftliche Gruppen analysiert, die unter ähnlichen Bedingungen wie die Menschen der Antike leben (Klima, Bodenbeschaffenheit, Technik, Wirtschaft, soziale Strukturen usw.). Bei verwaisten oder zerstörten Orten untersucht man die materiellen Hinterlassenschaften – was wurde zurückgelassen, was mitgenommen?, wurde der »Abfall« bewusst zerstört oder einfach liegengelassen?, wie vollzog sich der Wegzug, sorgfältig geplant oder ungeordnet?, welches waren die gesellschaftlichen, klimatischen, ökologischen Gründe für das Verlassen einer Siedlung? usw.

Bei solchen Kampagnen lassen sich zahlreiche Analogien und Parallelen zu archäologischen Fundsituationen herstellen und so Informationen gewinnen, die allein mit Hilfe einer Grabung und der Auswertung ihres Materials nicht zu erhalten wären. Beispielsweise kann man aufgrund der Zahl der heutigen Bewohner eines dörflichen Hauses Rückschlüsse auf antike Zustände ziehen und so die Einwohnerzahl einer antiken Siedlung zu rekonstruieren versuchen.

Diese Verlagerungen bei der Problemstellung hatten auch Einfluss auf die Betrachtung und Interpretation der Funde und Befunde. Zunächst wurde nun das Problem des Fundkontextes kritisch beleuchtet. War man zuvor davon ausgegangen, dass eine Grabung praktisch den Augenblick dokumentiert, in dem ein antiker Ort von seinen Bewohnern oder Benutzern verlassen wurde (die so genannte »Pompeji-Prämisse« oder das »Dornröschen-Prinzip«), so wurde nun klar, dass es sich – abgesehen von Brandkatastrophen oder Grabzusammenhängen – bei den meisten Funden um schon in der Antike aus dem Nutzungskreislauf ausgeschiedene Objekte handelt. Dies bedeutet, dass der tatsächliche Kontext, in dem ein Objekt während seines Gebrauchs stand, erst rekonstruiert werden muss und sich nicht selbstverständlich aus dem Fundort ergibt. Die Rekonstruktion solcher »Formations- und Transformationsprozesse«, die ein Gegenstand von seiner Herstellung über den Gebrauch, eine eventuelle Zweitverwendung bis zu seiner Aussonderung, Entsorgung und der natürlichen Zersetzung durchläuft, ist heute eine eigene archäologische Richtung, die sich u. a. mit der Haltbarkeit von Objekten (etwa der Bruchfestigkeit oder dem Zerscherbungsgrad verschiedener Keramiksorten), Nutzungsspuren, mikromorphologischen Veränderungen oder dem Wegwerfverhalten einzelner Gesellschaften befasst (s. auch Experimentelle Archäologie, S. 30, und Schema S. 53).

Darüber hinaus bezog man nun zum ersten Mal bewusst in die Interpretation von Fundzusammenhängen die (lange bekannte und eigentlich selbstverständliche) Tatsache ein, dass die Erhaltung und archäologische Überlieferung nicht nur von Alter und Qualität der verschiedenen Materialien, sondern auch von ihren Lagerbedingungen abhängig ist. Solche natürlich bedingten »postdepositionalen Prozesse« haben großen Einfluss auf die Menge und den Zustand von Funden und dürfen nicht außer Acht gelassen werden. Dies bedeutet etwa, um ein ganz einfaches Beispiel zu nennen, dass man bei einem Fehlen von Funden aus orga-

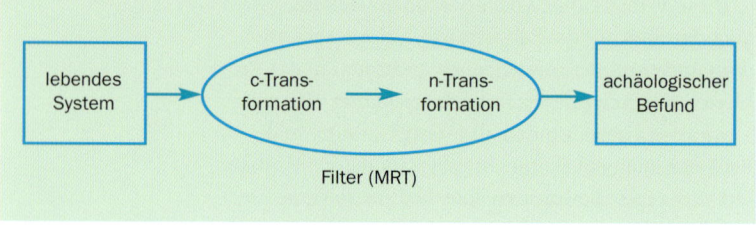

Filter (MRT)

Die »Middle Range Theory« (MRT) entstand Ende der 1970er Jahre.
(c-Transformation = Menschen befördern Objekte aus dem kulturellen Kontext; n-Transformationen = weitere Veränderungen durch natürliche Vorgänge)

nischem Material – Holz, Leder, Bein usw. – nicht schließen darf, dass eine Gesellschaft dieses nicht kannte, nicht verarbeitete oder nicht benutzte. Ebensowenig kann man allein aus einem in bestimmten Zusammenhängen seltenen Fund – etwa in einem einzelnen Haus oder einem Grab – folgern, dass sein Vorhandensein auf eine besondere Position oder das soziale Prestige seines Besitzers verweist.

Immer stärker fand nun auch die Tatsache Beachtung, dass die Interpretation archäologischer Funde und ihres Kontextes nicht nur vom jeweiligen Objekt selbst abhängt, sondern auch vom »Kontext« (Geschlecht, Alter, Herkunft, Ausbildung usw.) des untersuchenden Wissenschaftlers, der dem Objekt seine persönliche Interpretation »überstülpt«. Zugespitzt bedeutet dies, dass eigentlich jeder Wissenschaftler, aber auch jede Epoche die Geschichte, das heißt in diesem Fall die Deutung archäologischer Befunde, neu angehen und beschreiben muss.

Im Zusammenhang mit einem wachsenden ökologischen Bewusstsein im Verlauf der 1970er Jahre entstanden speziell an dem Problem Mensch – Umwelt (Umweltverschmutzung, Ausbeutung nicht erneuerbarer Ressourcen usw.) orientierte Theorien auch für die Antike. Mit der Emanzipationsbewegung der 70er Jahre entstand eine feministische Forschung, die sich sowohl mit der Rolle der Frau in der Wissenschaft als auch mit den Geschlechterverhältnissen in der Antike auseinandersetzte. Im Zuge dieser Entwicklung gewannen im Verlauf der 1980er Jahre so genannte *gender studies* an Bedeutung, die allgemein die kulturelle (nicht biologische) geschlechtsspezifische Rollenverteilung diskutierten. Marxistische Positionen (Produktionsprozesse und -verhältnisse, Machtstrukturen, Klassenunterschiede) waren in der Archäologie bereits in den 20er Jahren vertreten worden, sie wurden nach 1945 zuerst in Italien wieder aufgegriffen (R. Bianchi Bandinelli).

Bei der sich an die prozessuale Archäologie anschließenden Phase der postprozessualen Archäologie der 1980er Jahre verschob sich das Zentrum des Interesses von der Analyse des Systems und seiner Veränderungen, denen das Individuum – so lautete eine der Prämissen der New Archaeology – mehr oder weniger machtlos gegenübersteht, auf den Menschen als handelndes und seine Umwelt aktiv beeinflussendes Wesen. Zentral war nun die Frage nach der Situation des Einzelnen, seiner Lebensweise, seiner Reaktion auf Einflüsse von außen.

Um die Lücke zwischen abstraktem theoretischem Überbau und der Praxis der archäologischen Feldarbeit zu schließen, entwickelte Lewis Binford Ende der 1970er Jahre die so genannte »Middle Range Theory« (MRT/Theorie mittlerer Reichweite). Dieser Ansatz war in den 1950er Jahren in der Soziologie entstanden, um mit engeren Untersuchungsfacetten kleine, überschaubare soziale Bereiche und Gruppen (statt für alle Menschen, alle Frauen, alle Kinder ein passendes theoretisches Modell zu suchen) möglichst präzise zu beschreiben. Die MRT zielte auch auf eine Systematisierung der Prozesse, durch die archäologische Befunde entstehen.

Zum Verhältnis von Scherbenzahlen und Gefäßzahlen in einer fiktiven archäologischen Kollektion: Eine dünnwandige Flasche mag in 100 Scherben, eine hart gebrannte, dickwandige Schale in nur 20 zerbrechen. Das heißt, ein Fund von 200 dünnwandigen Flaschen- und 80 dickwandigen Schalenscherben bedeutet nicht, dass die Anzahl der Flaschen 2,5 mal so hoch war wie die der Schalen, sondern (bei Berücksichtigung der Zerscherbungsneigung), dass doppelt so viele Schalen wie Flaschen vorhanden waren.

	Scherbenzahl in arch. Kollektion	durchschnittl. Zerscherbung (Fl)	Gefäßzahl in arch. Kollektion
a) dünnwandige Flaschen	200	100	2
b) dickwandige Schalen	80	20	4
Verhältnis a : b	2,5 : 1		0,5 : 1

Die klassische Methode der archäologischen Material-
gewinnung ist nach wie vor die Ausgrabung. Die archäologischen Zeugnisse liegen deshalb oft viele Meter
tief in der Erde, weil im Laufe der Jahrhunderte oder
Jahrtausende viele Kulturschichten über ihnen ange-
wachsen sind und das moderne Bodenniveau sich
hoch über dem der Vergangenheit befindet – Flüsse
traten über die Ufer und lagerten ihre Sedimentschich-
ten ab, Pflanzen starben ab und bildeten jedes Jahr eine neue Schicht Humus, Gebäude, die nicht mehr be-
nutzbar waren, wurden eingeebnet und auf ihren Resten neue Häuser errichtet.

Heute sind Grabungen in den meisten Fällen unter
großem Zeitdruck und mit unzureichenden finanziellen Mitteln ausgeführte Notgrabungen, um die bei
größeren oder kleineren Baumaßnahmen (z. B. Braun-
kohlentagebau, Stadionanlagen für die Olympischen
Spiele in Athen, U-Bahn-Bauten, aber auch ein neues
Sparkassengebäude in einer mittleren Kleinstadt) zutage tretenden Funde zumindest noch zu dokumentieren, bevor sie abgeräumt werden und damit für immer
verloren sind. Zurück bleibt in einem solchen Fall
historisch »steriler« Boden.

Einige archäologische Universitätsinstitute im
In- und Ausland sowie die nationalen archäologischen
Institute – etwa das Deutsche Archäologische Institut
– unterhalten allerdings noch eigene Grabungen als
Wissenschafts- und Lehrprojekte zur Aus- und Weiter-
bildung von Studenten.

Gegen neue Ausgrabungen, die ohne zwingende
Notwendigkeit unternommen werden, spricht vieles:
Zum einen sind die Archive und Magazine von Museen und Grabungsstätten auf der ganzen Welt voll von
teilweise seit ihrer Entdeckung unbearbeiteten Funden, und allein durch Notgrabungen kommt Jahr für
Jahr so viel Material hinzu, dass es schon lange nicht
mehr zu bewältigen ist. Selbst die reine Veröffentlichung der Neufunde ohne jegliche Auswertung hat
längst den Anschluss an die beständig wachsende Zahl
von Objekten verloren.

Die fortlaufende Ansammlung immer neuer Funde ohne abschließenden Grabungsbericht birgt die große Gefahr, dass Fundberichte, Grabungstagebücher, Zeichnungen und Fotos nach einer gewissen Zeit, wenn der Ausgräber die Veröffentlichung selbst nicht übernehmen kann oder will, von einem außenstehenden Wissenschaftler nur noch mühsam oder lückenhaft bearbeitet werden können, weil er mit der speziellen Problematik einer fremden Grabung und »Handschrift« – oft im wahrsten Sinne des Wortes – nicht vertraut ist. Die eigentlich selbstverständliche Forderung, die Grabungsdokumentation so zu gestalten, dass sie auch in zeitlichem Abstand und von »Nichteingeweihten« noch problemlos nachvollziehbar ist, bleibt meist reines Wunschdenken.

Darüber hinaus bedeutet Graben immer auch Zerstören. Ein Befund bietet sich nur einmal dar, danach wird er seine »Unschuld« verlieren und im Laufe der Grabung vielen manipulierenden Eingriffen unterworfen sein, bis er schließlich verschwindet. Darüber hinaus haben sich vor allem in den letzten Jahrzehnten die technischen Möglichkeiten, wissenschaftliche Erkenntnis selbst aus den unscheinbarsten und früher »unsichtbaren« Befunden zu gewinnen, in so atemberaubendem Tempo weiterentwickelt, dass jedes Jahr,

Das Skulpturenmagazin des Louvre

welches ein Fund länger im Erdboden verbringt, die
Aussichten steigen lässt, noch feinere Analysen vornehmen zu können und noch aussagekräftigere Ergebnisse zu erzielen.

Nicht zu vernachlässigen ist auch der Gesichtspunkt,
dass Funde, die Jahrhunderte oder gar Jahrtausende
geschützt im Boden verwahrt waren, nach ihrer Bergung mit teilweise erheblichem personellem und
finanziellem Aufwand konserviert und erhalten werden müssen. Bauwerke oder ihre Überreste sind in
ausgegrabenem Zustand durch das Wetter, aber auch
durch Pflanzen, deren Samen sich in den porösen
Mauern festsetzen und sie durch ihr Wachstum langsam zerstören, erheblich gefährdeter als unter der Erde. So ist es eigentlich abzulehnen, dass – solange
nicht alle bereits geborgenen Stücke entsprechend dokumentiert, bearbeitet und publiziert sind – immer
neues Material angehäuft wird, das nicht angemessen
behandelt oder konserviert werden kann und schließlich in kürzester Zeit – verglichen mit seiner langen
Lebensdauer unter der Erde – in den Archiven oder
unter freiem Himmel zerfällt.

Andererseits ist natürlich eine neue Grabung in
»jungfräulichem« Boden verlockender und erfolgver-
sprechender als das mühsame Aufarbeiten Jahrzehnte
alter, teilweise mangelhaft dokumentierter Funde. Das
Studieren von Grabungsunterlagen, die auf veralteten
Methoden und Problemstellungen basieren und modernen Anforderungen nicht mehr entsprechen, ist
frustrierend, denn auf Fragen, die bei der Grabung
nicht gestellt worden sind, kann man in den Grabungsunterlagen später auch keine Antworten finden – weil
etwa bestimmte Funde wie Gebrauchskeramik nicht
registriert oder als uninteressant entsorgt worden sind,
keine Bodenproben entnommen wurden usw.

Entschließt man sich jedoch zu einer Grabung, so
gehen dem ersten Spatenstich (im günstigsten Falle)
meist intensive Vorarbeiten voraus. Es gibt keine Stan-
dardgrabungsmethode und kein Patentrezept, das auf
alle Situationen passt, und so ist der im Folgenden ge-

schilderte Verlauf eines solchen Unternehmens eher als eine Art Minimalanforderung zu verstehen, ohne die man es kaum als Ausgrabung bezeichnen kann.

Einfluss auf den Ablauf einer Grabung haben die Lage des potenziellen Fundortes (Ebene, Hang, Hügelkuppe), die finanzielle, technische und personelle Ausstattung (ein verantwortlicher Archäologe und einige Hilfskräfte oder ein umfangreicher Stab von spezialisierten Mitarbeitern, die vielleicht sogar schon am Ort zusätzliche naturwissenschaftliche Untersuchungen vornehmen können), der vorgegebene zeitliche Rahmen (überstürzte Notgrabung oder über mehrere Jahre angelegte Kampagne), die klimatischen Bedingungen, und natürlich auch ganz allgemein die Ausbildung, die Sorgfalt und die Fähigkeiten des Grabungsteams und des Ausgrabungsleiters. Er bestimmt die Fragestellung und die Zielsetzung des Unternehmens. Versäumnisse und Fehler, die beispielsweise bei der Aufnahme einer Schicht gemacht wurden, lassen sich im Nachhinein nicht mehr korrigieren, weil diese dann bereits abgeräumt und zerstört ist.

Das entsprechend ausgewählte Areal, das sich durch Luftaufnahmen, Feldbegehungen (Prospektion, *survey*), Probegrabungen, Sondierungen und/oder bereits zu-

Ausgrabung eines sächsischen Gräberfeldes bei Osterwohle (Sachsen-Anhalt), 1988

Nachgesackte Haushorizonte über einer älteren Leitungsanlage, Minden, Bäckerstr. 55

fällig gemachte Funde als erfolgversprechend erwiesen hat, wird zunächst vermessen und mit Hilfe von Markierungen abgesteckt. Anhand oberirdisch noch sichtbarer Mauerreste oder anderer Befunde, aber – falls solche Anhaltspunkte fehlen – auch durch geophysikalische Untersuchungen lässt sich heute sehr genau festlegen, an welcher Stelle man mit der Ausgrabung beginnen sollte. So kann man Zeit und damit ohnehin meist knappe finanzielle Mittel sparen. Innerhalb des Gesamtareals werden dann Quadrate oder Rechtecke (1 x 1 m, bei umfangreicheren Grabungen aber auch bis zu 10 x 10 m) als kleinere Einheiten vermessen, wobei man beim Abgraben zwischen den einzelnen

Ladenburg, Rhein-Neckar-Kreis, Ausgrabung am Kellereiplatz 1984, Zeichnung des Ostprofils; die Stratigraphie umfasst etwa 1900 Jahre

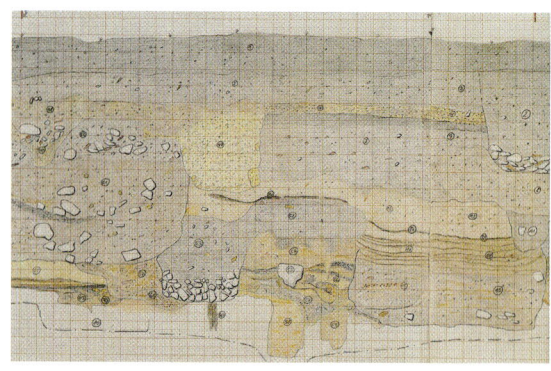

Segmenten gewöhnlich schmale Stege stehen lässt. Nun wird die Erde in zuvor ausgewählten Planquadraten Schicht für Schicht abgehoben, entweder in gleichmäßigen, etwa 10 cm hohen Stufen oder dem natürlichen Schichtenverlauf des Bodens folgend. Alle in den Schichten (Straten) zutage kommenden Funde werden nummeriert, mit dem Datum und einer Lagebeschreibung versehen, mit dem Tachymeter (elektrooptischer Distanz- und Höhenmesser) eingemessen und mit einem Fundkärtchen zusammen in eine Tüte oder einen Kasten ge-

Eingegipstes Skelett einer Körperbestattung mit Beigaben, Rottenburg »Lindele«, Kreis Tübingen

steckt. Dann bewahrt man die zusammengehörigen Funde bis zur Weiterbearbeitung (Waschen, Zeichnen, Rekonstruieren usw.) in mit der entsprechenden Schicht bezeichneten Kisten auf. Jede Schicht wird, wenn sie vollständig freigelegt ist, fotografiert und gezeichnet, die entsprechenden Funde markiert man auf dem Blatt, danach hebt man die Schicht ab und gräbt, den gleichen Arbeitsabläufen folgend, weiter in die Tiefe, möglichst bis zum so genannten »gewachsenen Boden« (Felsen oder unberührte Schichten). Dabei entstehen an den Seiten des abgegrabenen Bereichs so genannte Profile (Stratigraphie), die die Abfolge der horizontal abgehobenen Schichten wiederholen. Auch diese Profile werden nach Abschluss einer Grabungseinheit »geputzt« (geglättet) und mit den noch in ihnen steckenden Funden und Befunden vermessen, fotografiert und im Maßstab von 1 : 20 gezeichnet, wobei die Fotografie die Zeichnung ergänzen, aber niemals ersetzen kann.

Besonders fragile oder bereits zerbrochene Funde werden »en bloc« geborgen, um sie nicht weiter zu gefährden und sie unter ungestörten Laborbedingungen untersuchen zu können. Hierfür wird das »Fundpaket« einschließlich des umgebenden Erdreichs mit Zellstoff, Papier, Plastik- oder Alufolie abgedeckt und eingegipst. Anschließend trennt man es vom Untergrund ab und behandelt die Unterseite ebenso. Kleine Funde lassen sich auch in Bienenwachs oder lufttrocknendes Latex (Revultex) einbetten.

Organisches Material muss ebenfalls mit besonderer Sorgfalt geborgen werden. Holz, Leder, Knochen, Früchte oder Samen beispielsweise dürfen nicht austrocknen, weil sie sonst für eine dendrochronologische oder eine C14-Untersuchung unbrauchbar werden. Auch auf eine möglichst sterile Lagerung muss geachtet werden, damit die Funde nicht von Bakterien, Pilzen oder anderen Mikroorganismen zerstört werden können.

Vermessung

Mit Hilfe des Tachymeters können in Sekundenschnelle für jeden beliebigen Punkt einer Grabung die genauen dreidimensionalen Koordinaten berechnet werden, das heißt, das früher übliche mühsame, zeitraubende und nicht immer ganz präzise Einmessen von Funden mit Maßband und Höhenmesslatte gehört der Vergangenheit an. Die aufgezeichneten Daten werden gespeichert und später in ein archäologisches Datenbankprogramm übertragen, wo sie mit anderen Dateien – Fundinventaren, Plänen, Zeichnungen, Analyseergebnissen usw. – kombiniert und nach immer neuen Fragestellungen zusammengestellt abgefragt werden können.

Für die Höhenmessung dient als Bezugspunkt ein so genannter trigonometrischer Punkt (TP) der Landvermessung. So können die Höhenwerte einer Grabung auf die absolute Meereshöhe (NN) umgerechnet werden. Früher wurde zur Nivellierung und Vermessung des Grabungsareals ein so genannter Universal-

Einmessen von Funden mit Hilfe eines elektronischen Tachymeters

theodolit eingesetzt, bei dem mindestens zwei Personen (eine am Theodoliten und eine mit der Messlatte und dem Zeichenblock) benötigt wurden. Heute verwendet man digitale Theodoliten (Tachymeter) mit einem elektrooptischen oder Infrarot-Distanzmesser, was die Arbeit erheblich beschleunigt und vereinfacht. Schließlich werden die Grabungsflächen in die Landeskoordinaten eingebunden und in Katasterplänen verzeichnet. Hier besteht die Möglichkeit, mit Hilfe des satellitengestützten GPS (Global Positioning System, das gleiche Verfahren, das auch das Navigationssystem im Auto unterstützt) bis auf wenige Zentimeter genaue Detailvermessungen vorzunehmen. Solche Rechner, die sehr leistungsfähig und trotzdem preiswert sind, gibt es heute bereits im Taschenformat.

Auswertung von Funden

Zur Katalogisierung und Auswertung der Funde steht heute eine Fülle von Computerprogrammen zur Verfügung, durch die das Material in einer früher unvorstellbaren Menge, Geschwindigkeit und Präzision – natürlich immer abhängig von den Fähigkeiten desjenigen, der die Daten eingibt – bearbeitet werden kann. Für die archäologische Fundbearbeitung werden spezielle Softwareprogramme von kommerziellen Firmen angeboten, viele archäologische Institute sind inzwi-

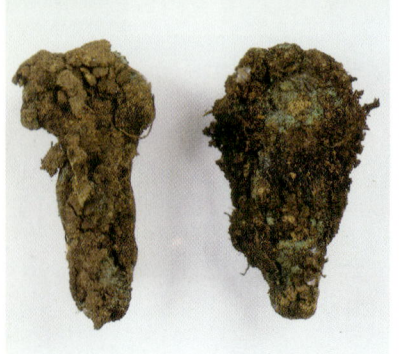

Paar vergoldeter Silberfibeln vor und nach der Restaurierung (fränkisches Gräberfeld Dittigheim, Stadt Tauberbischofsheim). Stark oxidierte Fundobjekte aus Metall lassen sich, solange noch ein Metallkern vorhanden ist (durch Röntgen feststellbar), in einem sehr langwierigen und aufwändigen Verfahren elektrochemisch oder elektrolytisch in ihre ursprüngliche Form zurückversetzen.

schen aber auch in der Lage, sich ihren Bedürfnissen entsprechende Programme maßzuschneidern. Diese können häufig kostenlos oder gegen ein geringes Entgelt aus dem Internet geladen werden, etwa das BASP (Bonn Archaeological Software Package).

Nach der Bearbeitung werden die Funde an das zuständige Museum oder Denkmalpflegeamt überstellt, wo man sie, wenn es sich um weniger wichtige oder in der Sammlung bereits vorhandene Exemplare handelt, archiviert. Außergewöhnliche Stücke werden nach sorgfältiger Untersuchung, Konservierung und eventueller Rekonstruktion nach einiger Zeit in entsprechenden Büchern oder Zeitschriften publiziert (wobei meist der Ausgrabungsleiter das Erstpublikationsrecht besitzt) und in der öffentlichen Ausstellung präsentiert.

Auch auf dem Gebiet der Konservierung von Funden sind in den letzten Jahrzehnten enorme Fortschritte erzielt worden. Früher wurden beispielsweise Bauwerke, die vom Zerfall bedroht waren, mit Eisenklammern stabilisiert. Gefährdete Oberflächen überzog man schlicht mit Lack oder Kunststoff oder tränkte einzelne Teile mit stabilisierenden Chemikalien. Diese drohen heute – vor allem in Verbindung mit Auto- und Industrieabgasen – oft größeren Schaden anzurichten, als dies Jahrzehnte unbehandelten Verweilens unter freiem Himmel hätten verursachen können. So bemüht man sich inzwischen intensiv um eine schonende, möglichst reversible Behandlung der Funde.

Die Terrakotta-Krieger aus Xiyang

Zur Lösung eines konservatorisch außergewöhnlichen Problems konnten deutsche Chemiker einen Beitrag leisten. 1974 wurden in dem chinesischen Dorf Xiyang, 30 Kilometer östlich der alten Kaiserstadt Xi'an (Provinz Shaanxi), bei Ausschachtungsarbeiten für einen Brunnen die ersten Fragmente eines lebensgroßen, farbig bemalten Terrakottakriegers entdeckt. Es stellte sich sehr bald heraus, dass er Teil einer gigantischen tönernen Armee aus etwa 8000 Soldaten und Pferden, 100 hölzernen Streitwagen und 40.000 Waffen war. Die Truppen gehörten zur Grabausstattung des chinesischen Kaisers Shi Huangdi (259–210 v. Chr.). Heute ist das Grabungsareal etwa 4 x 4 Kilometer groß, bisher wurde ca. 1500 Krieger – ein jeder in Gesichtszügen, Haartracht und Kleidung individuell gestaltet und mit verschiedenen Waffen ausgerüstet –, Pferde und Streitwagen geborgen. An anderen Orten in China, beispielsweise in Jinan (Provinz Shandong) und Xianyang (Provinz Shaanxi), wurden inzwischen ähnliche Entdeckungen gemacht.

Nach der Bergung der Figuren musste man feststellen, dass die Tonkrieger an der Luft sehr bald ihre Farbe verloren. Die ursprüngliche farbige Fassung bestand aus einer Lackgrundierung, über der die Pigmente aufgetragen wurden. Durch die Lagerung im feuchten Boden hatte sich der Lack mit Wasser vollgesogen, das nach der Bergung der Figuren bald verdunstete. Dabei wurde er rissig und platzte schließlich mit der Farbe vom Tongrund ab.

Um den Lack auf dem Untergrund zu stabilisieren, versuchte man zunächst, das Wasser im Lack durch Polyethylenglykol zu ersetzen, das Wasser anzieht und so den Lack vor dem Reißen schützt. Auf dieser ständig feuchten Oberfläche siedelten sich allerdings sehr schnell Mikroorganismen und Schmutz an, die Farbe blätterte bei der leichtesten Berührung ab.

Eine neue, weitaus erfolgversprechendere Methode entwickelten Münchner Chemiker: Auf die Oberfläche der Figuren werden Acrylat-Monomere (Hema), eine wasserlösliche, organische Substanz, aufgetragen, die durch den Lack bis zur Oberfläche des Tons wandern. Anschließend bestrahlt man diese mit energiereichen Elektronen, was sie härtet und gleichzeitig den Lack auf dem Ton fixiert. Das Verfahren, das den zusätzlichen Vorteil bietet, die Oberfläche zu sterilisieren, ist inzwischen so weit getestet und ausgereift, dass bald der erste Tonkrieger auf diese Art behandelt werden kann.

Stratigraphie

Bei der Frage nach der Datierung, das heißt der Altersbestimmung von Grabungsfunden, ist zunächst die so
genannte Stratigraphie, die Schichtenabfolge im Boden, für den Archäologen von entscheidender Bedeutung. Hierbei kann man in der Regel davon ausgehen,
dass die am tiefsten im Erdboden befindlichen Schichten die ältesten sind und die Funde in den nach oben
folgenden Schichten immer jünger werden. (Anders
kann es sich aber etwa bei Hangsiedlungen verhalten,
deren Schichten durch Erosion abgewaschen und am
Fuß des Hügels angeschwemmt werden: Die jüngsten
Schichten liegen auf dem Hügel ganz oben, wenn sie

Schichtprofil des Sied-
lungshügels von Kara-
novo (Bulgarien) von der
Bronzezeit bis zum Neo-
lithikum (von unten nach
oben zu lesen, letztes
Drittel 7.–3. Jtsd.
v. Chr.)

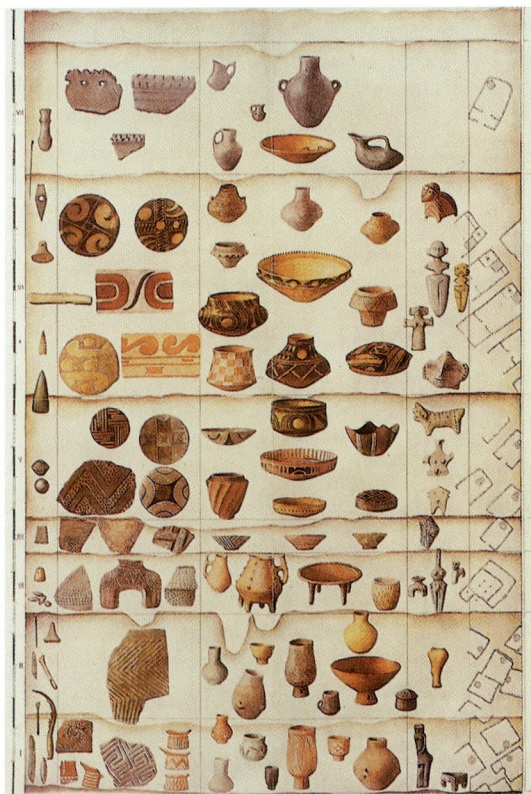

Schematische Darstellung der Stratigraphie und Chronologie von Karanovo (Bulgarien) mit den entsprechenden Funden vom Neolithikum bis zur Bronzezeit (von unten nach oben zu lesen, letztes Drittel 7.–3. Jtsd. v. Chr.)

herabgespült werden, kommen sie jedoch zuunterst zu liegen, und die nach und nach folgenden älteren Schichten lagern sich auf den jüngeren ab, so dass sich in diesem Fall die »natürliche« Schichtenfolge umkehrt.)

Absolute und relative Chronologie

Entdeckt man in einer Schicht einen fest datierbaren Fund, etwa eine Münze, so sind alle Schichten unterhalb der Münze älter als diese, alle Funde darüber jüngeren Datums. Auf diese Weise kann man, wenn genügend aussagekräftige Funde vorhanden sind, eine so genannte relative Chronologie aufstellen, in die sich auch solche Funde einfügen, die – anders als Münzen, beschriftete Keramik oder ägyptische Skarabäen mit Herrschernamen – zunächst keine genaue Datierung zulassen. Eine wertvolle Datierungshilfe können auch Brandschichten oder andere Zerstörungshorizonte sein, wenn man aus Schriftquellen genau weiß, wann ein Ort zerstört worden ist.

Survey

Im Gegensatz zur Ausgrabung, die meist nur Teile, das heißt einzelne Schnitte eines archäologisch interessanten Areals erfasst, wird die Geländebegehung (Oberflächenprospektion, *survey*) eingesetzt, um weiträumige, noch nicht übersiedelte Gebiete zu untersuchen und Aufschlüsse über regionale Siedlungsstrukturen zu gewinnen. Erste Hinweise auf archäologisch interessante Gebiete können Luftaufnahmen geben.

Bei einem Survey wird das zuvor ausgewählte Gebiet in Planquadrate eingeteilt, die ein Läufer systematisch abgeht, wobei er alle an der Erdoberfläche sichtbaren Befunde dokumentiert und verstreute Funde (Keramikscherben, Metall) einsammelt. Welche und wie viele Funde eingesammelt und welche liegen gelassen werden, hängt von der jeweiligen Fragestellung, der Funddichte, dem vorgegebenen Zeitrahmen der Aktion und den Auswertungskapazitäten ab. Funde und Befunde werden mit Hilfe des GPS eingemessen, dokumentiert, später statistisch ausgewertet und in Karten übertragen, so dass ein Bild der Siedlungsdichte, -intensität und -dauer sowie eine Chronologie der einzelnen Siedlungsorte entsteht. Aus der Größe der verschiedenen Siedlungen lassen sich Rückschlüsse auf ihre Bedeutung, eventuell auf Einwohnerzahlen und auf die Beziehungen der Orte untereinander ziehen.

Die gewonnenen Daten überträgt man in eine Datenbank (GIS, Geographisches Informationssystem), wo aus ihnen eine Fundstellenkarte entsteht, sie aber auch mit den Koordinaten der aktuellen Geländestruktur und mit den Ergebnissen zusätzlich vorgenommener naturwissenschaftlicher Untersuchungen (Paläobotanik, Geoarchäologie) zusammengeführt werden kön-

nen. Darüber hinaus lassen sich
die Messergebnisse mit den Daten
anderer Surveys aus benachbarten
Gebieten vernetzen, so dass Schritt
für Schritt ganze Regionen erfasst
und für ein Denkmalkataster dokumentiert werden. Bei besonders
viel versprechenden Befunden
lässt sich später eventuell durch
eine gezielte Grabung weitere Information gewinnen.

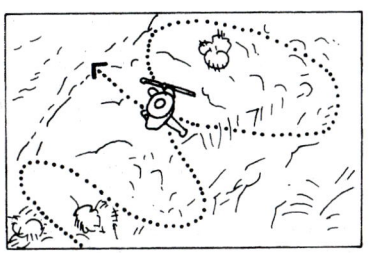

Im Bereich der Klassischen Archäologie wurden die ersten Surveys in den 1960er Jahren in Italien durchgeführt, diesen folgte in
den 70er Jahren die Minnesota
Messenia Expedition (Messenien
ist eine Landschaft auf der südlichen Peloponnes), bei der alle
greifbaren Daten – Schriftzeugnisse, Klimatabellen, Landkarten,
geologische Untersuchungen usw.
– in die Auswertung des Survey
einbezogen wurden. Erfasste man
bei den ersten Surveys nur eine
Epoche, so waren die Prospektionen ab den 90er Jahren so ge-

nannte *multi-period*-Surveys. Die Untersuchung großer
Regionen ließ zeitlich aufeinanderfolgende Besied-
lungskarten entstehen, deren Abfolge Auskünfte über
die regionale Siedlungsgeschichte gab.

Survey: verschiedene
Möglichkeiten der Gelän-
debegehung

Auch beim *survey* haben sich im Laufe der Jahrzehnte Zielsetzung, Fragestellung und Arbeitsmethoden
verändert: Versuchte man zunächst, einzelne Fundplätze zu lokalisieren und auszuwerten, so geht es heute
um eine umfassende Landschaftsanalyse – historische,
geographische, soziale, politische, wirtschaftliche, biologische und Umweltfaktoren werden in die Untersuchungen einbezogen und für möglichst umfassende
Zeiträume ausgewertet.

Archäometrie – naturwissenschaftliche Untersuchungen

Ergänzend zur Grabung und der entsprechenden kunsthistorisch-analysierenden und vergleichenden Betrachtung nehmen archäometrisch-naturwissenschaftliche Untersuchungen in der Archäologie einen immer größeren Raum ein. Sie haben verschiedene Aufgaben, und diese kann man in einander teilweise überschneidende Bereiche zusammenfassen:

a) Die Lokalisierung von Funden (neben Ausgrabung, Survey, Luftbild- und Unterwasserarchäologie geophysikalische Untersuchungen, Mikromorphologie, Phosphatanalysen)
b) Datierungsmethoden (C14, Dendrochronologie, Kernspaltspurenmethode, Thermolumineszenzuntersuchung)
c) Identifikation und Detailuntersuchungen von Artefakten (Mikroskopie, Infrarot- und Ultraschallaufnahmen, Röntgen, Licht- und Elektronenstrahlen, chemische Analysen, Spektralanalysen, Neutronenaktivierungsanalytik)
d) Klassifikation, Statistik und Dokumentation (EDV)

Darüber hinaus geben medizinische Untersuchungen an Skelettfunden und organischem Material durch Paläopathologen (DNA-Analysen, Röntgen, Kernspin- und Computertomographie) sowie die Arbeit von Paläobotanikern und -zoologen Einblicke in das Leben der antiken Menschen und Gesellschaften, die mit anderen Mitteln kaum oder gar nicht zu gewinnen wären. Viele dieser Methoden wurden nicht für die archäologische Forschung entwickelt, ihr Einsatz auf diesem Gebiet führt jedoch zu Erkenntnissen, die noch vor wenigen Jahrzehnten unvorstellbar gewesen wären.

Der steigenden Notwendigkeit für einen Archäologen, all diese Methoden zu kennen und anzuwenden, wurde durch die Einrichtung des Studienganges »Archäometrie« an der Universität Frankfurt a. M. im Sommersemester 2001 Rechnung getragen. Bereits seit 1958 wird in London die wissenschaftliche Zeitschrift *Archaeometry* herausgegeben.

Seit 1992 besteht am Deutschen Archäologischen Institut in Berlin eine naturwissenschaftliche Arbeitsgruppe mit entsprechenden Laboreinrichtungen, die allen Abteilungen und Kommissionen des DAI als Service-Einrichtung bei Ausgrabungen zur Verfügung steht. Vertreten sind: Archäobotanik, Archäozoologie, Dendrochronologie und C14-Analyse.

Geophysikalische Prospektion

Die geophysikalische Prospektion gestattet – ebenso wie die Luftbildarchäologie – einen detaillierten »Blick« unter die Erdoberfläche, ohne den Spaten anzusetzen. Wurde die Struktur des Erdbodens durch menschliche Eingriffe gestört, z. B. durch die Anlage von Gräben, Gruben, Fundamenten, Mauern o. ä., ändern sich an diesen Stellen seine physikalischen Eigenschaften. Diese Störungen sind mit hochempfindlichen Geräten messbar und können am Bildschirm graphisch sichtbar gemacht werden. Für eine solche Untersuchung stehen – abhängig von der Bodenbeschaffenheit, dem Wetter und der Lage des zu untersuchenden Gebietes (Hang oder Ebene) – Magnetometer, Elektrowiderstands-Messgeräte, Georadar und seismische Messgeräte zur Verfügung; möglich ist je nach Bedarf auch eine Kombination der verschiedenen Methoden. Ausgrabungen können mit Hilfe solcher Untersuchungen präzise vorbereitet, aber auch zeit- und kostensparend durchgeführt werden, Schutzzonen lassen sich genau ausweisen.

Eine erhöhte Konzentration magnetischer Eisenoxide – entstanden durch Mauern, Gräben, vor allem aber durch Ansammlungen von gebrannten Ziegeln oder Keramik – verursacht Störungen im Magnetfeld des Erdbodens. Diese können mit einem Magnetometer aufgezeichnet werden, der den zu untersuchenden Bereich in parallelen Streifen abfährt. Die eingehenden Daten können in einer Graustufen- oder Farbabbildung sichtbar gemacht und archäologisch interpretiert

Messung mit dem Mag-
netometer. Der Mess-
wagen ist über ein Kabel
mit dem Magnetometer-
prozessor und der Da-
tenaufnahme verbunden.

werden. Der Magnetometer muss von Hand auf einem kleinen Wagen über die zu untersuchende Fläche geschoben werden, so dass pro Tag unter günstigen Umständen etwa ein Hektar abgefahren werden kann.

Fundamentgräben, Pfostenlöcher oder Gruben zeichnen sich meistens als deutliche Verfärbungen im Schnittprofil ab, doch kann es innerhalb ihrer Grenzen Veränderungen oder in Schichten so genannte »Linsen« geben, die mit bloßem Auge nicht wahrnehmbar sind. Mit Hilfe hochempfindlicher, elektromagnetische Wellen aussendender Spezialgeräte können auch solche Unregelmäßigkeiten identifiziert und sichtbar gemacht werden.

Geoelektrische Messungen, die sich besonders für feuchte Böden eignen, erfassen Störungen in der elektrischen Leitfähigkeit des Bodens, die beispielsweise das Vorhandensein von Mauern anzeigen können. Hierzu werden auf einer geraden Linie in kurzen Abständen Elektroden in den Boden gesteckt, durch Kabel miteinander und mit einem Gerät verbunden, das eine Stromquelle und einen Spannungsmesser enthält. Leitet man nun Strom durch den Erdboden, werden vorhandene Störbereiche von dem Spannungsmesser aufgezeichnet. Auf diese Weise vermisst man mit parallelen Elektrodensetzungen das gesamte zu erforschende Gebiet. Die im Spannungsmesser eingegangenen Signale werden aufgezeichnet und mit Hilfe eines speziellen Computerprogramms in lesbare Bilder umgesetzt, so dass sich in günstigen Fällen beispielsweise Grundrisse im Boden erkennen lassen.

Beim Einsatz des Georadars werden über eine Antenne kurze elektromagnetische Impulse ausgesandt, von eventuell im Boden vorhandenen Störquellen (z. B. Mauern) reflektiert und wieder empfangen. Hierzu bewegt man die Antenne auf einem Wagen entlang gerader Linien über den Boden, und wiederholt diesen Vorgang im Abstand von 20 bis 100 Zentimetern, bis der gesamte Untersuchungsbereich abgefahren und registriert ist. Auf diese Weise lässt sich das Vorhandensein eines Befundes bis in 2 Meter Tiefe nachweisen. Auch hier werden die gesammelten Daten mit Hilfe eines Computerprogramms ausgewertet und in Bilder umgesetzt.

Phosphatanalysen

Organische Phosphate entstehen im menschlichen und tierischen Körper bei verschiedenen Stoffwechselvorgängen und werden mit dem Urin ausgeschieden. Größere Phosphatansammlungen im Bereich einer Siedlung oder eines Gebäudes lassen so auf Fäkalien von Menschen oder Tieren schließen, das heißt bei den Fundstellen handelt es sich um ehemalige Latrinen, Abfallgruben oder Viehställe. Die Phosphatanalyse ist eines der wenigen Verfahren, die relativ schnell, preiswert und direkt vor Ort durchgeführt werden können.

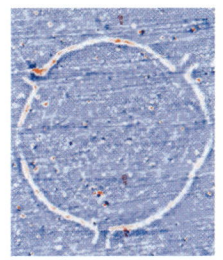

Mikromorphologische Untersuchungen

Eine sich erst seit den 1990er Jahren entwickelnde Untersuchungsmethode ist die so genannte Mikromorphologie (Mikrogestaltserfassung), durch die man an scheinbar fundleeren Orten (Siedlungen oder Häusern) verschiedene Nutzungsbereiche und Funktionen von Räumen (»Aktivitätszonen«) erkennen kann (Kochen, Vorratshaltung, Abfalllagerung, Werkstätten, Ställe usw.). Hierzu werden Proben aus den so genannten Begehungshorizonten mit Kunstharz gehärtet, anschließend stellt man von ihnen Dünnschliffe her. Unter dem Mikroskop kann man nun winzige Partikel von Keramik, Metall, Steingeräten, Pflanzen, Knochen, Holzkohle usw. identifizieren, die in den Boden eingetreten wurden, und aus der Dichte ihres jeweiligen Vorkommens lässt sich auf die Tätigkeiten schließen, die in einem bestimmten Raum zu einer bestimmten Zeit stattfanden.

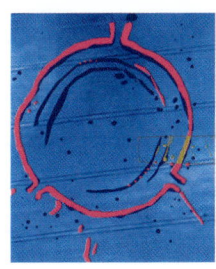

Goseck (Sachsen-Anhalt), Sonnenobservatorium, um 5 000 v. Chr.: Lufbildaufnahme, geophysikalische Prospektion und Überlagerung der beiden Ergebnisse

Çatal Höyük, Graphiken
zur Artefakt- und zur
Mikroartefaktverteilung
in Raum 117

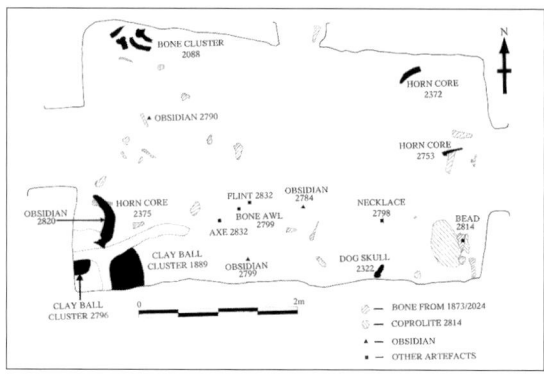

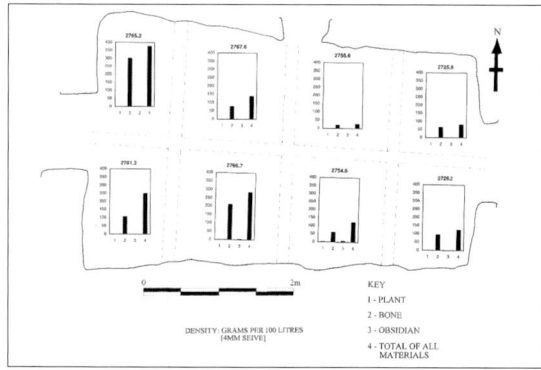

Dendrochronologie

Die beständigen Wetterveränderungen prägen sich
beim Wachstum von Bäumen in unterschiedlich brei-
ten Jahresringen aus, jeweils nach Holzart und Standort des Baumes verschieden. Das so entstehende Jahr-
ringmuster verschieden alter Holzfunde kann man in
eine Graphik umsetzen und in eine chronologische
Folge bringen.

Um Holzfunde mit diesem »Kalender« abzugleichen
und so zu einer Datierung zu gelangen, ist eine unun-
terbrochene Reihenfolge von Holzproben mit Jahrringen bis in die Gegenwart notwendig. Eine entsprechende Sequenz hat man für Mittel- und Westeuropa an
Eichen aufstellen können, die heute etwa 12.000 Jahre
weit zurückreicht. Zur Konstruktion einer solchen Rei-
hung wird Eichenholz verwandt, weil bei ihm die Jah-

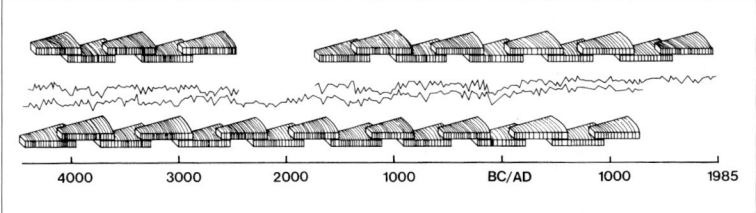

resringe besonders charakteristisch und ausgeprägt sind und es bis ins 18. Jahrhundert bevorzugt als Baumaterial verwandt wurde. Um zu einem aussagekräftigen Ergebnis zu gelangen, müssen jedoch mindestens 50 Jahrringe und möglichst die Waldkante, das heißt der letzte Ring direkt unter der Rinde, vorhanden sein. Dabei kann der Verwitterungsgrad des Holzes und die Neigung von Eichenholz, sich im Lauf der Zeit schwarz zu verfärben, eine Datierung erheblich erschweren.

Schematische Darstellung eines Jahrring-Kalenders.

Auch Klima- und Umweltveränderungen lassen sich an den Jahrringen ablesen (breite Ringe in Jahren mit viel Regen, schmalere in Trockenperioden).

Die Datierung mit Hilfe der Jahrringe, die Ende der 1920er Jahre in Amerika entwickelt wurde, gehört zu den ältesten naturwissenschaftlichen Datierungsmethoden. Sie wird vor allem in der Vor- und Frühgeschichte eingesetzt. Viele prähistorische Institute verfügen heute über die technische Ausstattung, um solche und andere biochemische oder physikalische Untersuchungen zur Alters- oder Materialbestimmung vorzunehmen.

C14-Methode

Die C14- oder Radiokarbonmethode dient zur Bestimmung des Alters von organischem Material. Sie wurde 1946 von dem amerikanischen Physiker und Chemiker Willard F. Libby (1908–1980) entwickelt, der dafür 1960 den Nobelpreis erhielt.

Das in der Atmosphäre vorhandene radioaktive Kohlenstoff-Isotop ^{14}C (so die chemisch korrekte Bezeichnung) wird von allen lebenden Organismen beständig

C14-Datierung im Labor

aufgenommen; erst wenn ein Lebewesen stirbt, endet dieser Prozess, und das C14 beginnt zu zerfallen. Bei organischen Überresten kann man deshalb mit Hilfe der Messung des noch vorhandenen C14 in Verbindung mit seiner Halbwertzeit von 5730 Jahren (das heißt dem Zeitabschnitt, nach dem die Hälfte der Isotope zerfallen ist) und über den Vergleich mit dem C14-Gehalt in »frischem« (rezentem) Material das Alter einer Probe bestimmen. Je geringer der Anteil an diesem Kohlenstoff-Isotop, desto älter ist der untersuchte Fund. Mit der C14-Methode lässt sich gegenwärtig ein Zeitraum bis etwa 70.000 Jahre vor heute abdecken.

Da der C14-Gehalt in der Atmosphäre im Verlauf der Erdgeschichte schwankend war und ist, dient zur Korrektur und Eichung der ermittelten Daten (Kalibrierung) die Dendrochronologie. Bisher konnten die letzten 12.000 Jahre mit Hilfe der Jahrring-Datierung präzise kalibriert werden.

Thermolumineszenz-Untersuchungen

Einige Minerale (z. B. in Keramik oder gebrannten Ziegeln) speichern die von radioaktiven Elementen und der kosmischen Strahlung ausgehende Energie. Je älter das Mineral ist, desto mehr Energie ist in sein Kristallgitter eingelagert. Bei einer Erhitzung auf über 500 Grad Celsius (etwa beim Brennen eines Gefäßes) wird diese Energie freigesetzt, und die Speicherung beginnt aufs Neue.

Bei der Untersuchung wird eine Keramikprobe abermals einer Temperatur von über 500 Grad ausgesetzt. Die seit dem ersten Brand gespeicherte Energie wird dabei in Form eines Wärmeleuchtens (Thermolumineszenz) abgegeben und gemessen, woraus sich das Alter des Stückes bestimmen lässt – je intensiver das Leuchten, um so älter ist es. Der Zeitraum, den man mit diesem Verfahren abdecken kann, beträgt etwa 50.000 bis 10.000 Jahre vor heute.

Spektralanalyse, Gaschromatographie, Neutronenaktivierungsanalyse

Die Spektralanalyse (Massenspektrometrie) ist eine Methode zur chemischen Untersuchung von Metallen, Keramik oder Glas, bei der durch die Erzeugung eines farbigen Spektrums (mit Hilfe von Wärme oder elektrischer Entladung) und seine Aufzeichnung das Vorhandensein und die Menge bestimmter chemischer Elemente in einem Material nachgewiesen werden. So kann man seine Zusammensetzung bestimmen, was wiederum Rückschlüsse auf Rohstoffquellen (jede Erz-, Sand- oder Tonlagerstätte hat ihren individuellen chemischen »Fingerabdruck«), Fertigungstechnik, Werkstätten und Handelswege zulässt.

Mit Hilfe der Spektralanalyse und der Gaschromatographie (Durchflusschromatographie) lassen sich auch Reste von organischem Material untersuchen, beispielsweise in Gefäßen, um auf diese Weise festzustellen, was darin aufbewahrt bzw. transportiert wurde. Dabei eignet sich die Gaschromatographie besonders für den Nachweis und die Trennung kleinster Mengen chemisch sehr ähnlicher Substanzen. So konnten zwei amerikanische Wissenschaftlerinnen mit Hilfe einer solchen Analyse aufgrund des Vorkommens von Malvadin-Glukosid (eine Substanz, die jungem Rotwein seine Farbe gibt und in keinem anderen Fruchtsaft des Mittelmeerraumes vorkommt) nachweisen, dass sich in einem Krug aus dem Grab des Tut-anch-Amun ehemals Rotwein befunden hatte.

Bei der Neutronenaktivierungsanalyse werden z. B. Keramiksplitter mit Neutronen beschossen, um die im Ton enthaltenen Spurenelemente zu aktivieren und ihre Menge zu messen.

Widderblech A, möglicherweise zur Verzierung von Möbeln angefertigt, H. 48 cm, Badisches Landesmuseum Karlsruhe. Hier lassen sich mit Hilfe der Röntgenstrahlen nicht nur die unterschiedlichen Treibtechniken und Werkzeuge unterscheiden, man sieht auch sehr genau antike und moderne Reparaturen bzw. Ergänzungen, Befestigungslöcher sowie eine Faltung der Bleche, die anscheinend vorgenommen wurde, um ihre spätere Wiederverwendung zu verhindern. Der weiße Punkt und die kleine weiße Stelle am unteren Rand des Röntgenbildes sind die Reste einer antiken Reparatur.

Röntgen

Das Röntgen von Funden gehört – wie die Computertomographie und der Ultraschall – zu den nicht invasiven (das heißt einen Fund nicht beschädigenden) Techniken, die bei stark verwitterten, untrennbar miteinander verbackenen, verschnürten (Mumien) oder en bloc geborgenen Funden Aufschlüsse über Form, Inhalt und Technik geben können. Aber auch bei gut erhaltenen Fundstücken kann das Röntgen Informationen geben, die mit bloßem Auge nicht zu gewinnen wären. Eine spezielle Art der Röntgenaufnahme ist die so genannte Xeroradiographie, bei der die Aufnahme nicht auf einem Film, sondern auf einer elektrisch aufgeladenen Metallplatte fixiert wird. Mit Hilfe dieses Verfahrens lassen sich auch bei Funden aus weichem, für Röntgenstrahlen eigentlich durchlässigem Material (Holz, Leder) kontrastreiche Bilder erzielen.

Zu den Spektroskopie-Methoden (Röntgenbeugung, Röntgenfluoreszenzanalyse, Infrarot-Spektroskopie) gehört auch die Untersuchung im Synchrotron-Ring, bei der mittels Photonen-Strahlen der elementare, kristalline Aufbau von Objekten und Materialien oder Bearbeitungsprozesse bestimmt werden. Mit solchen Messungen kann man etwa die Zusammensetzung von Metallen feststellen und so Arbeitsschritte nachvollziehen oder – aufgrund unterschiedlicher Materialeigenschaften – nachträgliche Reparaturen, Ergänzungen, aber auch Fälschungen nachweisen.

Laserscans

Mit Hilfe von 3D-Laserscans können Oberflächenstrukturen und dreidimensionale Körper vermessen und später im Computer aus »Punktwolken« wieder zu sehr präzisen dreidimensionalen Modellen zusammengesetzt werden. Die Dokumentation ist berührungsfrei, das heißt das Objekt kann bei der Erfassung keinen Schaden nehmen, der Scanner deckt eine Entfernung von bis zu 350 Metern ab, und mit dem so genannten Streiflichtscanner sind Bilder mit einer Auflösung im Zehntelmillimeterbereich möglich. Mit Hilfe dieser Technik konnten beispielsweise bei Untersuchungen im Jahre 2003 auf einigen Steinen der Anlage von Stonehenge Darstellungen von Äxten dokumentiert werden. Solche Scans können Strukturen sichtbar machen, die durch Verwitterung oder menschliche Eingriffe (»Reinigung« von Oberflächen, wiederholtes Betasten etc.) mit dem bloßen Auge bereits nicht mehr zu erkennen sind. Das 3D-Laserscanning eignet sich jedoch auch für großflächige Geländeaufnahmen, neben 3D-Modellen lassen sich Pläne mit Höhenlinien generieren; Angaben zur Vegetation, Survey-Befunde, geophysikalische Untersuchungsergebnisse oder Luftaufnahmen können in das Modell eingearbeitet werden.

Bereits im 17. Jahrhundert wusste man aus den antiken Schriftquellen, dass antike Gebäude und Marmorskulpturen ursprünglich bunt bemalt waren. Diese Kenntnisse wurden jedoch später aufgrund der klassizistischen Leidenschaft für das strahlende Weiß eines scheinbar unberührten Marmors größtenteils ignoriert, man lehnte, wie Winckelmann, die »barbarische Sitte des Bemalens von Marmor oder Stein« ab (»Da nun die weiße Farbe diejenige ist, welche die mehresten Lichtstrahlen zurückschicket, folglich sich empfindlicher machet: so wird auch ein schöner Körper desto schöner sein, je weißer er ist«, J. J. Winckelmann, *Geschichte der Kunst des Altertums*). Erst im Laufe des 19. Jahrhunderts, als die Zahl der mit mehr oder weniger deutlich erkennbaren Farbresten behafteten Skulpturen und Architekturelemente mit jeder Ausgrabung anstieg, wurde das Interesse an diesem Problem konkret, Abhandlungen zu diesem Thema mit kolorierten Illustrationen wurden verfasst und verkleinerte Modelle von Tempeln und Statuen hergestellt, an denen man die Farbigkeit – entweder anhand der gefundenen Pigmentreste oder rein aus der Phantasie – zu rekonstruieren versuchte. Man war sich – von einigen Puristen abgesehen, die eine Farbigkeit der antiken Denkmäler strikt leugneten – einig, dass alle überlieferten Skulpturen und Architekturelemente ursprünglich

farbig bemalt waren. Diskutiert wurde jedoch die Frage, ob jeweils das gesamte Werk farbig gefasst war oder nur Details (Haare, Augen, Schmuck, Kleidung etc.), während die sichtbaren Hautpartien marmorweiß blieben.

Nach dem 1. Weltkrieg schlief die Diskussion um dieses Thema fast völlig ein, die allgemeine Forschungshaltung ist wohl am ehesten als indifferent-ablehnend zu bezeichnen. Erst in den 80er Jahren

wandte man sich dem Problem erneut zu. In jüngster Zeit konnten mit Hilfe von Auflichtstereomikroskopen, Streiflichtfotografie und UV-Fluoreszenzfotografie zahlreiche Statuen in Deutschland und in ausländischen Museen auf Pigmentreste, Ritzlinien zur Vorzeichnung und unterschiedliche Verwitterungsspuren untersucht werden. Chemisch-physikalische Pigmentanalysen (Röntgendiffraktomie, Infrarot-Spektrographie) bilden die Basis für

Zur Farbigkeit in der Architektur (hier am Parthenon)

»Ein übriges taten die Farben, die man sich nun nicht mehr in der starken Buntheit archaischer Bauten, sondern gemäß den Errungenschaften der großen zeitgenössischen Malerei feinfühlig aufeinander abgestimmt zu denken hat. Das Herrschende blieb der transparente Schmelz des Marmors: Stufen, Säulen, Wände, Architrave und Geisonstirnen blieben unbemalt. Die Rhythmik des Frieses wurde durch blaue Tönung der Triglyphen, Regulae und Muti hervorgehoben. Das feine Band der Taenia und ebenso die Leiste über dem Triglyphon waren wie eine kostbare, gewebte Borte mit einem goldenen Mäandermuster auf rotem Grund verziert. Die Kassetten der marmornen Decke über der Ringhalle waren von bunten Blattreihen gerahmt, in ihrer Mitte hob sich ein zartes Blumenmuster aus blauem Grund hervor.« Gottfried Gruben, *Die Tempel der Griechen*, 1966

die Bestimmung der Zusammensetzung einer Farbschicht. Mit Hilfe dieser Untersuchungen lassen sich nicht nur Farben und Muster überzeugend rekonstruieren, sondern auch technische Fragen klären. So stellte man beispielsweise fest, dass die antiken Pigmente den Marmor auch vor Verwitterung schützten, wobei Azuritblau, Malachitgrün und Zinnoberrot besonders widerstandsfähig waren, während Ockergelb und Braun sehr bald abgewaschen wurden, was dazu führte, dass der Marmor an den mit diesen Farben bemalten Stellen schneller und stärker verwitterte.

Auch die Illusion von räumlicher Tiefe ließ sich durch eine entsprechende Bemalung erwecken. Auf den Reliefs des Parthenons in Athen

Stele der Paramythion, um 370 v. Chr., Glyptothek, München. Rechts: UV-Fluoreszenzaufnahme, sichtbar werden die Spuren der ursprünglichen Bemalung

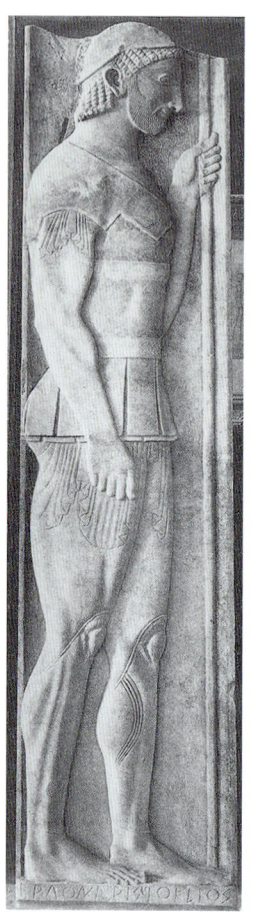

Links: Stele des Aristion, H. 2,4 m, um 510 v. Chr. (Inschrift auf der Fußleiste: Ergon Aristo-kleos, Werk des Aristokles). Historische Fotografie. Mitte: Farbige Rekonstruktion der Stele des Aristion. Rechts: Rekonstruktion der Stele des Aristion mit bronzenem Helm und Bart-spitze. Das Vorhandensein eines Helmes würde das befremdliche Fehlen einer Ausarbeitung der Locken auf dem Oberkopf erklären.

unterlegte man die Gewandfalten mit schwarzer Farbe, so dass auf diese Weise die Plastizität der Dar-stellung gesteigert wurde.

Mit Hilfe farbig bemalter Abgüsse antiker Statuen versucht man, den – für den Betrachter zunächst außer-ordentlich befremdlichen – Ein-druck einer solchen Kolorierung zu rekonstruieren. Dabei sollte man jedoch stets im Auge behalten, dass es sich bei solchen Farbrekonstruk-tionen um wohl begründete Vor-schläge und Modelle handelt; einzelne Tönungen, Nuancen, die Qualität der Pigmente und der Bindemittel können ebenso wenig mit einhundertprozentiger Sicherheit bestimmt werden wie der Effekt von Farbmischungen, -verläufen oder nachträglichen Polituren.

Träger der farbigen Fassungen sind – wenn Gipsabgüsse nicht vorhanden sind oder man die Oberfläche eines Stückes nicht durch den Abformungsprozess strapazieren möchte – rundplastische Kopien, die mit Hilfe des Computers berührungsfrei hergestellt werden können. Zu diesem Zweck wird das entsprechende Original zunächst einem 3D-Laserscanning unterzogen

(für einen Kopf benötigt man etwa 3,5 Stunden bei einer Datenmenge von 2 Millionen Punkten und einer Messgenauigkeit von 0,1–0,2 mm), die gewonnenen Daten werden nachbearbeitet (Zeitaufwand etwa eine Woche), in ein für die maschinelle Herstellung geeignetes elektronisches Format gebracht und schließlich an eine computergesteuerte Fräse übertragen. Nach einer weiteren Woche etwa ist die exakte Kopie vollendet, die dann noch von Hand überarbeitet werden muss und schließlich bemalt werden kann.

Die Frage nach der Farbigkeit von Bronzestatuen – abgesehen von separat eingelegten Augen, aus rotem

Kupfer eingesetzten Lippen und Brustwarzen oder separat gefertigten Schmuck- und Ausrüstungsteilen – lässt sich mit den oben beschriebenen Untersuchungsmethoden allerdings nicht beantworten. Diese Stücke sind bei ihrer Auffindung meist stark korrodiert, und beim Entfernen dieser Krusten gehen auch die eventuell vorhandenen Farbspuren verloren.

Kopf des Kriegers A von Riace mit eingesetzten Augen, kupfernen Lippen und silbernen Zähnen

UV-Licht

UV-Licht-Untersuchungen helfen u. a., die Oberfläche von Gemälden »in einem anderen Licht« zu sehen. So kann z. B. bei antiken Wandmalereien, aber auch bei Ölgemälden aufgrund der Oberflächenbeschaffenheit des Bildes erkannt werden, ob es sich um eine Fälschung handelt.

Medizinische Untersuchungen an Knochen und Gewebe

Paläopathologen/Paläoanthropologen (Archäomediziner) untersuchen mit modernsten medizinischen Methoden menschliche Überreste, hauptsächlich Skelettfunde, da Knochen – außer unter extremen klimatischen oder geographischen Bedingungen wie in Ägypten oder Lateinamerika (Mumien), im Eis oder in den nordeuropäischen Mooren (Moorleichen) – meist die einzigen erhaltenen Überreste von Menschen und Tieren sind. Auf diese Weise lassen sich nicht nur Rückschlüsse auf Alter und Geschlecht des Verstorbenen ziehen, sondern auch auf Lebensbedingungen, Ernährungsgewohnheiten und Krankheiten wie Karies, Arteriosklerose, Osteoporose, Wirbelsäulenerkrankungen usw. Im Röntgenbild oder unter dem Mikroskop werden so genannte Harris-Linien an Knochen und in Zähnen sichtbar. Diese röntgendichten horizontalen Streifen an den Enden der großen Arm- und Beinknochen entstehen bei Wachstumsunterbrechungen aufgrund von Krankheit, Mangelernährung und Hungerperioden – etwa 30 Prozent aller untersuchten ägyptischen Mumien wiesen diese Merkmale auf.

Auch können viele Krankheiten, die zunächst nur das Gewebe oder die inneren Organe be-

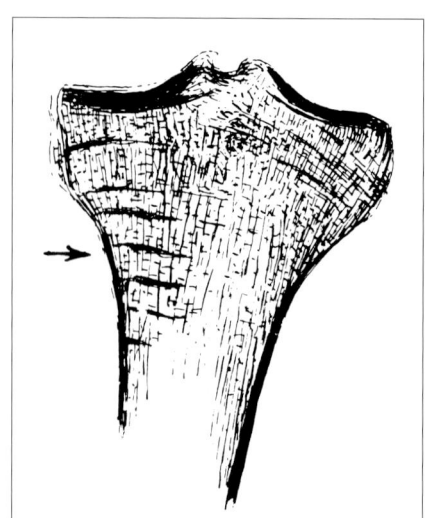

Harris-Linien an den Enden der langen Extremitätenknochen

fallen, im Spätstadium die Knochen angreifen und so für den Mediziner nachweisbar werden (Entzündungen, Infektionskrankheiten wie Tuberkulose oder Lepra, Krebs). Die Bestimmung der erhaltenen Kollagen- und Fluormenge in Knochen kann Aufschluss über das relative Alter eines Knochenfundes im Vergleich zu anderen vom gleichen Fundplatz geben.

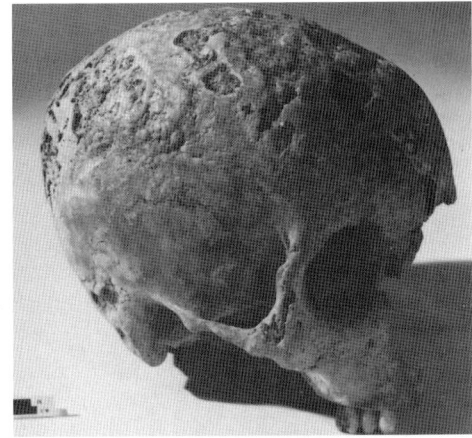

Schädel mit tiefen Erosionen in der Schädeldecke aufgrund von Syphilis

Selbst einzelne erhaltene Zähne können zur Altersbestimmung eines Fundes herangezogen werden. Wie bei einem Baum baut sich im Zahnzement jährlich ein Zuwachsring auf. So lässt sich das Alter eines Verstorbenen mit einer Genauigkeit von +/– 30 Monaten feststellen.

Inzwischen ist die paläopathologische Forschung so weit vorangeschritten, dass auch an Leichenbrand, das heißt an verkohlten und durch die Hitzeeinwirkung stark veränderten Knochen, noch Untersuchungen zu Alter, Geschlecht und Krankheiten vorgenommen werden können.

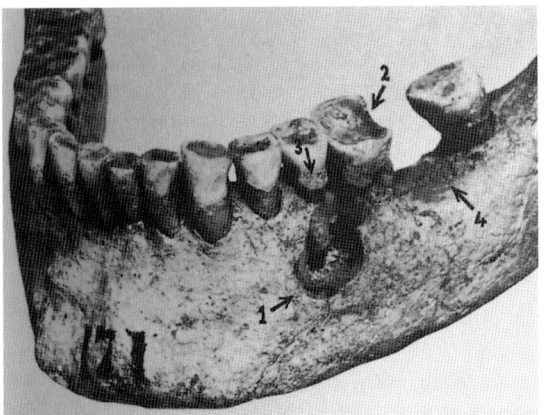

Unterkiefer eines bronzezeitlichen Individuums. Zu erkennen sind: eine tiefe Kaverne, entstanden durch einen Abszess (1), der starke Abrieb der Zähne (2), Zahnstein (3) und der Verlust des zweiten linken Backenzahns (Molar) mit zugeheiltem Wurzelloch (4).

Als »biohistorische Urkunden« liefern Knochen von Verstorbenen eine Fülle von Informationen, die inzwischen weit über die konventionelle Bestimmung von Geschlecht, Größe und Alter hinausgehen.

Sind darüber hinaus auch Gewebereste oder komplette Körper erhalten (Mumien, Moorleichen), kann man viele moderne Untersuchungsmethoden, die beim lebenden Menschen zur Diagnose von Krankheiten angewandt werden – Mikroskopie, Röntgen, Ultraschall, Computertomographie, Kernspintomographie oder Endoskopie sowie histologische und molekularbiologische Gewebeuntersuchungen usw. – mit aufschlussreichen Ergebnissen auch bei schon vor langer Zeit verstorbenen Personen einsetzen. Die Computertomographie ist ein Röntgenverfahren zur Schichtaufnahme des menschlichen Körpers, bei dem es, anders als beim klassischen Röntgen, keine Überlagerung von Knochen und Organen im fertigen Bild gibt, weil nur das Gewebe seinem Wassergehalt entsprechend in abgestuften Grau- bzw. Farbwerten wiedergegeben wird. Die Knochen als fast wasserlose Substanz werden deshalb nicht dargestellt. Anstelle des Röntgenfilms befindet sich hinter dem zu untersuchenden Objekt ein Leuchtschirm, der die Strahlen in Licht umwandelt, das von einer digitalen Kamera aufgenommen wird. Das Objekt wird bei der Aufnahme gedreht, und wenn aus jedem Winkel eine zweidimensionales Bild gemacht ist, setzt der Computer die empfangenen Daten zu einer dreidimensionalen Darstellung zusammen. Bei der Kernspintomographie werden Schichtbilder des menschlichen Körpers durch die Aufzeichnung von Resonanzsignalen gewonnen; das Verfahren arbeitet mit für den menschlichen Körper ungefährlichen Magnetfeldern und kurzen Radioimpulsen. Bei der Endoskopie wird das Körperinnere mit Hilfe einer an einem flexiblen Glasfaserkabel befestigten Lichtquelle und einer Spiegelvorrichtung un-

Schädel mit einer verheilten Trepanation (operative Schädelöffnung) über dem linken Auge

tersucht. Hierbei können mit kleinen, durch den Endoskopieschlauch geschobenen Zangen auch Gewebeproben entnommen werden.

Auch Methoden der Gerichtsmedizin – etwa die 3D-Streiflichttopometrie, bei der mit Hilfe von Daten, die verschieden positionierte Kameras an einen Computer übermitteln, dreidimensionale Aufnahmen entstehen, mit deren Hilfe auch feinste Spuren, Strukturen oder Verletzungen präzise und ohne Eingriff in das zu untersuchende Objekt dokumentiert werden können – finden ihren Einsatz in der Paläopathologie. Mit diesem Verfahren arbeitet beispielsweise das Projekt HOTPAD (Hominid Tooth Pattern Database, eine Datensammlung zu menschlichen Zahnformen), bei dem Paläoanthropologen die Entwicklung (Größe, Form, Abrieb) der Zähne beim frühen Menschen untersuchen, zunächst speziell die unteren 2. Molaren (Backenzähne).

Mit 3D-Verfahren (Laserscans) sind auch genaue Vermessungen möglich. So konnten beispielsweise amerikanische Wissenschaftler mit ihrer Hilfe bei Schädeluntersuchungen aufgrund differierender Maße feststellen, dass der Neandertaler kein direkter Vorfahr des Homo sapiens ist. Ein internationales Forscherteam am Leipziger Max-Planck-Institut für evolutionäre Anthropologie, das die Mitochondrien-DNA von vier Neandertalern und fünf frühen modernen Menschen untersuchte, bestätigte dieses Ergebnis. Die Forscher stellten fest, dass es erhebliche Unterschiede im Genom der beiden Typen gab und diese sich auch kaum miteinander vermischt hatten. Die Mitochondrien-DNA (mtDNA) wird, anders als die DNA im Zellkern, nur über die Mutter weitervererbt, bleibt deshalb über Generationen konstant, falls sie nicht mutiert, und kann somit bei der Rekonstruktion von Verwandtschaftsverhältnissen herangezogen werden. (Mit Hilfe einer solchen Untersuchung konnte beispielsweise nachgewiesen werden, dass es sich bei der Frau, die sich als die letzte Zarentochter Anastasia ausgab, nicht um ein Mitglied der Familie Romanow handelte.)

Schädel eines Erwachsenen mit verwachsenen, teilweise nicht mehr sichtbaren Schädelnähten, ca. 30–40 Jahre alt

Schädel eines Kindes mit noch offenen Schädelnähten, ca. 1–2 Jahre alt

Knochendünnschliff (50µm) unter dem Mikroskop in polarisiertem Durchlicht unter Verwendung eines Hilfsobjektes Rot I. Ordnung (Quarz), 25-fache Vergrößerung: Rachitis (chronischer Vitamin-D-Mangel). Charakteristisch sind die aufgelockerte Schädeldachstruktur und die feinschuppigen Auflagerungen auf der Außenseite

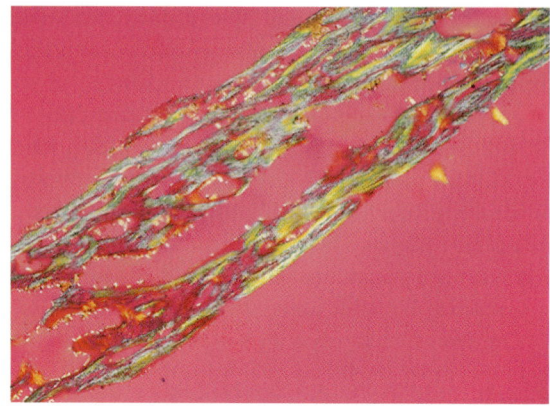

An menschlichem Gewebe – etwa bei Mumien, Moorleichen oder durch günstige Umstände konservierten Verstorbenen –, kann darüber hinaus eine Vielzahl weiterer mikroskopischer histologischer und molekularbiologischer Untersuchungen vorgenommen werden. Die mikrobiologische Analyse alter DNA (die sich bei gutem Erhaltungszustand auch aus Knochen gewinnen lässt) gibt Aufschluss über das Geschlecht des Verstorbenen, genetisch bedingte Krankheiten, vor allem aber über Verwandtschaftsverhältnisse (etwa bei den ägyptischen Pharaonen oder bei Reihenuntersuchungen von Funden aus geschlossenen Nekropolen). Lassen sich viele Krankheiten auch nicht mehr nachweisen, weil sie am Knochen oder im Gewebe keine Spuren hinterlassen haben oder die Weichteile durch Verwesung stark verändert sind, so kann man in günstigen Fällen doch die DNA von Krankheitserregern (Tuberkulose, Lepra, Malaria, Diphterie, Hepatitis-Viren) oder Parasiten (z. B. Würmern) nachweisen und bei Befall auf entsprechende Erkrankungen schließen.

Isotopenuntersuchungen, die das Verhältnis bestimmter Stickstoff-Isotope zu den Kohlenstoff-Isotopen analysieren, geben Aufschluss über die Nahrungsaufnahme des Verstorbenen. So ließ sich aufgrund des Vorhandenseins der stabilen Isotope Kohlenstoff ^{13}C und Stickstoff ^{15}N in der Gewebeprobe einer altägyptischen Mumie auf eine getreidereiche Ernährung schließen. Sogar die Frage, ob der Untersuchte Fisch oder Fleisch bevorzugte, kann man mit diesem Verfahren beantworten.

Die medizinischen Untersuchungen mit hochkomplizierten Apparaturen sind – je nachdem, wo und an wie vielen Individuen sie vorgenommen werden – teilweise extrem aufwändig und teuer, man kann sie häufig nur in Speziallabors mit entsprechender Ausrüstung durchführen. Wichtig ist, vor allem bei DNA-Untersuchungen, dass sorgfältig und unter absolut sterilen Bedingungen gearbeitet wird, denn schon kleinste Verunreinigungen – etwa wenn durch den Kontakt mit dem Ausgräber »moderne« DNA in das zu untersuchende Gewebe gerät – können die Ergebnisse verfälschen. Auch ein zu häufiges Röntgen kann sich möglicherweise negativ auf die Struktur von Biomolekülen – etwa DNA – auswirken. Selbst das Endoskop, das theoretisch an jedem Ort auch von Nichtmedizinern bedient werden kann, birgt die Gefahr, dass mit ihm Mikroben in das Innere eines Körpers gelangen und dort – nachdem der Verstorbene die Jahrhunderte mehr oder weniger unversehrt überdauert hat – ihr zerstörerisches Werk beginnen.

Neben den hohen Kosten und dem Zeit- und Personalaufwand ist ein weiteres Hindernis für echte »Reihenuntersuchungen«, etwa an den ägyptischen Königsmumien, auch die Tatsache, dass diese den Medizinern nur selten und nicht auf unbegrenzte Zeit zur Verfügung stehen. Kein Museum und keine Altertümerverwaltung leiht solche Funde für immer wieder neue, dem jeweiligen Stand der medizinischen Technik entsprechende Untersuchungen aus (die ägyptischen Pharaonen werden heute grundsätzlich nicht mehr für Untersuchungen freigegeben).

Insgesamt bieten all diese Verfahren jedoch ein Potenzial an Untersuchungsmöglichkeiten – man denke beispielsweise auch an die Rekonstruktion von Gesichtern mit Hilfe von 3D-Computerscans des Schädels –, das bei weitem noch nicht ausgeschöpft ist und sich mit jeder technischen Weiterentwicklung vergrößert.

Mumifizierung

Man hat errechnet, dass in altägyptischer Zeit, das heißt zwischen dem 3. vorchristlichen Jahrtausend und etwa 400 n. Chr., insgesamt etwa 300.000 Menschen mumifiziert worden sind. Die meisten von ihnen waren jedoch nur sehr nachlässig konserviert, so dass sie inzwischen verloren sind. Viele wurden von Grabräubern, die nach kostbaren

Ende des 4. / Anfang des 3. Jahrtausends v. Chr. und war vermutlich als königlicher Beamter tätig.

Die Ägypter konservierten ihre Toten (zunächst nur die Pharaonen und ihre Familien, später dann auch Beamte und wohlhabende Personen; in der Spätzeit sogar heilige Tiere – Affen, Katzen, Vögel, Krokodile) in klassischer Zeit, indem sie

Mumie eines Ägypters aus vordynastischer Zeit, um 3200 v. Chr. Durch den heißen, trockenen Sand, in dem er beigesetzt wurde, trocknete der Körper aus, eine bakterienbedingte Verwesung konnte nicht stattfinden, Körpergröße ca. 163 cm.

Amuletten in den Binden suchten, zerstört, an Sammler veräußert oder als Heizmaterial und Grundstoff zur Herstellung von Papier oder »Naturheilmitteln« verkauft – noch 1924 führte ein deutscher Pharmaproduzent »Mumia vera aegyptiaca« in seinem Angebot, für 12 Goldmark pro Kilo. Der älteste bisher bekannte Versuch einer Mumifizierung in Ägypten wurde im Frühjahr 2003 in Saqqara entdeckt. Der Mann, dessen Knochen und Hautreste in mit Harz getränkten Leinenbinden eingewickelt waren, lebte zur Zeit des Königs Horus Aha

zunächst die inneren Organe aus dem Körper entfernten und durch die Nase das Gehirn aus dem Schädel lösten (bei dieser Prozedur ist möglicherweise der Splitter entstanden, der auf Röntgenbildern im Schädel des Tut-anch-Amun zu erkennen ist und immer wieder Spekulationen über einen Mord an dem König Nahrung gab).

Anschließend trocknete man das übrig gebliebene Körpergerüst aus Haut, Muskeln und Knochen in einer Natronpackung aus. Diese Hülle, der nach 40 Tagen im Natron jede Feuchtigkeit entzogen war,

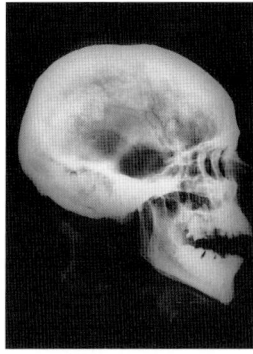
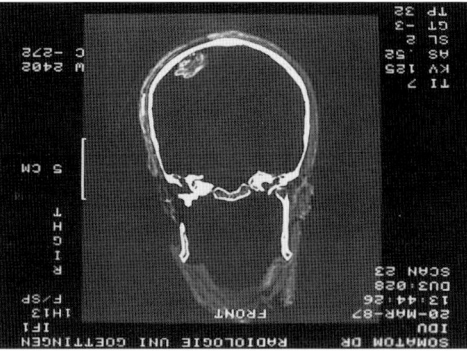

Röntgenaufnahme des Kopfes der Mumie des Idu mit schwacher Strahlung, Weichteile und Binden sind zu erkennen (Ägypten, Altes Reich). Rechts: Computertomographie des Schädels des Idu, man sieht äußere Weichteilreste und Binden, im Schädel Gehirn- und Hirnhautreste.

wurde dann gewaschen, gesalbt (desinfiziert), parfümiert, mit Tüchern oder Sägemehl ausgestopft, zugenäht, mit Leinenbinden umwickelt und bestattet. Die inneren Organe setzte man in so genannten Kanopenkrügen bei.

Aber auch in anderen Ländern und Kulturkreisen war und ist teilweise bis heute die Mumifizierung bekannt, wobei für diese Art der Konservierung der sterblichen Hülle eines Menschen ganz unterschiedliche Techniken angewandt wurden. Unter bestimmten Bedingungen – große Wärme und Trockenheit, z. B. im Wüstensand – kann auch eine natürliche Mumifizierung ohne menschliches Zutun stattfinden, wie es etwa bei den schon 1937 von Sven Hedin am Rande der Takla-Makan-Wüste entdeckten chinesischen Mumien der Fall war.

Die älteste bisher bekannte Mumie stammt aus Nevada. Mit Hilfe der Radiokarbonmethode (C14-Methode) konnte das Alter dieser menschlichen Überreste auf 9415 +/– 25 Jahre bestimmt werden.

In der Wüste Atacama im Norden Chiles lebte vor 5000 bis 7000 Jahren das Volk der Chinchorro, das seine Toten (lange bevor in Ägypten die erste Mumifizierung stattfand) auf sehr komplizierte Weise konservierte: Der Körper wurde zerlegt, die Weichteile entfernt, dann setzte man das Skelett wieder zusammen und formte aus Lehm und Pflanzen um die Knochen einen neuen Körper. Über diese »Puppe« wurde nun die konservierte Haut des Toten gezogen und vernäht, die Mumie anschließend bemalt, mit einer Perücke versehen und bestattet.

Andere Völker bahrten ihre Toten in Baumkronen oder auf Bergspitzen auf, so dass sie durch Wind, Kälte und Sonne getrocknet und haltbar gemacht wurden. In Paler-

Mumifizierung

Der so genannte Ötzi in Fundlage, September 1991

Anhand der erhaltenen Reste lassen sich Bekleidung, Bewaffnung und Ausrüstung des so genannten Ötzi rekonstruieren.

mo (im Konvent der Kapuziner) und an anderen Orten auf Sizilien barg man seit dem Barock bis vor etwa 100 Jahren die Toten – vor allem Geistliche und wohlhabende Bürger – in Katakomben, wo sie aufgrund der dort herrschenden Wärme und Lufttrockenheit ebenfalls nicht verwesten, sondern langsam verdorrten. Die Familie kam regelmäßig, um ihre Ahnen zu besuchen, jährlich zu Allerseelen wurden sie frisch eingekleidet und neu hergerichtet. Auch im südmährischen Brünn, in Wien und sogar in Berlin gibt es solche Grüfte mit mumifizierten Toten.

Kälte und Eis können ebenfalls eine konservierende Wirkung haben, man denke beispielsweise an den

Mann vom Hauslabjoch, den so genannten »Ötzi«, der 1991 in den Ötztaler Alpen entdeckt wurde. Der Mann war dort vor etwa 5300 Jahren zu Tode gekommen (möglicherweise durch den Schuss eines Pfeils, den man unter seinem linken Schulterblatt fand) und hatte bis zu seiner Auffindung in einem Gletscher geruht. Ähnlich verhielt es sich mit seinem weiblichen Pendant, dem Inka-Mädchen »Juanita«, das 1995 in den peruanischen Anden, ebenfalls in schmelzendem Eis, entdeckt wurde. In den Permafrostböden Sibiriens fanden sich

Der so genannte Lindow Man starb im 1. Jh. eines gewaltsamen Todes. Das Moor hat seine Leiche konserviert.

Mammut aus Sibirien, um 8000 v. Chr.

neben Bestattungen auch komplett erhaltene Mammuts.

Moorleichen, die ebenfalls zu den Mumien zählen (auch Säuremumien genannt), verwesen nicht, weil der pH-Wert im Hochmoor (nur dort findet man Moorleichen) im sauren Bereich liegt und Fäulnisbakterien in diesem Niveau nicht aktiv werden können. Außerdem ist organisches Material im Moor vom Luftsauerstoff abgeschlossen, was ebenfalls eine Zersetzung verhindert. Besonders wichtig ist jedoch, dass die Moosreste, die ein Hochmoor bilden, Gerbsäure (Tanin) enthalten. Diese sorgt dafür, dass die Haut im Verlauf der Zeit gegerbt und konserviert wird (das heißt, Gerbsäuremoleküle ersetzen die Wasserstoffbrücken zwischen den Kollagenfasern des Bindegewebes). Innere Organe und Haar bleiben ebenfalls erhalten, während sich Muskeln, Fettgewebe und Knochen langsam auflösen. Zu den bekanntesten Moorleichen gehören der so genannte Tollund-Mann (etwa 2400 Jahre alt, 1950 in Dänemark gefunden), der Lindow Man (etwa 2000 Jahre alt, 1984 bei Manchester gefunden) oder das Mädchen (nach jüngeren Vermutungen vielleicht ein Junge) von Windeby (etwa 2000 Jahre alt, 1952 bei Eckernförde gefunden).

Archäozoologie und -botanik

Die Archäozoologen analysieren mit Hilfe von Tierknochenfunden und ihrer statistischen Auswertung die Tierwelt bestimmter Epochen und erhalten so Auskunft über die Jagd und die Haltung von Haustieren sowie über die Ernährungsgewohnheiten der Menschen. Parasitologen erkennen menschliche und tierische Schmarotzer und können u. a. Rückschlüsse auf die hygienischen Verhältnisse und den Gesundheitszustand in der untersuchten Zeit ziehen. Archäobotaniker (Paläoethnobotaniker) – die Anfänge dieser Wissenschaft liegen bereits in der ersten Hälfte des 20. Jahrhunderts – können nach dem Ausschlämmen ausgewählter Bodenproben und ihrer Aufbereitung für die mikroskopische Untersuchung mit Hilfe der Pollenanalyse (Untersuchung von Pollen und Sporen) und der so genannten botanischen Großrestanalyse (Untersuchung von Samen, Früchten und Holz) die Pflanzenwelt – den natürlichen Bewuchs einer Landschaft ebenso wie vom Menschen angebaute Kulturpflanzen – sowie die Umweltbedingungen zu einer bestimmten Zeit rekonstruieren. Das Mengenverhältnis zwischen Baumpollen (BP) und Pollen, die nicht von Bäumen stammen (NBP), gibt z. B. Auskunft über die Dichte der Bewaldung und die Größe landwirtschaftlich genutzter Flächen. Pollen oder Früchte im Mageninhalt von Verstorbenen (z. B. bei Moorleichen) oder blühende Blumen als Grabbeigaben (etwa bei ägyptischen Mumien) lassen Rückschlüsse auf den Zeitpunkt einer Bestattung zu.

Die Untersuchung von Latrinen und Abfallgruben gibt den Wissenschaftlern ebenfalls Aufschluss über die Ernährungsgewohnheiten der Menschen. So belegt beispielsweise der Fund von Oliven- und Pinienkernen in den Abfallgruben römischer Militärlager,

Häufigkeitsverteilung der Knochenfunde von nachgewiesenen Tierarten aus der neolithischen Siedlung von Hornstaad-»Hörnle I« (Baden-Württemberg). Die Höhe der einzelnen Säulen gibt den prozentualen Anteil der verschiedenen Tierarten wieder, die Zahlen über die Säulen die Stückzahl. Auffällig ist, dass mehr als zwei Drittel der Knochen von Wildtieren und Fischen stammen. Da Fischknochen sehr schnell vergehen, war der Anteil von Fisch in der Ernährung wahrscheinlich noch größer als aufgrund der Funde ersichtlich.

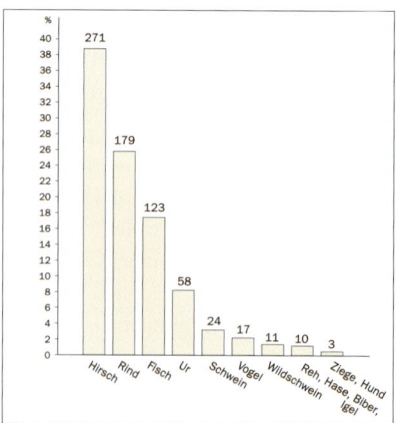

dass diese Früchte (ebenso wie Austern!) auch nach Germanien exportiert wurden und die Legionäre in der Fremde nicht auf liebgewordene heimische Genüsse verzichten mussten.

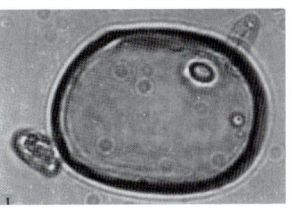

Roggenpollen, 500fache Vergrößerung

Paläoklimatologen erforschen das prähistorische Klima und können so Aussagen über Temperatur, Niederschläge, Dürreperioden usw. für eine bestimmte Gegend und Zeitstufe treffen. Diese Angaben lassen in der Zusammenschau mit anderen Befunden (welche Werkzeuge und Gerätschaften standen zur Verfügung?, welche Tiere wurden gejagt oder gezüchtet?, in welchem Alter wurden sie geschlachtet?, wie war es um den Gesundheitszustand der Bevölkerung zu jener Zeit bestellt?) beispielsweise Rückschlüsse auf die wirtschaftliche Organisation einer Bevölkerungsgruppe zu: Handelt es sich eher um Ackerbauern oder um Viehzüchter, waren die Ernten so reichlich, dass man eine Überschussproduktion erzielte und Getreide weiterverkaufen konnte, oder waren die Erträge so mager, dass die Bevölkerung Hunger litt und Menschen auswandern mussten, um in der Fremde neue Möglichkeiten der Nahrungsmittelbeschaffung zu suchen?

Bohrkerne, von links nach rechts helle Sedimente bis Hochmoortorf

Fotogrammetrie

Die Fotogrammetrie ist ein Verfahren, bei dem man mit Hilfe der Fotografie aus mindestens zwei sich überschneidenden Bildern geometrische Modelle erzeugt, die dann punktgenau vermessen werden können. Dabei wird das Objekt oder ein Ausschnitt von

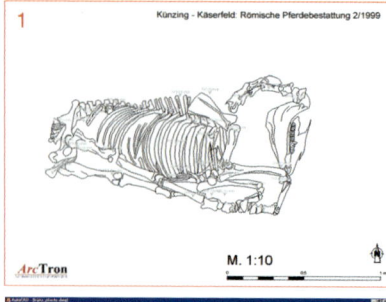

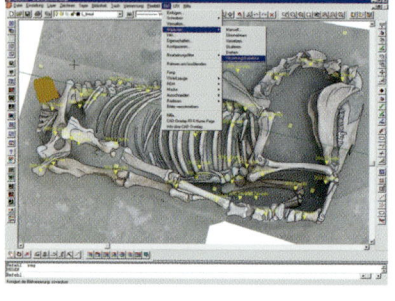

Künzingen-Käserfeld, Niederbayern, römische Pferdegräber, a) entzerrte Fotogrammetrie aus 12 Einzelbildern, b) digitalisierter Befundplan

mindestens zwei verschiedenen Kamerastandpunkten aufgenommen, die Aufnahmen in einen Computer eingespeist, dort über gemessene Passpunkte entzerrt, anschließend zusammengesetzt und maßstabgerecht als Foto oder Zeichnung wieder ausgegeben. Diese Technik, die ursprünglich für Architekten, Stadtplaner und Ingenieure entwickelt wurde, ist für eine archäologische Grabung vor allem dann von großem Nutzen, wenn unter Zeitdruck große Mengen von Befunden (z. B. ein ganzes Gräberfeld) aufgenommen werden müssen, die allein mit dem Einsatz von Zeichnern nicht bewältigt werden können. Die Aufnahmen können, mit der entsprechenden Ausrüstung, direkt vor Ort ausgedruckt, Details, die im Foto nicht deutlich werden, von Hand nachgetragen werden. Selbst ein äußerst komplizierter Grabungsbefund, beispielsweise ein Skelettgrab mit diversen Beigaben, kann auf diese Weise in etwa 1,5 Stunden dokumentiert werden.

Computer

Auf den Einsatz von Computern und entsprechender Peripherie (Scanner, Messgeräte, Werkzeuge etc.) kann in der archäologischen Arbeit – von der Fundaufnahme, -bearbeitung und -rekonstruktion über Messdatenerfassung aus der Luft oder im Boden bis zum Schreiben eines Grabungsberichtes oder einer allgemeiner gehaltenen Publikation, die virtuell oder in Buchform die gewonnenen Ergebnisse und ihre Interpretation dokumentiert – nicht mehr verzichtet werden. Spezielle Computerprogramme wurden entwickelt, um die gewonnenen Daten zu analysieren und zu ordnen, Statistikprogramme dienen der Veranschaulichung der Auswertungen. Möchte man die Geschichte weiträumiger Landschaften rekonstruieren, dienen geographische Informationssysteme (GIS) zur Auswertung archäologischer und geographischer Daten.

Bei allen Möglichkeiten, die die Bearbeitung und Publikation von Funddaten am Computer eröffnet, besteht jedoch auch die Gefahr, dass in der großen Fülle von Informationen, die aufgenommen, ausgewertet und in zahllosen Kombinationen miteinander verknüpft werden können, das eigentlich Wesentliche untergeht. Wird nach Abschluss einer Grabung das Material ausgewertet und schließlich veröffentlicht, so muss der verantwortliche Wissenschaftler bei einer Publikation in Buchform zwangsläufig auswählen, denn sowohl die Seiten- und Abbildungszahl des Buches als auch die finanziellen Mittel zu seiner Herstellung sind begrenzt. So wird man nur die wichtigsten Funde zeigen, bei den Beschreibungen und Auswertungen muss man sich auf das Wichtigste konzentrieren. Bei der virtuellen Präsentation unterliegen Umfang und Bildmenge praktisch keiner Einschränkung, es besteht die Möglichkeit, das komplette Fundmaterial einer Grabung zur Verfügung zu stellen. Die Arbeit des Archäologen, der mit den Ergebnissen weiterarbeiten möchte, die Grabung aber nicht kennt und auf die Strukturierung und Konzentration des Materials durch den Ausgräber angewiesen wäre, wird so jedoch erheblich erschwert.

Die große Zahl und Vielfalt an außerarchäologischen Analyse- und Untersuchungsmethoden erfordert vom modernen Archäologen weit mehr als die Fähigkeit, geschickt mit einer Fachbibliothek oder einem Spaten umzugehen. Er sollte über ihre Möglichkeiten und Grenzen informiert sein, muss als Wissenschaftler, vor allem aber als Grabungsleiter gleichzeitig Sorge tragen, dass die Ergebnisse einer Kampagne nicht in zahllose Einzelinformationen zersplittert werden, die aufgrund ihrer Menge und Komplexität nicht mehr zu einem Ganzen zusammenführbar sind. Die Gefahr besteht, dass die praktische Feldarbeit gegenüber dem Verwalten von Analyseergebnissen und Datenmassen vernachlässigt wird.

Einen ungewöhnlichen archäologischen Einsatz fand die Elektronik in Ägypten, wo man mit Hilfe eines kleinen fahrbaren Roboters in Bereiche der Cheops-Pyramide vordringen konnte, die dem Archäologen zuvor nicht zugänglich waren. Ähnlich wie das Endoskop Bilder aus dem Inneren des menschlichen Körpers liefert, ohne dass dieser weit geöffnet werden muss, konnte eine kleine Video-Kamera auf dem Roboter Bilder vom Inneren der Luftschächte in der Pyramide übertragen.

Im Rahmen des von verschiedenen Firmen finanziell und technisch unterstützten Upuaut-Projektes (Upuaut ist ein altägyptischer Totengott, sein Name bedeutet »der Wegeöffner«) hat der Ingenieur Rudolf Gantenbrink einen kleinen Roboter entwickelt, mit dessen Hilfe er einerseits Aufschlüsse über die Bautechnik der Pyramide und die Funktion der vier so genannten Luftschächte in ihrem Inneren erhalten, andererseits aber auch nach bisher unentdeckten Kammern im Kern der gewaltigen Grabanlage suchen wollte.

Im Jahre 1991 entstanden die ersten Entwürfe für diesen Roboter, eine frühe Version (Upuaut 1) kam im März 1992 zum Einsatz. Dieser versagte jedoch bereits bei seiner ersten Mission, es gelang lediglich, ihn etwa 9 Meter weit in die (durchschnittlich 20,5 x 20,5 Zentimeter messenden) Luftschächte der Kö-

ginnenkammer aufsteigen zu lassen und so zu beweisen, das es sich dabei um echte Schächte und nicht um kurze Scheinkonstruktionen oder »Blinddärme« handelte. Ein zweiter Versuch mit einem verbesserten Modell (Upuaut 2) fand kurze Zeit später, im Mai 1992 statt. Bei der dritten Kampagne im März 1993 gelang es, den (nur 11 Zentimeter großen) Roboter 53 Meter hoch in den unteren südlichen Luftschacht klettern zu lassen, sein Weg endete nach der Überwindung verschiedener Hindernisse schließlich jedoch vor einem mit zwei Kupfergriffen versehenen Steinblock, der den Schacht verschloss.

An dieser Stelle kam das Projekt zum Stillstand, Unstimmigkeiten im Team kamen auf, und schließlich verweigerte der ägyptische Antikendienst die Erlaubnis, die Untersuchungen fortzuführen.

Erst im Jahre 2002 wurde das Projekt, nun unter der Leitung des Chefs des ägyptischen Antikendienstes, Zahi Hawass, mit Hilfe des »Pyramid Rover« und in Zusammenarbeit mit der »American National Geographic Society« fortgesetzt. Die Aktion wurde am 17. September 2002 weltweit live in der so genannten »Nacht der Pyramiden« im Fernsehen übertragen – um die Geduld der Zuschauer nicht übermäßig zu strapazieren, hatte man zuvor bereits ein Loch für das Endoskop in die 8 Zentimeter dicke Steinplatte gebohrt, die den süd-

Der Pyramid Rover wird in den südlichen Schacht der Königinnenkammer geschoben

lichen unteren Luftschacht verschloss. Um die Spannung zu steigern, wurde gleichzeitig – ebenfalls live – ein angeblich unberührter Sarkophag aus der Nekropole der in der Nähe von Gizeh gelegenen Arbeitersiedlung geöffnet. Die Ergebnisse beider Unternehmungen hielt allein Zahi Hawass für einen »großen Erfolg« und für viel versprechend: Die Bilder, die das auf dem »Pyramid Rover« befestigte Endoskop übertrug, zeigten nicht, wie insgeheim erhofft, das Innere einer Grabkammer mit Königsmumie und unermesslichen Schätzen, sondern lediglich einen weiteren Abschnitt des Luftschachts, der nach etwa 20 Zentimetern wiederum mit einem Stein verschlossen war. Der Sarkophag enthielt das Skelett eines auf der Seite liegenden Mannes, Beigaben fehlten. Die internationalen Fachwissenschaftler beurteilten diese Aktion wenig freundlich als »übertriebene Inszenierung« und »Luftnummer«.

Eine weitere, allerdings weniger medienwirksam durchgeführte Kampagne fand im Winter 2002 statt. Dabei wurde vor allem der nördliche Schacht der Königinnenkammer auf einer Länge von etwa 64 Metern untersucht. Eine Antwort auf die Frage nach der Funktion der Schächte konnte auch in diesem Fall nicht gegeben werden. Aufschluss erhofft man sich jedoch von der Untersuchung der im Schacht gefundenen Gegenstände (die vom südlichen Blockierstein abgebrochenen Metallstifte, eine bereits 1872 entdeckte Steinkugel und ein Kupferobjekt, die im British Museum in London aufbewahrt werden. Eine etwa 13 Zentimeter lange Holzleiste ist verloren gegangen). Weitere Untersuchungen sind zur Zeit nicht geplant und aus technischen Gründen vorerst wohl auch nicht zu realisieren.

Die bisher vorgenommenen geophysikalischen Untersuchungen geben ebenfalls wenig Hoffnung auf spektakuläre Neufunde: Auch sie führten nicht zur Entdeckung größerer, noch unerforschter Hohlräume in der Cheops-Pyramide.

Augustus von Primaporta, tiberische Kopie (15 n. Chr.) nach einem Original um 20 v. Chr. Marmor, H. 204 cm, Rom, Vatikanische Museen

Antike und Mittelalter

Funde aus lang vergangener Zeit wurden natürlich nicht erst seit der Etablierung der Archäologie als Wissenschaft gemacht. Bereits in der Antike hat man, etwa beim Bau von Häusern oder beim Anlegen von Gräbern in seit Generationen benutzten Nekropolen Dinge entdeckt, die aus grauer Vorzeit stammten. Sie wurden als solche auch erkannt und lösten Staunen und Bewunderung aus, führten jedoch nicht zu »archäologischen« Untersuchungen. So soll beispielsweise der römische Kaiser Augustus (63 v. Chr.–14 n. Chr.) eine Sammlung von prähistorischen Knochen und (wohl aus Gräbern stammenden) Waffen besessen haben. Gräber von Heroen und mythischen Stadtgründern wurden schon in der Antike verehrt, fand man zufällig Grabstätten aus älterer Zeit, wurden sie architektonisch neu gefasst und mit einem Kult ausgestattet.

Vorzeitliche Funde im eigenen Staatsgebiet oder gar auf dem eigenen Grundstück konnten natürlich auch zur Legitimation von Herrschaft (»Wir haben dieses Land schon immer besessen!«) und zur Konstruktion einer illustren Ahnenreihe benutzt werden (»Die sterblichen Überreste des – vermeintlichen – Stadtgründers sind unter unserem Haus gefunden worden, also stammen wir von ihm ab!«). Nabonid (Reg. 555–539 v. Chr.), der letzte König des Neubabylonischen Reiches, ließ, um seine Verbundenheit mit der babylonischen Tradition unter Beweis zu stellen, nach Denkmälern und Inschriften seiner Vorgänger suchen.

Auch eine Art von denkmalpflegerischem Umgang mit wichtigen Orten kannte man, so wurde etwa das

---

Reliquienkult

»Um die gleiche Zeit (um 31 v.Chr.) sah er sich (in Alexandria) Sarg und Leiche Alexanders des Großen, die man aus ihrer Gruft genommen hatte, mit eigenen Augen an, legte zum Zeichen seiner Verehrung einen goldenen Kranz und Blumen nieder, und auf die Frage, ob er auch die Gruft der Ptolemäer (der letzten Herrscher Ägyptens nach Alexander) besichtigen wolle, antwortete er, er habe einen König sehen wollen, nicht Leichen.«

Sueton, *Das Leben der Caesaren*, Augustus 18

Schatzsuche

»Zu diesen wahnsinnigen Ausgaben trieb ihn (Nero) außer dem Vertrauen auf die Hilfsmittel seines Reiches auch die plötzliche Hoffnung, ungeheure verborgene Schätze zu finden. Ein römischer Ritter hatte ihm nämlich die feste Zusicherung gegeben, daß die Reichtümer des uralten Schatzes, den die Königin Dido auf ihrer Flucht von Tyrus (vielleicht Ende des 9. Jahrhunderts v. Chr.) mit sich genommen hatte, noch in Afrika in riesigen Höhlen verborgen seien und mit Leichtigkeit ausgegraben werden könnten. Aber Nero sah sich in dieser Hoffnung getäuscht, wurde ganz verzweifelt und war schon dermaßen aller Mittel entblößt, so erschöpft und bedürftig, daß es nötig wurde, selbst die Auszahlung des Soldes an die Soldaten und der Pensionen an die Veteranen auszusetzen und zu verschieben. Dann sann er auf Verleumdung und Raub.«

Sueton, *Das Leben der Caesaren*, Nero 31, 32

Haus, in dem Augustus geboren worden war, nach dessen Tod in ein Heiligtum umgewandelt, und man konservierte auch das Zimmer, in dem er aufwuchs.

Das systematische Suchen nach von den Vorfahren vergrabenen Schätzen, z.B. um Löcher in der Staatskasse zu stopfen, war ebenfalls bekannt.

Zur Archäologie wird eine solche Beschäftigung mit den Relikten der Vergangenheit erst, wenn sie zur wissenschaftlichen Auseinandersetzung mit den Fundstücken führt, zum Versuch ihrer zeitlichen und kulturhistorischen Einordnung.

Das Interesse an antiken Kunst- und Bauwerken war nach dem Untergang des römischen Reiches niemals erloschen. Man hatte Tempel zu Kirchen umgebaut, Stadtmauern zum eigenen Schutz weiterbenutzt, antike Gemmen als Schmuck in die Einbände von Kirchenbüchern und -gerätschaften integriert, Grabstelen zum Bau neuer Häuser verwandt (Spolien) und mit Hilfe der antiken Überreste das Alter einer Stadt nachzuweisen und damit Macht- und Besitzansprüche zu legitimieren versucht.

Im 12. Jahrhundert entstanden die *Mirabilia Urbis Romae*, die erste ausführliche Beschreibung der erhaltenen römischen Kunstdenkmäler. Die Stadt Rom (und Italien) stand – schon aufgrund ihrer Position als Zentrum der Christenheit und ihrer fast unendlichen Fülle an erhaltenen Denkmälern – für die folgenden Jahr-

Römische Reliefs wurden in karolingischer Zeit in einer Kirche wiederverwendet (Spolien), Karnburg in Kärnten

Kyriakos von Ancona, Westfassade des Parthenon, um 1440/50, H. 25 cm, Berlin, Staatsbibliothek Preußischer Kulturbesitz, Codex Donatus Hamilton 354, fol. 85r. Der dokumentarische Wert der Zeichnung ist gering, denn die antike Giebelgruppe – Athena und Poseidon streiten um das attische Land – wurde entsprechend dem Umbau des Parthenon in eine Marienkirche in eine Gruppe Maria und das Einhorn (Symbol der Unschuld Mariens) umgedeutet.

hunderte stets im Mittelpunkt des Interesses, sowohl was das antiquarische Sammeln als auch was die erste wissenschaftliche Auseinandersetzung mit der antiken Kunst betraf. Erst im 18. Jahrhundert wurden Griechenland, Kleinasien und die anderen Mittelmeerländer »wiederentdeckt«. Nur einzelne Reisende, z.B. der Kaufmann Kyriakos von Ancona (1391–1455) lernten Griechenland und die Ägäis kennen und berichteten über das dort Gesehene.

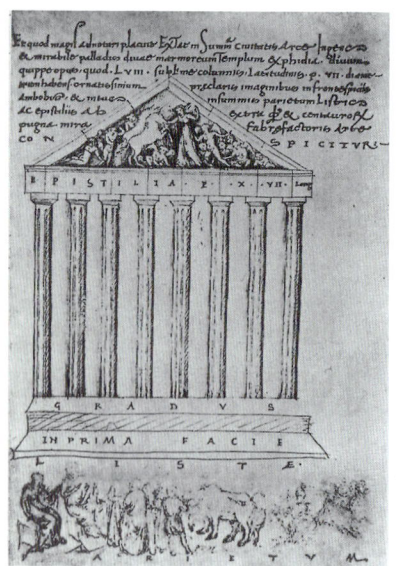

Ein Kenner und Sammler der antiken Hinterlassenschaften wurde als Antiquarius bezeichnet, er interessierte sich für Antiquitäten und »Alterthümer«, sowohl für die schriftlichen Quellen als auch für Münzen, geschnittene Steine, Kunst- und Gebrauchsgegenstände. Seit dem Ende des 17. Jahrhunderts wurde die Bezeichnung Antiquarius häufig synonym mit »Archäologe« verwandt. Zunächst war die Beschäftigung des Altertumskundlers jedoch hauptsächlich philologisch ausgerichtet, mit Hilfe der antiken Objekte wollte man die Werke der klassischen Autoren besser verstehen.

Tourismus

Heute besuchen jährlich Hunderttausende Touristen die archäologischen Denkmäler in aller Welt. Auf Kreta bedeutet dies beispielsweise, dass 2003 allein mit Pauschalreise-unternehmen etwa 2,5 Millionen Touristen auf der Insel landeten, von diesen besuchten etwa 650.000 das antike Knossos (s. S. 146). Bei einem Eintrittspreis von 6 Euro pro Person bedeutet dies Einnahmen von fast 4 Millionen Euro.

Dass solche Beträge für die betroffenen, oft strukturschwachen Regionen einen warmen Geldregen bedeuten und zahllosen Fremdenführern in Gebieten, die unter hoher Arbeitslosigkeit leiden, Lohn und Brot verschaffen, ist sicherlich ein positiver Aspekt, auf die Dauer aber leiden die Ausgrabungsstätten beträchtlich unter dem jährlich stärker werdenden Besucherstrom. So musste beispielsweise der Innenraum des Parthenon auf der Akropolis von Athen schon früh gesperrt werden, weil die zahllosen Besucherfüße drohten, die unsichtbare, aber für die ästhetische Wirkung des Gebäudes wichtige leichte Wölbung (Kurvatur) des Fußbodens abzutragen.

Die prähistorischen Wandmalereien in den Höhlen Südfrankreichs und Nordspaniens sind teilweise ebenfalls nur noch in Ausnahmefällen für Wissenschaftler mit Sondergenehmigungen zugänglich, weil die Feuchtigkeit der Atemluft und die Ausdünstungen der Touristen, eingeschleppte Bakterien und Algenbefall, Temperaturschwankungen, das Licht und die nicht immer vermeidbaren Berührungen der Besucher die Jahrtausende alten Bilder für immer zu zerstören drohten. Die berühmte, 1940 entdeckte Höhle von Lascaux (Vézère-Tal, Frankreich) mit ihren fast 600 Felsmalereien und 1500 Ritzzeichnungen wurde 1963 geschlossen. Seit 1983 können sich die Besucher in der im Maßstab 1 zu 1 nachgebauten und mit allen Wandmalereien ausgestatteten Höhle Lascaux II einen Eindruck von ihrer Schönheit verschaffen (1979 wurden die 147 prähistorischen Fundorte und 23 Höhlen mit Felsmalereien im Tal der Vézère von der UNESCO zum Weltkulturerbe erklärt). Die Höhle im nordspanischen Altamira musste im September ebenfalls 2002 geschlossen werden, für sie ist eine ähnliche Rekonstruktion wie in Lascaux geplant.

Prähistorische Wandmalerei in der Höhle von Lascaux: ein Wildpferd, getroffen von Speeren.

Renaissance

Das eher praktische Verhältnis zur Antike – Weiterbe-nutzung, Ausbeutung als Steinbruch, Beschreiben und Sammeln von Kuriositäten – änderte sich mit dem Be-ginn der Renaissance. Man erkannte nun den großen Abstand zwischen Vergangenheit und Gegenwart, und obgleich man wusste, dass die griechische Kultur die ältere war, betrachtete man die klassische Antike als Einheit, eine Unterscheidung wurde einzig zwischen der antiken (besseren) Kunst, die nach damaliger Auf-fassung mit Konstantin dem Großen (280–337 n. Chr.) endete, und der späteren (schlechteren) byzantinischen Kunst getroffen. Die Antike galt als vorbildhaft in allen Lebensbereichen, ihrem Beispiel wollte man nach-eifern, und es begann eine intensive Beschäftigung sowohl mit ihren materiellen als auch mit den schrift-lichen Hinterlassenschaften.

Im Laufe des 15. Jahrhunderts kamen in Rom und seiner Umgebung bei Bauprojekten (1376 war der Hei-lige Stuhl aus dem Exil in Avignon nach Rom zurück-gekehrt), aber auch durch die gezielte Suche der Kalk-brenner nach Marmorblöcken immer mehr Überreste der antiken Stadt zutage, die bis zu 20 Metern unter dem damaligen Straßenpflaster lag. (Das Forum Ro-manum, zu jener Zeit »Campo Vaccino«, Kuhweide, genannt, wurde erst im 19. Jahrhundert, nachdem man

Givanni Battista Pirane-si, *Veduta di Campo Vac-cino* (Forum Romanum), 1775. Das Forum Roma-num war meterhoch von Ablagerungen bedeckt, die sich im Laufe der Jahrhunderte gebildet hatten, und diente als Weide für Kühe und Schafe.

es intensiv als Steinbruch aus-gebeutet hatte, systematisch ausgegraben.)

1471 eröffnete Papst Sixtus IV. im Konservatorenpalast in Rom das erste Antikenmu-seum, ab 1503 wurde auf In-itiative Julius' II. der Cortile del Belvedere des Vatikan in eine Antikengalerie umgebaut.

Rom, Forum Romanum nach der Ausgrabung. Blick auf den Bogen des Septimius Severus

Noch im gleichen Jahr stellte man den heute so ge-nannten Apoll vom Belvedere (»das höchste Ideal unter allen Werken des Alterthums«, J. J. Winckelmann), der bereits Ende des 15. Jahrhunderts entdeckt worden war, dort auf. Als man 1506 am Hang des Esquilin in Rom die Laokoongruppe entdeckte, die Giuliano da Sangallo und Michelangelo sofort als das von Plinius d. Ä. be-schriebene Werk identifizierten, wurde diese Skulptur als weiteres Herzstück im Belvedere aufgestellt.

Bereits 1462 hatte Papst Pius II. ein 1363 erlassenes Edikt zum Schutz der römischen Altertümer erneuert, 1515 ernannte Papst Leo X. den Maler und Baumeister Raffaello Santi (1483–1520) zum Präfekten und Kon-servator aller antiken Denkmäler Roms und beauftrag-te ihn mit einer systematischen Bestandsaufnahme. Raffael schrieb eine weit über seine Zeit hinaus wei-sende Abhandlung zum Schutz und zur fachgerechten Bauaufnahme der antiken Ruinen (mit Grund- und Aufriss), an die man sich jedoch später kaum hielt. Viele antike Monumente sollten der Bauwut der Päpste zum Opfer fallen. Das Ergebnis von Raffaels Untersu-chungen waren die *Antiquitates urbis* des Andrea Ful-vio sowie eine Karte des antiken Rom, die Fabio Calvo gezeichnet hatte. Beide erschienen 1527, kurz vor dem so genannten »Sacco di Roma« (1527/28), der monate-langen Plünderung Roms durch die marodierenden Söldnertruppen des späteren Kaisers Karl V., bei dem auch viele antike Denkmäler zerstört wurden. 1556 wurde Ulisse Aldrovandis umfangreiche Material-sammlung *Le statue antiche di Roma* publiziert.

Auch vor der mehr oder weniger fantasievollen Ergänzung unvollständig erhaltener Stücke schreckten die Sammler des 18. Jahrhunderts nicht zurück: hier eine antike Togastatue mit von Bernini ergänztem Kopf.

Schon sehr bald begannen nicht nur römische Kardinäle und Adelige private Kollektionen anzulegen, sondern auch die europäischen Fürsten und Könige wetteiferten miteinander um die schönsten Stücke für ihre Sammlungen. In Frankreich kam das Antikensammeln mit Franz I. (1515–1547) in Mode, 1570 gründeten die bayerischen Herzöge in ihrer Münchner Residenz das Antiquarium, das außerhalb Italiens größte Antikenmuseum. Die Sammlung von Thomas Howard, dem 2. Earl of Arundel, war neben der König Karls I. (1625–1649) die berühmteste englische Kollektion.

Sammlungen und Museen spiegelten Bildung, Geschmack, Weltläufigkeit und Reichtum ihrer Besitzer, sie wurden zu Treffpunkten von Künstlern, Gelehrten und Adligen. Auf Initiative von Gelehrten, Aristokraten und wohlhabenden Bürgern entstanden so genannte Akademien, die Vorträge organisierten, für die Publikation von Antikensammlungen sorgten oder Reisen in die Länder der klassische Antike organisierten. Ihre Mitglieder korrespondierten intensiv miteinander und bildeten so ein weitläufiges Netz von Altertumsfreunden, das sich bald über ganz Europa spannte und schließlich auch zur Einrichtung fester Institutionen führte.

Im späten 16. Jahrhundert begannen viele europäische Aristokraten – vor allem Engländer – zur Abrundung ihrer Ausbildung zum »gentleman of birth and culture« ausgedehnte Reisen zu unternehmen, die so genannte *Grand Tour*. Vermittelt werden sollten Diplomatie, »Façonierung«, das heißt das Einüben der höfischen Etikette, Fremdsprachen und natürlich die Kunst. Diese mindestens vier Monate, häufig aber ein Jahr oder länger dauernden Unternehmungen führten bevorzugt in die Länder der klassischen Antike, vor al-

Früher Kulturtourismus

»Es wimmelt hier von Engländern (die Römer nannten sie ›mi-
lordi spellabili clienti‹, ausnehmbare Kunden von Adel), und sie
sind auch diejenigen, die am meisten Geld ausgeben. ... Davon, daß die Engländer in Rom viel Geld ausgeben und die Reise dorthin als Teil ihrer geistigen Ausbildung betrachten, haben sie, wie mir scheint, nicht viel. Es gibt unter ihnen ein paar
Klügere, die von ihrem Aufenthalt in Rom profitieren, aber sie
sind die Ausnahme. Die meisten verfügen über eine Kutsche,
die fertig bespannt an der Piazza d'Espagna bereitsteht und
den ganzen Tag auf sie wartet, während sie Billard spielen
oder ihre Zeit auf ähnliche Weise totschlagen. Es gibt unter
ihnen viele, die aus Rom abreisen, ohne irgend etwas gesehen
zu haben – außer ihren Landsleuten – und die nicht wissen, wo
das Kolosseum steht.«

Charles de Brosses, franz. Staatsbeamter, Anf. 18. Jh.

lem nach Italien und dort besonders nach Rom. Der
Weg verlief meist über Land, von Bozen und Trient
zunächst nach Venedig, dann nach Padua, Bologna
und Rom, wo man sich gewöhnlich am längsten auf-
hielt. Dass für viele dieser frühen Touristen die archäologischen Denkmäler nicht im Mittelpunkt ihrer Unternehmungen standen und dass Rom nicht für alle
Besucher den Höhepunkt ihrer Reise darstellte, bele-
gen viele Briefe, Tagebucheintragungen und Reisebe-
richte.

Ab der Mitte des 18. Jahrhunderts gehörte zu einem
solchen Besuch auch die Besichtigung der Ausgrabungen von Pompeji und Herculaneum.

Vor allem in Großbritan-
nien entstanden um-
fangreiche Sammlungen
antiker Kunstwerke, hier
ein Blick in die Sculp-
ture Gallery von Holkham
Hall, erbaut ab 1734,
Sammlung angelegt von
Thomas Coke, First Earl
of Leicester (1697–
1759).

Giovanni Battista Piranesi, Detail vom Portikus des Pantheons, aus *Vedute di Roma*, 1756

Giovanni Battista Piranesi (1720–1778)
Von seinem Onkel zum Architekten ausgebildet, ging Piranesi 1740 nach Rom, wo er von dem Archäologen und topographischen Stecher Giuseppe Vasi in der Kunst des Kupferstichs ausgebildet wurde. In Rom, wo er sich 1745 endgültig niederließ, schuf Piranesi zahlreiche Folgen von an der Antike orientierten Architekturphantasien, beispielsweise die *Carceri d'Invenzione* (1745ff.), die *Vedute di Roma* (1747 bis zu seinem Tod) oder sein Hauptwerk, die *Antichità romane* (4 Bde., 1756). Seine Stiche präsentieren die römischen Altertümer in dramatischer Naturkulisse, monumentalisiert und mit starken Helldunkelkontrasten inszeniert, aber dennoch dokumentarisch genau.
Neben seiner Arbeit als Kupferstecher betätigte sich Piranesi mit großer Ausdauer und Akribie auch als Forscher, Ausgräber und Vermesser der römischen Ruinen. Ab 1770 erweiterte er sein Forschungsgebiet und untersucht zusätzlich die Altertümer in Paestum, Pompeji und Neapel.

Als Ergebnis solcher Reisen entstanden in England einige bedeutende Privatsammlungen, etwa Holkham Hall (1734). Auch die Souvenir-Industrie erlebte in diesem Zusammenhang ihre erste Hochblüte: Architekturmodelle, Kopien von Gemmen, Repliken von Statuen in verschiedensten Größen und Materialien, aber auch die Veduten Piranesis waren begehrte Memorabilien, die an die »Große Reise« erinnern sollten.

Das 17. und 18. Jahrhundert

Begeisterung, Sammeln und die Orientierung an der Antike als geistiges Vorbild waren der Anfang, ab der Mitte des 16. Jahrhunderts flaute die Euphorie jedoch langsam ab, an ihre Stelle trat die systematische Erfassung und Ordnung der Denkmäler. Nun brach die große Zeit der enzyklopädischen Sammelpublikationen an, zunächst als Kataloge, die die Stücke einer Sammlung beschreiben und klassifizieren. Seit dem späten 16. Jahrhundert wurden diese zusätzlich mit Kupferstichen oder Holzschnitten illustriert. Zu den umfangreichsten derartigen Arbeiten zählt Bernard de Montfaucons ab 1719 erscheinendes Werk *L'Antiquité expliquée*.

Die mächtigen Kupferstichfolianten mit Darstellungen antiker Denkmäler, die in dieser Zeit entstanden, führten zum ersten Mal die Menge und die Vielseitigkeit der erhaltenen Stücke vor Augen. Das Material wurde mit akribischer Genauigkeit und einem fast besessenen Streben nach Vollständigkeit zusammengetragen; eine kritische Auseinandersetzung mit den Denkmälern blieb jedoch ebenso aus wie der Versuch, eine chronologische oder stilistische Ordnung herzustellen oder das Original von der Kopie oder Fälschung zu unterscheiden.

1666 wurde auf Initiative von Jean-Baptiste Colbert (1619–1683), dem Oberintendanten Ludwigs XIV. u. a. für die königlichen Bauwerke und die schönen Künste, die Académie de France in Rom gegründet, die sich

---

Bernard de Montfaucon (1655–1741)

Wegweisend waren Montfaucons Forschungen zur bildenden Kunst des Altertums, zu seinen wichtigsten Arbeiten gehört *L'Antiquité expliquée et representée en figures* (10 Bde., Paris ab 1719). Das in französischer Sprache verfasste Werk, dessen lateinische Übersetzung am unteren Rand der Seite mitlief, war mit 40.000 Kupferstichen auf 1200 Tafeln die bis dahin aufwändigste und teuerste Publikation. Das enzyklopädische Werk ist in Sakral-, Privat-, Kriegs- und Grabaltertümer gegliedert und präsentiert Antiken – von Götterbildern bis zu Alltagsgegenständen – aus dem gesamten Mittelmeerraum. Fünf Ergänzungsbände zu dieser Reihe *Supplément au livre de L'antiquité expliquée ...* erschienen 1724 in Paris. Montfaucons Publikation blieb für viele der folgenden Generationen ein Standardwerk.

Zeichnung einer römischen Graburne, aus: *L'Antiquité expliquée et representée en figures*, 1719

hauptsächlich dem Studium und dem Kopieren von Kunstwerken in Rom widmete. Heute ist ihr Sitz die Villa Medici in Rom.

Im späten 17. Jahrhundert tauchte dann der Begriff »Archäologie« zum ersten Mal auf, den der Arzt und Humanist Jacques Spon in seinen *Miscellanea eruditae antiquitatis* (Vermischtes aus dem gelehrten Altertum, erschienen 1685) verwendete.

Winckelmann und die Anfänge der Archäologie
Zufallsfunde, Archivare und Forschungsreisende gab es also zu allen Zeiten. Als bis heute unbestrittener »Gründervater« der Klassischen Archäologie als Wissenschaft von der griechischen und römischen Antike gilt jedoch Johann Joachim Winckelmann (1717–1768). Als er sein Erstlingswerk, die *Gedanken über die Nachahmung der griechischen Werke ...,* schrieb, kannte Winckelmann antike Kunstwerke allerdings lediglich aus den bis zu jener Zeit veröffentlichten Kupferstichfolianten, und in diesen Bänden waren vor allem römische Statuen abgebildet. Sein Interesse galt zunächst auch nicht der klassischen Antike an sich, er wollte diese vielmehr seinen Zeitgenossen als ethisch (griechische Demokratie) und ästhetisch nachahmenswertes Vorbild und Korrektiv vor Augen stellen.

Sein 1764 veröffentlichtes Hauptwerk, die *Geschichte der Kunst des Alterthums,* ist eine ästhetische Betrachtung der antiken Kunst, in der jedoch nicht zwischen griechischer und römischer Kunst unterschieden wird. Man hielt zu jener Zeit alle erhaltenen Bildwerke für griechisch.

Die originalen Antiken, die Winckelmann in Rom sah, waren jedoch hauptsächlich Werke aus der römischen Kaiserzeit, entweder römische Kopien nach griechi-

Johann Joachim Winckelmann, Stich nach einem 1764 von Angelica Kauffmann in Rom gemalten Gemälde

schen Vorbildern oder rein römische Neuschöpfungen, die außerdem häufig nach dem Geschmack der Zeit ergänzt waren. Die wenigen griechischen Originale, die es in Italien zu sehen gab (z. B. die Skulpturen der Sammlung Grimani in Venedig), hielt Winckelmann für etruskisch.

Obwohl die griechische Klassik Winckelmannscher Prägung also eher eine Schöpfung des deutschen Gelehrten war (»auch er hat etwas erfunden: nämlich den Griechen«, Egon Friedell) und er selbst sich eher als Künstler und Schriftsteller denn als Altertumswissenschaftler sah, hat die Archäologie ihm zwei wichtige Erkenntnisse zu verdanken, die bis heute ihre Gültigkeit und ihren Einfluss nicht verloren haben: Zum einen die Tatsache, dass die meisten antiken Statuen mit Hilfe der griechischen Mythologie zu deuten sind. Darüber hinaus findet sich bei ihm zum ersten Mal das Konzept einer Entwicklung, ein Modell von aufeinander folgenden Epochen, denen sich die einzelnen Werke zuordnen lassen und die die heterogene Masse überlieferter Kunstwerke in eine chronologische Abfolge bringen sollten. Winckelmann unterschied den »alten Styl«, den »hohen Styl«, den »schönen Styl«, den »Styl der Nachahmer« und schließlich den »Verfall der Kunst«. Dass die in diesem Bild enthaltene Wertung der einzelnen Entwicklungsstufen heute überholt ist, mindert Winckelmanns Verdienste durchaus nicht.

Statue der Abbondanza (Kora), griechisches Original, frühes 4. Jh. v. Chr. (nach einem groß-plastischen Vorbild aus der 2. Hälfte des 5. Jhs. v. Chr.). Marmor, H. mit Plinthe 108 cm, Sammlung Grimani (erworben 1587), Venedig, Museo Archeologico Nazionale

Winckelmanns Arbeiten hatten auf die zeitgenössische bildende Kunst kaum Einfluss, für die Architektur des deutschen Klassizismus waren sie jedoch eine der wichtigsten Inspirationsquellen.

Waren Rom und Italien bis weit ins 18. Jahrhundert das bevorzugte Reiseziel (in Deutschland noch bis in das 19. Jahrhundert, angeregt vor allem durch J. W. von Goethes *Italienische Reise*, 1776–1788), so wurde mit den Schriften J. J. Winckelmanns seit der Mitte des 18. Jahrhunderts auch Griechenland neu entdeckt. Dichter, Maler, Bildhauer, Forscher, Wissenschaftler und Gelehrte besuchten Athen, die griechischen Inseln und Kleinasien, später auch Syrien, Palästina und Ägypten.

Johann Joachim Winckelmann (1717–1768)

Winckelmann wurde als Sohn eines Schuhmachers geboren und erwarb bereits in seiner Jugend umfangreiche Kenntnisse der antiken Schriftzeugnisse. Nach einem Theologiestudium und einer längeren Tätigkeit als Hauslehrer begab er sich 1748 nach Dresden, um als Bibliothekar für den Grafen Bünau zu arbeiten. 1755 ging er nach Rom, seit 1759 stand er als Bibliothekar im Dienst des Kardinals Albani, des größten Antikensammlers in Rom. 1763 übertrug man ihm (auf Vorschlag Albanis) als »Antiquario alla camera apostolica« die Aufsicht über die Altertümer in Rom und Umgebung.

Noch vor seiner Abreise nach Rom veröffentlichte er 1755 die *Gedanken über die Nachahmung der Griechischen Werke in der Malerey und Bildhauerkunst* (1. Auflage etwa 50

Exemplare, 2. Auflage 1756), ein Buch, das vor allem der Erneuerung der von ihm verachteten zeitgenössischen Kunst dienen sollte und die griechische Kunst zum absoluten Maßstab für jedes andere Kunstschaffen erhob. Mit seinem Hauptwerk, *Die Geschichte der Kunst des Alterthums* (1764), gilt er als Begründer der Klassischen Archäologie. 1768 fiel Winckelmann unter nie ganz geklärten Umständen in Triest einem Raubmord zum Opfer. Bei seinem Tod galt er als bedeutendster Kenner der antiken Kunst. Weitere Werke: *Anmerkungen über die Baukunst der Alten* (1762).

J. J. Winckelmann, *Gedanken über die Nachahmung der griechischen Werke ...*, 2. vermehrte Auflage Dresden und Leipzig 1756

1732 wurde in England die *Society of Dilettanti* gegründete. Voraussetzung für eine Mitgliedschaft in diesem »dining club for English gentlemen« zur »Förderung der Kunst und des freundschaftlich-geselligen

Dinner of the Society of Dilettanti, Stich von J. H. Le Keux nach Thomas H. Shepherd

Giovanni Paolo Panini, *Roma Antica*, 1756/57, Staatsgalerie Stuttgart. Blick in eine römische »Kunstgalerie« mit Gemälden, Reliefs und Skulpturen (vorn rechts der Laokoon). Das Gebäude selbst hat die Form eines römischen Thermensaales.

James Stewart zeichnet das Erechtheion auf der Akropolis von Athen, Aquarell, 1751

Umgangs« war, dass der Bewerber die *Grand Tour* absolviert hatte (und hinreichend trinkfest war). Diese private Gesellschaft von Altertumsfreunden, deren Mitgliederzahl auf 50 begrenzt blieb, organisierte und finanzierte ab 1751 beispielsweise mehrere archäologische Forschungsreisen nach Griechenland und Kleinasien. Mit ihrer Unterstützung erschien außerdem 1762 der erste Band von *The Antiquities of Athens* des britischen Architekten Nicholas Revett und des Malers James Stuart, ein monumentales, teilweise bis heute benutztes Kompendium der antiken Denkmäler Athens, entstanden bei einem dreijährigen Studienaufenthalt der beiden in Griechenland (insgesamt 4 Bde., London 1762–1816).

Die Altphilologie

Eine zweite Wurzel hat die klassische Archäologie in der Altphilologie. Die ersten Lehrstühle für das Fach Archäologie wurden von Altphilologen besetzt, die neben den klassischen Schriftquellen auch die Denkmäler in ihre Lehrveranstaltungen einbezogen. Christian Gottlob Heyne (1729–1812), seit 1763 Professor für

Der Stein von Rosette. Basalt, H. ca. 113 cm. London, British Museum. Bei der Inschrift auf dem Stein von Rosette handelt es sich um einen Erlass von Ptolemaios V. Epiphanes, der auf das Jahr 196 v. Chr. datiert wird.

Léon Cogniet, *Jean François Champollion*, Paris, Musée du Louvre

Der Stein von Rosette

Der 762 Kilogramm schwere Basaltblock wurde im Juli 1799 in der Nähe der ägyptischen Stadt Raschid an der Mündung des westlichen Nilarmes, angeblich in eine alte Mauer verbaut, gefunden. Sein Entdecker, ein französischer Offizier namens Bouchard, erkannte, dass der Stein neben einer griechischen zwei weitere Inschriften trug und wahrscheinlich alle drei denselben Text wiedergaben. Der Stein wurde nach Kairo geschickt und erweckte dort sofort größtes Interesse bei den Wissenschaftlern, die Napoleon auf seiner Ägyptenexpedition begleiteten. Auch die Begeisterung des Kaisers war groß. Als man in Ägypten bei der Entzifferung der beiden ägyptischen Texte (in klassischen Hieroglyphen und der kursiven, so genannten demotischen Schreibschrift ptolemäischer Zeit) keine Fortschritte erzielte, ließ er zwei erfahrene Lithographen aus Paris kommen, die mehrere Kopien anfertigten, welche an verschiedene europäische Wissenschaftler werden sollten.

1801, nach der Seeniederlage Napoleons gegen England, ging ein Teil der von ihm erbeuteten ägyptischen Antiken in den Besitz der britischen Krone über – diese Vereinbarung war, wie der Kaiser selbst es einst bei seinen Eroberungszügen praktiziert hatte, Teil des Kapitulationsabkommens (Vertrag von Alexandria). So gelangte der Stein von Rosette nach London ins British Museum.

Der griechische Text wurde bereits 1802 von Reverend Stephen Weston übersetzt. Auf der Basis der Forschungen des Engländers Thomas Young und der in den so genannten Kartuschen (Königsringen) eingeschlossenen Königsnamen gelang es schließlich Jean François Champollion (1790–1832), zwischen 1822 und seinem Tod eine erweiterte Liste des ägyptischen Alphabets aufzustellen und eine erste Grammatik zu entwickeln, die Grundlage zu allen weiteren Studien zur altägyptischen Sprachen und Schrift.

Bereits 1802 waren Georg Friedrich Grotefend (1775–1853) die ersten entscheidenden Schritte bei der Entzifferung der Keilschrift gelungen, so dass die wissenschaftliche Erforschung des Orients nun eine völlig neue, auf sehr viel breiterer Basis stehende Qualität gewann.

Eloquenz an der Universität Göttingen, war einer der ersten, die auch antike Denkmäler in ihre Vorlesungen behandelten. Seine Schüler waren der Homer-Übersetzer Johann Heinrich Voß, die Brüder August Wilhelm und Friedrich Schlegel, die Archäologen Georg Zoega (1755–1809) und Karl August Böttiger (1760–1835) sowie Wilhelm von Humboldt (1767–1835). Diese Kette von Lehrern und Schülern lässt sich bis in die heutige Zeit fortsetzen. 1802 wurde an der Universität von Kiel der erste Lehrstuhl für klassische Archäologie eingerichtet.

Eine vergleichbare Entwicklung vollzog sich auch in Frankreich und England.

Pompeji und Herculaneum

Seit der Mitte des 18. Jahrhunderts vergrößerte sich durch eine intensive Ausgrabungstätigkeit der Bestand an Denkmälern erheblich. Man lernte durch die Funde in Herculaneum und Pompeji neben Plastik und Architektur nun auch die römische Wandmalerei besser kennen. In Herculaneum, das unter einer 15 bis 20 Meter mächtigen, im Laufe der Jahrhunderte zu Tuffstein erstarrten Schicht aus Lavaschlamm begraben lag, hatte es seit 1709 Raubgrabungen durch den Fürsten d'Elbœuf gegeben. Dieser war bei der Anlage eines Brunnens auf das Theater von Herculaneum gestoßen, dessen Ausstattung – Marmorverkleidungen und Statuen – der Fürst bergen und an verschiedene Museen verkaufen ließ (so kamen etwa die so genannte »Große« und »Kleine Herculanerin« über die Sammlungen des Prinzen Eugen von Savoyen und des Kurfürsten August von Sachsen in die Dresdner Antikensammlung).

Erst unter König Karl III., der bereits 1732 die Ruinen von Paestum in Süditalien zum ersten Mal vermessen ließ, begannen die regulären Ausgrabungen, und man nahm sie dort auf, wo Elbœuf die ersten Schächte angelegt hatte. Neben der Mühsal, die das Vorantreiben der Tunnel im harten Gestein darstellte, ergab sich als zusätzliches Problem für die Ausgräber,

Villa von Oplontis, Zimmer 23, Wandmalerei: Glasschale mit Granatäpfeln

dass der neuzeitliche Ort Resina (seit 1969 Ercolano) über der antiken Stadt entstanden war. Die erste systematische Erforschung durch Roque Joaquin de Alcubierre zwischen 1738 und 1765 erfolgte also mit Hilfe von Stollen, die man wie in einem Bergwerk in den harten Tuff trieb. Goethe, der Pompeji und Herculaneum im März 1787 besuchte und tief beeindruckt war (»Ich weiß nicht leicht etwas Interessanteres«), bemerkt dazu in seiner *Italienischen Reise*: »Jammerschade, daß die Ausgrabungen nicht durch deutsche Bergleute recht planmäßig geschehen; denn gewiß ist bei einem zufälligen räuberischen Nachwühlen manches edle Alterthum vergeudet worden.« Ab 1927 (bis 1958) wurden die Grabungen unter der fachkundigen Leitung von Amedeo Maiuri weitergeführt, wobei man sich bemühte, die Funde am Ort selbst zu erhalten, um so ein möglichst authentisches Bild des antiken Lebens

Pompeji, Haus des Loreius Tiburtinus. Die Mittelbilder in den Wandflächen wurden bei frühen Grabungen ausgeschnitten und verkauft oder nach Neapel ins Museum verbracht.

zu rekonstruieren. Aufgrund seiner Lage unter der modernen Stadt konnte bis heute nur ein Teil Herculaneums ergraben werden.

1748 begannen, ebenfalls unter Elbœuf, die Ausgrabungen in Pompeji. 1860 übernahm Giuseppe Fiorelli die Grabungsleitung. Er sorgte zunächst dafür, dass der Zerstörung der Wandmalereien Einhalt geboten wurde, deren qualitätvollste und interessanteste Partien zuvor aus den Wänden geschnitten und verkauft oder ins Museum gebracht worden waren. Auf ihn geht auch die bis heute verwandte Numerierung der Stadtviertel, Häuserblocks und Hauseingänge zurück. Von Fiorelli stammt darüber hinaus die Idee, die Hohlräume, die Menschen- und Tierkörper in den Schlamm- und Ascheschichten hinterlassen hatten, mit Gips auszugießen.

Bei dem überraschenden und sehr heftigen Ausbruch des Versuv 79 n. Chr. konnten viele Menschen nicht mehr aus Pompeji fliehen, sie wurden von heißer Asche und Schlamm verschüttet und erstickten. Ihre Körper hinterließen Hohlräume im Schlamm, die, mit Gips ausgegossen, die Menschen im Augenblick ihres Todes zeigen.

Seit 1860 legte man in Pompeji systematisch mehr als 40 Hektar, das entspricht in etwa drei Fünftlen des gesamten Stadtgebietes, sowie einige große Privathäuser in der näheren Umgebung (z. B. die berühmte Mysterienvilla) fast vollständig frei. Unerforscht blieben bislang die Viertel im Norden und Nordosten der Stadt.

Zur Zeit hat man die Ausgrabungen in Pompeji – abgesehen von Notfällen – eingestellt. Statt dessen bemüht man sich intensiv, das Ergrabene zu konservieren.

Die große Resonanz auf diese Grabung, die erstmals auch einer breiteren Öffentlichkeit Einblicke in die antike Lebenswelt ermöglichte, spiegelt Edward Bulwer-Lyttons historischer Roman *Die letzten Tage von Pompeji* (London 1834), der allein bis 1956 sechs Mal verfilmt wurde.

Das 19. Jahrhundert

Durch die Arbeiten von Stewart und Revett in Athen zwischen 1751 und 1754 wurden die klassischen griechischen Bauwerke bekannt, hinzu kam seit dem frühen 19. Jahrhundert eine beträchtliche Anzahl von archaischen und klassischen griechischen Originalen: 1812 kaufte das British Museum die Friese vom Tempel in Phigalia-Bassai an, 1816 die Skulpturen von Lord Elgin (s. S. 142). 1828 gelangten die Giebelskulpturen des Aphaia-Tempels von Ägina in die Münchner Glyptothek, 1853 der so genannte Kouros von Tenea.

In diesen Jahrzehnten entstanden in Deutschland – teilweise auf dem Grundstock fürstlicher Sammlungen, teilweise durch Neuerwerbungen – auch die ersten großen Antikenmuseen: Bereits 1779 öffnete das Museum Fridericianum in Kassel als eines der ersten öffentlich zugänglichen Museen Europas seine Pforten (heute Staatliche Kunstsammlungen, Antikenabteilung), zu den ältesten Kunstwerken dort zählt der von Landgraf Friedrich I. (1730–1760) erworbene so genannte Kasseler Apoll. 1830 eröffneten das Alte Museum in Berlin (1855 das Neue Museum) und die Münchner Glyptothek, das erste allein für antike Kunstwerke erbaute und ausgestattete Museum. Seit 1852 besteht das Römisch Germanische Zentral-Museum in Mainz, seit 1889 in Hannover die Sammlung Kestner, um nur einige wichtige Beispiele zu nennen.

1812 entdeckte der Schweizer Johann Ludwig Burckhardt (1784–1817), der im Auftrag der Londoner »Association for Promoting the Discovery of the Interior Parts of Africa« unterwegs war, die Ruinen der nabatäischen Stadt Petra im Süden Jordaniens wieder (in gleicher Mission dokumentierte er später den Tempel Ramses' II. von Abu Simbel in Oberägypten). Petra war wahrscheinlich

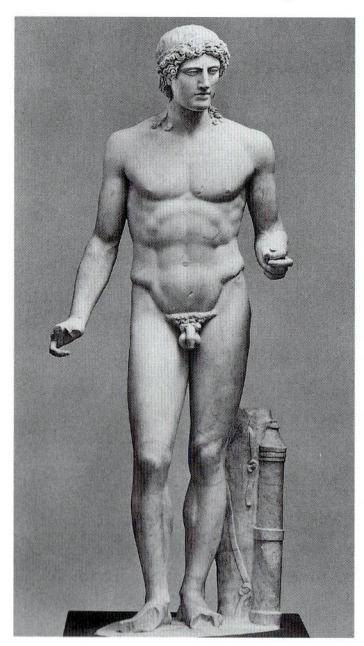

Der so genannte Kasseler Apoll, Marmorkopie nach einem Bronzeoriginal um 450 v. Chr., H. 197 cm, Vielleicht handelt es sich um den Apoll Parnopios (Heuschreckenabwender) des Phidias.

seit 169 v. Chr. Hauptstadt des Nabatäer-reiches, seit 106 n. Chr. gehörte es zur römischen Provinz Arabia. Von der in einem weiten Talkessel gelegenen na-batäischen Stadt selbst war wenig erhal-ten, bei den Ausgrabungen, die ab 1929 begannen, legte man jedoch beein-druckende Reste römischer Bauwerke frei, u. a. zwei Theater und einen Tri-umphbogen. Berühmt ist Petra jedoch vor allem wegen seiner Felsgräber, de-ren prunkvolle, architektonisch gestalte-te Fassaden aus dem anstehenden Stein geschlagen wurden. Die nabatäischen Monumente Petras wurden von der UNESCO 1985 zum Weltkulturerbe erklärt.

Göttersaal der Münchner Glyptothek mit Fresken von Peter Cornelius (im Zweiten Weltkrieg zer-stört). Heute Saal des Westgiebels von Ägina

1828 fanden die erste Ausgrabungen in der etruski-schen Nekropole von Vulci statt, wo, wie schon zuvor in Unteritalien (beispielsweise in Nola), zahllose im-portierte bemalte griechische Vasen entdeckt wurden, die auch das Bild dieser Denkmälergattung immer wei-ter präzisierten.

Schon 1494 war der Grabtumulus von Castellina in Chianti entdeckt worden, 1553 die Chimäre von Arezzo.

Die erste systematische topographische Aufnahme Etruriens unternahm der Engländer George Dennis. Er war zwischen 1842 und 1847 englischer Gesandter in Rom und erkundete das Etruskerland zu Fuß, auf Pfer-dekarren und Eselsrücken. Obschon Dennis kein Ar-chäologe war, bestach sein 1848 in London erschiene-nes Buch *Cities and Cemeteries of Etruria* durch große Sachkenntnis; viele der von ihm beschriebenen Denk-mäler sind heute zerstört. Nicht nur die Reisepraxis des Gesandten war für die damalige Zeit unorthodox, auch sein Interesse für die Etrusker war ungewöhn-lich, interessierten sich seine Zeitgenossen doch fast ausschließlich für die griechische und römische Kunst.

In der zweiten Hälfte des 18. Jahrhunderts zeichnete der Engländer J. Byres viele der Wandmalereien in den Gräbern von Tarquinia, die heute teilweise zerstört

sind, in der zweiten Hälfte des 19. Jahrhunderts übernahm der deutsche Baron Stackelberg diese Aufgabe
(ein Teil seiner Zeichnungen wird heute im DAI Rom
aufbewahrt). 1911 begannen unter der Leitung von R.
Mengarelli die systematischen Grabungen in Cerveteri,
die schließlich auch zur Einrichtung der archäologischen Zone der Banditaccia-Nekropole führten. Ab
1958 wurden die Gräber in den Monterozzi-Hügeln
von Tarquinia systematisch erforscht. Hierbei erwiesen
sich Luftaufnahmen und geophysikalische Untersuchungen als bedeutende Hilfe. Da die zahllosen Gräber
nicht einzeln freigelegt werden konnten, ließ man,
nachdem sie lokalisiert worden waren, durch ein Bohr-
loch ein Periskop in die Grabkammer hinab, um so
festzustellen, ob sich eine Ausgrabung lohnt.

Um auch die interessierten Laien mit seriösen Informationen über die aktuellsten archäologischen Neuig-
keiten zu versorgen, veröffentlichte Eduard Gerhard
(1795–1867) ab 1833 das *Archäologische Intelligenzblatt
der Hallischen Literatur-Zeitung*,
das jedoch bereits 1838 wieder
eingestellt wurde. Auf Gerhards
Initiative ging auch die Gründung des *Istituto di Corrispondenza Archeologica*, des späteren
Deutschen Archäologischen
Instituts (DAI), 1829 in Rom
zurück, ebenso wie die 1841 in
Berlin aus der Taufe gehobene
Archäologische Gesellschaft, deren
jährlich herausgegebenes Organ,
die *Berliner Winckelmannspro-
gramme*, ihre enge Verbindung
zum Gründervater der Archäologie deutlich machen.

Ebenfalls im Jahre 1841 wurde
der *Verein von Altertumsfreunden
im Rheinland* gegründet, dessen
Hauptanliegen die römischen
Denkmäler in Deutschland wa-

Petra (Jordanien), so
genannter Grabtempel
Khazne-el-Fara, 1. Jh.
v. Chr.

Die so genannte Chimäre von Arezzo. Bronze, um 380/60 v. Chr. Florenz, Museo Archeologico Nazionale. Das Mischwesen aus Löwe, Ziege und Schlange ist dargestellt bei seinem Angriff auf den Helden Bellerophon, der auf seinem geflügelten Pferd Pegasos durch die Luft reitet und das Ungeheuer töten wird. Kleinplastische Wiederholungen lassen vermuten, dass die Chimäre Teil einer größeren Gruppe war, zu der auch Pegasos und Bellerophon gehörten.

ren. Zur detaillierteren Erforschung des Limes gründete man 1892 auf Anregung von Theodor Mommsen (1817–1903) die Reichs-Limeskommission; 1902 entstand als Nebenstelle des DAI in Frankfurt die Römisch-Germanische Kommission.

1846 wurde die École Française d'Athènes, die französische Schule in Athen, gegründet, 1886 die British School at Athens, 1901 die British School at Rome. Schulen und Institute anderer Länder in Rom und Athen sollten folgen, als vorerst letztes 1992 das Dänische Archäologische Institut in Athen.

Mitte des 19. Jahrhunderts begannen auch die großen Ausgrabungen im Vorderen Orient und in Ägypten, wobei diese meist von deutschen, englischen und französischen Archäologen geführten Unternehmungen hauptsächlich darauf abzielten, den Denkmälerbestand zu vergrößern – nicht zuletzt den in den europäischen Museen: Eine preußische Expedition (1842–1845) nach Ägypten und Nubien unter der Leitung des Ägyptologen und Afrikanisten Karl Richard Lepsius (1810–1884) brachte etwa 15.000 Artefakte nach Deutschland – der Grundstock für das Ägyptische Museum in Berlin. Außerdem entstanden bei dieser Kampagne 517 Abklatsch-Serien von ägyptischen Inschriften, die einen erheblichen Beitrag zur weiteren Entzifferung der Hieroglyphen leisteten. In seiner 12-bändigen Publikation *Denkmäler aus Ägypten und*

Der Abtransport von Fundstücken war oft mühsam: so standen für den Grabschatz des Tut-anch-Amun nur kurze Schienenstücke einer Feldbahn zur Verfügung, die jedes Mal, wenn der Zug ein Stück vorwärts gerollt war, von hinten nach vorn neu verlegt und angesetzt werden mussten.

Relief aus Hof VIII im Palast von Sargon II. in Dur Scharrukin (Khorsabad, 16 km nördlich von Ninive), spätes 8. Jh. v. Chr., H. 4 m, Stuck, Paris, Musée du Louvre. Es zeigt den Transport von Zedernholz aus dem Libanon.

Nubien (1849–1897) veröffentlichte Lepsius, der als Begründer der deutschen Ägyptologie gilt, die Ergebnisse seiner Expedition.

1857 wurde Auguste Ferdinand Mariette (1821–1881) Direktor der zum Schutz gegen die rücksichtslose Plünderung der ägyptischen Antiken gegründeten Staatlichen Ägyptischen Altertümerverwaltung, wo er sich hohe Ehren und Verdienste erwarb (obwohl Mariette selbst 1850/51 im Rahmen seiner Grabung im Serapeum von Saqqara etwa 7000 Objekte illegal nach Paris geschmuggelt hatte). Die archäologischen Forschungen von Gaston Camille Maspéro (1846–1916) in Gisa, Saqqara und im Tal der Könige in Theben-West sowie Sir Flinders Petrie (1853–1942) brachten die Ägyptologie weit voran. Petrie modernisierte die Ausgrabungen von der reinen Schatzsuche zur systematischen, wissenschaftlichen Funderfassung, und er publizierte seine Ergebnisse sehr zügig. Mit Hilfe des »sequence dating«, das heißt der Untersuchung der Abfolge geschlossener Grabfunde in der Nekropole des oberägyptischen Negada, stellte er eine relative Chronologie für die vorgeschichtlichen Funde Ägyptens auf.

1842 begannen die Ausgrabungen in Dur Scharrukin und Ninive (durch den Italiener Paul-Emile Botta, 1802–1870, *Monuments de Ninivé*, 1849/50, die bedeutendsten Funde werden heute im Pariser Louvre aufbewahrt); eine englische Expedition unter der Leitung von Sir Austen Henry Layard (1817–1894) grub zwischen 1845 und 1847 in Nimrud/Kalach (die wichtigsten Funde befinden sich heute im British Museum, London). 1849 identifizierte W. K. Loftus Uruk und Ur (Ausgrabungen in Ur ab 1922 unter der Leitung von Sir Leonard Wooley, 1880–1960). Es folgten Susa (ab 1884, mit Unterbrechungen bis heute), Nippur (1888–1900), Babylon (erste Untersuchungen ab 1811 durch den britischen Residenten/Konsul Claudius James Rich, 1787–1820, seine Sammlung kam 1825 in das British Museum, London; 1889–1917 durch Robert Koldewey, 1855–1929), Byblos (ab 1860), Sam'al (ab 1882) durch den deutschen Ingenieur und Archäologen Carl Humann (1839–1896). (Humann grub 1878 bis 1886 im Auftrag der Berliner Museen auch in Pergamon, aus dieser Grabung gelangte der Große Altar Eumenes' II., 197–159 v. Chr., nach Berlin), Assur (1903–1914 durch Ernst Walter Andrae, 1875–1956), Karkemisch (ab 1911) und Persepolis (1931–1934/1935–1939 durch das Oriental Institute der University of Chicago). Die Ergebnisse all dieser Kampagnen wurden sehr rasch publiziert, so dass sie mit nur kurzer Verzögerung auch den nicht grabenden Wissenschaftlern zur Verfügung standen.

Bereits 1865 war in London der Palestine Exploration Fund gegründet worden, und mit dem Beginn der Ausgrabungen in Jerusalem 1867 nahm auch die archäologische Erforschung Palästinas ihren Anfang.

Pergamon-Altar, 2. Jh. v. Chr., Berlin, Pergamonmuseum. Die Reliefs zeigen die mythische Schlacht der Olympischen Götter gegen die Giganten.

Bildkrater mit der Darstellung des Trojanischen Pferdes, um 670 v. Chr., Archäologisches Museum Mykonos. Man sieht die Köpfe der griechischen Krieger im Bauch und Hals des Pferdes, ihre Bewaffnung (Schilde, Helm, Schwert) halten sie in den Händen, die aus den »Fenstern« herausschauen.

Inschrift auf dem Nestor-Becher aus Pithekussai

»Nestor (König von Pylos; nimmt mit 90 Schiffen am Krieg gegen Troja teil) hatte einen Becher, aus dem gut zu trinken war; wer aber aus diesem Becher trinkt, den wird sogleich die Sehnsucht der schönbekränzten Aphrodite ergreifen.«

Troja

Gegen Ende des 8. Jahrhunderts v. Chr. ließen sich Griechen aus Athen in Sigeion nieder, ganz in der Nähe eines verlassenen Ortes, der heute Troja genannt wird. Von der einstigen Stadt war außer einigen Resten der Befestigungsmauern nicht viel erhalten, möglicherweise befand sich jedoch ein kleines Heiligtum dort. Spuren des Trojanischen Krieges, den die Achäer (Griechen) nach dem Raub der Gattin des Agamemnon, Helena, durch den trojanischen Königssohn Paris (Alexandros) dort der Überlieferung nach um 1200 v. Chr. geführt hatten, gab es nicht mehr. Die Geschichte dieses Krieges war jedoch nicht verloren gegangen, ganz im Gegenteil: Mündlich war sie in den vorangegangenen Jahrhunderten immer weiter überliefert worden – beständig erweitert, aktualisiert, den Vorlieben der Zuhörer angepasst –, vorgetragen an den mykenischen Fürstenhöfen, wo fahrende Sänger die Taten des Adels und wichtige historische Ereignisse – Kriege, Eroberungen, Raubzüge – in Hexametern besangen. Der wahre Kern der Geschichte, die von Homer wohl um 730/20 v. Chr. in der *Ilias* zum ersten Mal schriftlich fixiert wurde, waren möglicherweise Auseinandersetzungen, die weit über die Entführung einer Ehefrau hinausgingen, nämlich Konflikte zwischen dem Hethiterreich und mykenischen Griechen.

Wie groß die Bekanntheit und Beliebtheit des trojanischen Sagenkreises schon in der Antike war, lässt sich an zahllosen Darstellungen vor allem auf Vasen und in Reliefs ablesen. Zu den frühesten Anspielungen auf die Ilias gehört die Inschrift auf dem so genannten Nestor-Becher (um 735/20 v. Chr. aus der Nekropole der griechischen Siedlung von Pithekussai/Ischia), um 670 v. Chr. entstand der Bildkrater von der Insel Mykonos mit der Darstellung des Trojanischen Pferdes.

Auch in historischer Zeit blieb die Erinnerung an Troja/Ilion und seine Helden lebendig: Der Perserkönig Xerxes besuchte auf seinem Eroberungszug nach Griechenland 480 v. Chr. die Burg des Priamos und opferte am Tempel der Athena 1000 Rinder, Alexander der Große opferte 334 v. Chr. am Grab des Achill, sein Nachfolger Lysimachos legte in Ilion eine neue Stadt an. Der römische Kaiser Augustus ließ ein kleines Theater (Odeion) in Troja bauen, vielleicht fand bei seinem Besuch 20 v. Chr. hier die Uraufführung der *Aeneis* des Vergil statt. Auch Hadrian besuchte 124 n. Chr. den Ort. Er ließ als Denkmal für den Helden Aiax einen Grabhügel errichten, im Odeion fand sich eine Porträtstatue des Kaisers. Schließlich kam 214 n. Chr. Caracalla nach Troja, an der Besik-Bucht ließ er seinen Liebling Festus vergiften, mit der Trauerfeier, die er für ihn nach dem Vorbild der Leichenspiele des Achill für Patroklos ausrichten ließ, wollte er ihm beweisen, wie sehr er ihn schätzte. Zu Festus' Ehren errichtete er darüber hinaus einen 13 Meter hohen Steinturm, der mit einem Hügel ummantelt wurde.

Bis zum Jahr 355 war auch der Tempel der Athena noch in Funktion. In byzantinischer Zeit war Ilion Bischofssitz, für das 13. und 14. Jahrhundert lässt sich anhand der zahlreichen Gräber eine dichte Besiedlung nachweisen.

Auch danach geriet Troja nicht in Vergessenheit. Viele Herrscher und Adelsgeschlechter beriefen sich – wie schon Julius Caesar, der sein Geschlecht auf Aeneas (den Sohn der Aphrodite/Venus und des Anchises) zurückführte – zur Legitimation ihres Herrschaftsanspruches auf eine Abstammung von einem der trojanischen Helden, der Ort wurde nach wie vor besucht.

1488 lag die *Ilias* zum ersten Mal in gedruckter Form vor und war von nun an aus dem europäischen Bildungskanon nicht mehr wegzudenken. Ab Mitte des 18. Jahr-

Homer, Kopf vom so genannten Epimenides-Typ, Marmor, um 460 v. Chr., Antikenmuseum Basel. Hierbei handelt es sich nicht um ein echtes Porträt (Homer war bei seiner Entstehung seit etwa 300 Jahren tot), sondern um ein in der Klassik erfundenes Idealbild. Die geschlossenen Augen verweisen auf den in der Antike verbreiteten Topos des blinden Sängers oder Sehers, der sich ganz auf die Bilder in seinem Inneren konzentriert.

Heinrich Schliemann (1822–1890)

Schliemann gelang es, schon in sehr jungen Jahren als Kaufmann ein riesiges Vermögen zu machen, das es ihm erlaubte, ab 1858 zahlreiche Reisen zu unternehmen und ab 1866 in Paris Sprach- und Literaturwissenschaft sowie Archäologie zu studieren. Mit Hilfe seiner Homerstudien entdeckte er 1868 Troja. 1870–1882 und 1890 grub er in Troja, 1874–1876 in Mykene, 1880 in Orchomenos und 1884/85 in Tiryns. Er leistete einen ersten Beitrag zur Verwissenschaftlichung der archäologischen Methodik: Vor Beginn der Grabung studierte er sorgfältig die literarischen Quellen, inspizierte das ausgewählte Terrain durch Begehungen und unternahm Voruntersuchungen mit der Sonde. Auch die Kul-

turschichtenfolge (Stratigraphie) bis zum gewachsenen Boden wurde von ihm beobachtet. Er erkannte ebenfalls sehr früh, wie wichtig es ist, Wissenschaftler aus anderen Fachgebieten in die archäologischen Untersuchungen mit einzubeziehen.

Seine Zuweisungen der Gräber in Mykene an Agamemnon und Klytaimnestra oder des Goldschatzes aus Troja an Priamos entspringen jedoch der Fantasie. Diese Funde sind erheblich älter als die Schichten des homerischen Troja (Troja VIIa).

Sydney Hodges, *Heinrich Schliemann*, 1877. Museum für Vor- und Frühgeschichte, Berlin

hunderts kamen die ersten Reisenden in die Troas, um nach den Originalschauplätzen des so hoch geschätzten Epos zu suchen, viele Forscher glaubten jedoch, dass die *Ilias* allein der Phantasie des Homer entsprungen war.

Im 19. Jahrhundert begann man, die Küsten der Troas zu erforschen und zu vermessen, da die Dardanel-

Mykene, Blick auf den Grabkreis A, 16. Jh. v. Chr.

len ein militärstrategisch wichtiges Gebiet sind. An diesen Arbeiten waren auch deutsche und britische Ingenieure beteiligt.

In diesem Zusammenhang stellte man sich nun doch die Frage, wo genau die Burg des Priamos gelegen haben mochte, ein Teil der Wissenschaftler plädierte für den Ort Bunarbaschi, andere glaubten – wie auch die Griechen und Römer –, der wesentlich kleinere Hügel Hisarlik berge die Überreste der antiken Stadt.

In Hisarlik nahm dann auch 1863 der britische Archäologe Frank Calvert eine erste Ausgrabung vor, die ab 1871, da Calvert die finanziellen Mittel für ein solches Unternehmen fehlten, von Heinrich Schliemann fortgesetzt wurde – dieser war also nicht der »Entdecker« Trojas.

1871 begann Heinrich Schliemann seine Ausgrabungen auf dem Burghügel von Hisarlik. Auf Schliemann folgte als Grabungsleiter von 1882 bis 1893 der deutsche Architekt Wilhelm Dörpfeld (1853–1940), der zuvor von 1877 bis 1881 in Olympia gearbeitet hatte und modernere Grabungsmethoden einführte, und – nach einer längeren Pause – ab 1932 (bis 1938) der Amerikaner Carl William Blegen (1887–1971). Auch Blegen glaubte an die Authentizität Homers, er hielt die Schicht von Troja VIIa, das um 1260 v. Chr. von einem Brand zerstört wurde und enge Beziehungen zu Mykene hatte, für den Schauplatz des Trojanischen Krieges. Ab 1938 ruhten die Arbeiten in Troja.

Schliemanns Grabungen und die dabei entdeckten spektakulären Goldfunde – aber auch seine Selbststilisierung in seinen autobiographischen Texten – haben sicherlich den größten Beitrag zum Bild des Archäologen als (erfolgreicher) Schatzsucher mit Schaufel und Pinsel geleistet. Zwar war Schliemanns Ziel, »die über die Prähistorie der hellenischen Welt dunkelnde Nacht aufzuklären« und nicht allein nach außergewöhnlichen Schätzen zu suchen – von einer systematischen Grabung mit wissenschaftlicher Zielsetzung war seine Methode dennoch meilenweit entfernt.

Der Schatz des Priamos

»Um den Schatz der Habsucht meiner Arbeiter zu entziehen und ihn für die Wissenschaft zu retten, war die allergrößte Eile nötig, und, obgleich es noch nicht Frühstückszeit war, so ließ ich doch sogleich *paidos* (...) ausrufen, und während meine Arbeiter aßen und ausruhten, schnitt ich den Schatz mit einem großen Messer heraus, was nicht ohne die allergrößte Kraftanstrengung und die furchtbarste Lebensgefahr möglich war, denn die große Festungsmauer, welche ich zu untergraben hatte, drohte jeden Augenblick auf mich einzustürzen. Aber der Anblick so vieler Gegenstände, von denen jeder einzelne einen unermeßlichen Wert für die Wissenschaft hat, machte mich tollkühn, und ich dachte an keine Gefahr. Die Fortschaffung des Schatzes wäre mir aber unmöglich geworden ohne die Hilfe meiner lieben Frau, die immer bereit stand, die von mir herausgeschnittenen Gegenstände in ihren Shawl zu packen und fortzutragen.« Heinrich Schliemann, in: *Trojanische Alterthümer. Bericht über die Ausgrabungen in Troja*, S. 217

Heinrich Schliemann, der erste Ausgräber in Troja, hatte den so genannten »Schatz des Priamos« illegal aus Hisarlik nach Deutschland gebracht. Als dies bekannt wurde, verklagte ihn die Türkei, man überließ ihm die Stücke jedoch schließlich nach der Zahlung eines Bußgeldes. Später übereignete Schliemann

Der so genannte Schatz des Priamos, in Schliemann, *Ilios*, 1881

den Schatz seinem Heimatland, sowjetische Truppen verschleppten ihn 1945 von Berlin nach Moskau, seitdem galt er als verschollen. Mitte der 1990er Jahre wurde bekannt, dass der Schatz des Priamos im Depot des Moskauer Puschkin-Museums lagert. Zuvor war von russischer Seite behauptet worden, dass alle Kriegsbeute zurückerstattet worden sei, und 1992 verpflichtete sich

Russland sogar, alle möglicherweise noch auftauchenden Stücke zurückzuerstatten. Nun erklärten die Duma und der Föderationsrat den Schatz zum Eigentum des russischen Volkes. Für Russland seien diese Objekte eine Kompensation für die im Zweiten Weltkrieg erlittenen Verluste, die die Deutschen dem Land beigebracht hätten – beispielsweise war im Oktober 1941 das berühmte Bernsteinzimmer aus dem Palast von Zarskoje Selo (heute Puschkin) nach Königsberg abtransportiert worden und im August 1944 bei der Bombardierung des Schlosses von Königsberg verbrannt.

Neben den Verlusten, die durch kriegerische Auseinandersetzungen entstehen (Beschädigung, Zerstörung, Verschleppung als Beutekunst), greift heute auch der gezielte, von gut organisierten Banden inszenierte Kunstraub aus Museen und privaten Sammlungen immer stärker um sich. Betroffen sind davon nicht nur Antiken, sondern auch Gemälde, Skulpturen und kunsthandwerkliche Arbeiten jüngerer Provenienz.

Man weiß, dass der Markt für gestohlene oder aus Raubgrabungen stammende Kunst unersättlich ist, die Umsätze, die sich auf jährlich mehrere Milliarden Dollar belaufen, sind denen von Waffen-, Drogen- und Menschenhändlern vergleichbar. Verwiesen sei auf die langen Listen des Art Loss Registers oder die

Beutekunst auf einem Relief im Durchgang des Titus-Bogens, um 80 n. Chr. Rom, Forum Romanum. Dargestellt ist der Triumphzug des Titus, bei dem unter anderem der sieben-armige Leuchter aus dem Tempel von Jerusalem mitgeführt wurde. Im September 70 n. Chr. war Jerusalem von den Römern zerstört und der Tempel geplündert worden.

so genannte »Rote Liste bedrohter und gestohlener Objekte« der Lateinamerika-Abteilung des ICOM (International Council of Museums), mit der Polizei, Zoll, Auktionshäuser, Kunsthändler und Museen, aber auch Touristen und Angehörige von diplomatischen Vertretungen auf mögliche Hehlerware aufmerksam gemacht werden sollen.

Die Frage nach den Drahtziehern im Hintergrund, den Motiven für solche Aktionen und den Käufern lässt sich nicht immer klar beant-worten. Neben dem wohl eher selte-nen gezielten Diebstahl auf Wunsch eines mit entsprechenden finanziel-len Mitteln ausgestatteten Samm-lers, der in einem Diebstahl die ein-zige Chance sieht, ein außerge-wöhnliches Stück zu erlangen, das über den offiziellen Kunsthandel nicht mehr zu erwerben ist, werden Kunstwerke – die aufgrund ihrer Bekanntheit selbst auf dem

Schwarzmarkt praktisch unverkäuf-lich sind – auch entwendet, um nach einer gewissen Zeit, diskreten Verhandlungen und gegen ein ent-sprechendes Lösegeld (dessen Höhe ebenso diskret verschwiegen wird) wieder an ihren Besitzer zurückge-geben zu werden. Möglicherweise ruhen viele der bisher nicht wieder aufgetauchten Kunstwerke auch bei Händlern im Safe – ihr Wert kann im Laufe der Jahre nur wachsen.

Auch Krisensituationen wie im Nahen Osten laden geradezu zu Diebstählen ein – Bestands- oder Ausstellungskataloge können in sol-chen Situationen wie Versandhaus-kataloge wirken, über die man in stabilen Zeiten unerreichbare Stücke nun problemlos auswählt und über entsprechend kriminelle Kanäle »bestellt«. Möglicherweise wird den Räubern die Arbeit in ein-zelnen Fällen auch durch Insider-Tipps erleichtert.

Das Iraq-Museum in Bagdad, das die weltweit bedeutendste Sammlung mesopotamischer Altertümer von der Altsteinzeit bis zur Neuzeit aufbewahrt(e), wurde 1923 gegründet und war zunächst in einem einzigen Raum untergebracht. Die Bestände wuchsen jedoch so rasch, dass das Museum nach einem Umzug 1932 im Jahre 1963 ein eigenes Gebäude bezog, das 1984 noch einmal erheblich erweitert wurde. Mit Ausbruch der Kuwait-Krise 1990

Das Iraq-Museum nach der Plünderung im April 2003

hat man die Schausammlung des Museums geschlossen und die Bestände ausgelagert, 1998 wurde es wieder eröffnet.

Bei den Exponaten des Museums handelt es sich um Stücke, die nach 1923 auf dem Staatsgebiet des Irak gefunden wurden. Das Fundmaterial ausländischer Grabungen stand zunächst zur Hälfte dem ausgrabenden Land zu. So kamen irakische Kunstwerke u. a. nach London, Paris, Berlin und Chicago. Erst seit

1974 hat das Iraq-Museum Anspruch auf alle im Irak gefundenen Objekte.

Nach dem Einmarsch der amerikanischen Truppen in Bagdad Anfang April 2003 wurde das Iraq-Museum, begünstigt durch das entstandene Chaos, zwischen dem 10. und 12. April 2003 geplündert, ohne dass die anwesenden amerikanischen Truppen eingegriffen hätten. Das etwas 25 Personen starke Wachpersonal hatte das Haus zuvor aus Angst, in die Kampfhandlungen verwickelt zu werden, verlassen.

Da zur Zeit jedoch kaum Kontakte nach Bagdad bestehen, auch nicht zu irakischen Archäologen oder anderen Museumsmitarbeitern, sind die Auskünfte über Schäden, die dort durch die Plünderungen angerichtet wurden, äußerst vage. In den Medien wurde berichtet, dass etwa 80 Prozent der Bestände des Iraq-Museums zerstört oder geraubt worden seien, es war von etwa 170.000 Stücken die Rede, was etwa zwei Dritteln des inventarisierten Bestandes von 250.000 Stücken entspricht. Da es jedoch keinen lückenlosen Bestandskatalog des Archäologischen Museums mehr gibt (die interne Kartei wurde angeblich ebenso zerstört wie der Computer

Kunstraub im Irak

Nicht nur Raubgrabungen, auch religiöses Eiferertum kann nicht wiedergutzumachende Schäden anrichten. Im Februar 2001 wurden die beiden Buddha-Statuen von Bamijan (ca. 125 Kilometer westlich von Kabul/Afghanistan) von radikalislamischen Angehörigen der Taliban gesprengt. Trotz internationaler Proteste zerstörte man die 54 und 38 Meter hohen Statuen aus dem 3. bis 5. Jahrhundert n. Chr. mit Hilfe von Granatwerfern, Raketen und Sprengstoff völlig. Dieser »Säuberungsaktion« – angeblich gerechtfertigt durch das Verbot des Koran, Götzendienst zu leisten und Götter bildlich darzustellen – fielen neben anderen buddhistischen und nicht islamischen Kunstwerken auch etwa 6000 Exponate aus dem Archäologischen Museum in Kabul zum Opfer.

mit dem elektronischen Katalog), man nicht weiß, wie viel vom Inventar vor Ausbruch des Krieges in ein geheimes Außenlager überführt wurde, das erst nach der Einsetzung einer legitimen Regierung im Irak wieder geöffnet werden soll, und bislang die Schäden in den Magazinen und Depots nicht genau zu überblicken sind, kursieren nur Gerüchte über die tatsächlichen Schäden und Verluste. Ebenso große Sorgen wie um Museen und Sammlungen muss man sich um die Ausgrabungsstätten machen, die seit Ausbruch des Krieges ohne Bewachung blieben und schon zuvor Opfer von Raubgräbern geworden waren. So wurden beispielsweise Reliefs aus dem Thronraum im Palast des assyrischen Königs Sanherib (704–681 v. Chr.) in Ninive, die sich 1990 nachweislich noch dort bzw. im Museum von Ninive befunden hatten, inzwischen auf dem Kunstmarkt angeboten.

Olympia

Erste Ansätze zur Entwicklung von systematisierten Ausgrabungstechniken und die Zusammenarbeit mit naturwissenschaftlichen Disziplinen finden sich mit den 1875 beginnenden Ausgrabungen in Olympia.

In Olympia auf der Peloponnes vereinten sich Wettkampfstätte und Heiligtum in beispielhafter und einmaliger Weise, die Spuren menschlicher Besiedlung reichen hier bis in die frühe Bronzezeit zurück. Neben Streufunden aus dem 3. Jahrtausend v. Chr. im Bereich des Stadions fand man bei Grabungen in der Altis (heiliger Bezirk) Überreste einer Siedlung aus mittelhelladischer Zeit (erste Hälfte 2. Jahrtausend v. Chr.), deren Häuser den für diese Epoche charakteristischen haarnadelförmigen Grundriss aufweisen und neben einem Grabhügel lagen. Hier war, so glaubte man später, der mythische Held Pelops bestattet. Der Augenblick kurz vor Beginn des Wagenrennens, das Pelops mit dem König Oinomaos austrug, um dessen Tochter Hippodameia zur Frau zu gewinnen, ist im Ostgiebel des in der ersten Hälfte des 5. Jahrhunderts v. Chr. erbauten großen Zeustempels dargestellt. Aus den Spielen zu Ehren des verstorbenen Helden (vielleicht aber auch aus dem Wettlauf, den Herakles mit seinen Brüdern an dieser Stelle austrug, die Überlieferung ist hier widersprüchlich), scheinen die Olympischen Spiele hervorgegangen zu sein. Herakles soll für seinen Vater Zeus die Grenzen des Heiligtums abgesteckt haben. Im 5. Jahrhundert v. Chr. umschloss man das Pelops-Grab innerhalb des heiligen Bezirkes mit einer Mauer, die einen eigenen Eingang besaß.

Ob das Heiligtum in mykenischer Zeit wei-

Rekonstruktion des Ostgiebels von Olympia: Zeus, Pelops und Oinomaos, Hippodameia und Sterope, die beiden Gespanne für das Wagenrennen, das Pelops gewinnen wird

Olympia
»Weit leuchtet des Olympischen
Kampfes Ruhm, da wo in Pelops'
Rennbahn der Füße Schnelligkeit
Wetteifernd kämpft und die Reife
Arbeitseliger Stärke.
Aber dem Sieger umkränzt mit
Heiterer Wonne der Ölzweig
Der Tage Überrest. Dieser nimmer
Weichende Schmuck ist das Höchste,
Was irgendeinen Sterblichen krönt.«
Pindar (522/518–nach 446 v. Chr.),
Olympischer Hymnos, I, 150

ter bestand, lässt sich aufgrund der nur spärlichen
Funde (Gefäßscherben und Idolfragmente) aus dieser
Zeit noch nicht abschließend klären, spätmykenische
Kammergräber nördlich der Altis sowie die dichte Be-
siedlung des Gebietes in mykenischer Zeit sprechen je-
doch dafür.

Im 9. und 8. Jahrhundert hatten die Spiele in Olympia eher den Rang lokaler Veranstaltungen; in den
überlieferten Namenslisten werden zunächst nur ein-
heimische Sieger genannt. Seit dem Ende des 8. Jahrhunderts gewannen die Spiele jedoch auch überregio-
nale Bedeutung, und gegen Ende des 7. Jahrhunderts
wurde der Ölzweig, mit dem man seit 776 v. Chr. die
Sieger des dort stattfindenden Wettlaufs auszeichnete,
zu einem der prestigeträchtigsten Symbol in der gesamten griechischen Welt. Olympiade bedeutete in der
Antike übrigens nicht, wie heute, die Zeit der Wett-
kämpfe, sondern die 4 Jahre dauernde Periode zwischen den Spielen.

Das Programm wurde im 7. Jahrhundert ebenfalls
erweitert: Ursprünglich hatte es nur den Lauf über
die Strecke eines Stadions gegeben (192,28 m), nun
kamen der Doppellauf, später der Dauerlauf über 24
Stadien hinzu, ebenso der Fünfkampf (Laufen, Weit-
sprung, Diskus- und Speerwerfen sowie Ringkampf),
der Faustkampf, das Pankration (eine Kombination von
Ring- und Faustkampf) sowie das Wagenrennen mit
dem Viergespann. Die jungen Männer zwischen 17
und 20 Jahren maßen ihre Kräfte lediglich in Laufen,

Ringen und Faustkampf. Frauen durften an den Wettkämpfen nicht teilnehmen. Sie gründeten später unter dem Schutz der Hera ihre eigenen Spiele, die jeweils um zwei Jahre versetzt stattfanden. Auch Barbaren (das heißt nicht griechisch sprechende Sportler/Ausländer) und Unfreie durften an den Spielen nicht teilnehmen. Seit dem Jahr 776 v. Chr. wurde vor Beginn der Spiele in der gesamten griechischen Welt eine Waffenruhe ausgerufen, die den Teilnehmern eine gefahrlose Reise sichern sollte.

394 n. Chr. wurden die Spiele durch Kaiser Theodosius verboten, der letzte überlieferte Olympionike ist der armenische Prinz Varazdates, der 385 im Faustkampf siegte.

Die ersten Ausgrabungen in der Altis (dem heiligen Bezirk) von Olympia, das seit 1989 zum Weltkulturerbe zählt, begannen am 4. Oktober 1875 unter der Leitung von Ernst Curtius (1814–1896). Die Erwartungen waren hoch, geweckt nicht zuletzt durch die Beschreibung des Pausanias, der von den zehn Büchern seiner *Beschreibung Griechenlands* allein zwei Olympia widmete, das er im 2. Jahrhundert n. Chr. besuchte, als das Heiligtum mit all seinen Tempeln und Gebäuden, den Thermen, Sportstätten, Schatzhäusern und vor allem den zahllosen Götter-, Sieger und Ehrenstatuen noch nahezu vollständig erhalten und in Funktion war. Man konnte zwar davon ausgehen, dass bei der Zerstörung des Heiligtums die größten Kostbarkeiten geraubt und fortgeschafft worden waren, andererseits war der Ort jedoch nach einem Brand im Jahre 426 n. Chr. und einem Erdbeben im 6. Jahrhundert, bei dem der Zeus tempel einstürzte, nie mehr überbaut worden, so dass man unter der fünf Meter mächtigen Schwemmsandschicht, die der Alpheios im Laufe der Jahrhunderte dort abgelagert hatte, eine mehr oder weniger unberührte Fundsituation vorzufinden hoffte.

1829 hatte eine erste Grabung durch französische Archäologen in Olympia stattgefunden. Als sich herausstellte, dass sie verschiedene Artefakte (u. a. eine Metope des Zeustempels, die heute im Louvre in Paris aufbewahrt wird) unerlaubt außer Landes gebracht hatten, entzog man ihnen die Grabungserlaubnis.

Die deutsche Grabung in Olympia sollte zu den ersten gehören, bei der man von der reinen Schatzsuche nach spektakulären Funden Abstand nahm, um stattdessen einen antiken Ort in seiner Gesamtheit zu erfassen, wobei man auch naturwissenschaftliche Untersuchungsmethoden mit einbeziehen wollte. Darüber hinaus verzichtete Deutschland ausdrücklich auf die Besitzrechte an den Funden. Diese Übereinkunft war etwas völlig Neues für eine ausländische Grabung in Griechenland. Auch der Bau eines eigenen Museums in Olympia (Eröffnung 1887), in dem die Funde ausgestellt werden sollten, war eine Neuerung, die nur gegen den heftigen Widerstand der Politiker durchgesetzt werden konnte, die für eine Verbringung der Funde nach Athen plädierten, da sie in der Provinz angeblich weder angemessen gewürdigt noch adäquat untergebracht werden konnten.

Die Ausgrabungsergebnisse waren zunächst mager, »die Ausbeute an Skulpturen blieb hinter den Erwartungen zurück«, schrieb Wilhelm Dörpfeld (1853–1940), der örtliche Grabungsleiter. Man hatte hochklassische Kunstwerke im Stil der Parthenonskulpturen von Athen erwartet, und so konnte die strenge Eleganz der Skulpturen des Zeustempels, aber auch der Hermes des Praxiteles, eines der wenigen überlieferten klassischen Marmororiginale, den man zunächst für eine römische Kopie hielt, anfangs keine Begeisterung wecken. Curtius selbst erklärte später, dass er, hätte er um das bescheidene Ergebnis bei der Suche nach großplastischen Bildwerken in Olympia gewusst, die Grabung dort wohl gar nicht begonnen hätte. Die geometrischen Tiervotive wurden in den Grabungsberichten zu Gruppen zusammengefasst

Der Hermes mit dem Dionysosknaben, Marmororiginal des Praxiteles, um 340/30 v. Chr. H. 213 cm, Olympia, Museum. In der verlorenen rechten Hand hielt Hermes eine Weintraube, nach der der kleine Dionysos greift. Noch 1909 erklärte Aristide Maillol, er wirke »wie aus einem Stück Marseiller Seife« geschnitten.

Hengst, letztes Viertel
8. Jh. v. Chr. Bronze,
H. 20 cm. Fund aus dem
Stadion-Südwall von
Olympia

Kopf eines Faustkämp-
fers aus Olympia, um
350 v. Chr. Bronze,
Athen, Nationalmuseum

und als »primitive Vierfüßler der ge-
wöhnlichen Art« abgeurteilt.

Als auch die Finanzierung der Grabung immer schwieriger wurde, stellte
man sie schließlich 1881 unabgeschlos-
sen ein. Zwischen 1906 und 1929 ließ
Wilhelm Dörpfeld, der zu jener Zeit Direktor des Deutschen Archäologischen
Instituts in Athen war, in Olympia noch
einige Stichgrabungen durchführen.
Bis dahin war nur die Altis vollständig
ergraben worden, von den Wettkampfstätten versprach man sich keine aufschlussreichen Funde, weshalb man
dort nur Probegrabungen vorgenommen hatte.

Erst 1936, in dem Jahr, als die Olympischen Spiele
in Berlin stattfanden, nahm man die Grabung im Stadion auf. Für Deutschland war dieses Unternehmen
eher von politisch-symbolischer Bedeutung als von
wissenschaftlichem Interesse. Die Reichsführung hatte
darauf beharrt, das Stadion – als Pendant zur Wettkampfstätte in Berlin – auszugraben, wissenschaftliche
Ergebnisse erwartete man von dieser Kampagne nicht.
Wie sehr man sich im vorangegangenen Jahrhundert,
aber auch noch vor Beginn der neuen Grabung in seiner Einschätzung geirrt hatte, wurde bald klar: Die

Erdwälle des Stadions bargen umfangreiche Depots mit zahllosen Kleinbron-
zen aus geometrischer, archaischer und
klassischer Zeit (etwa 30.000 wurden
insgesamt in Olympia entdeckt), außerdem fanden sich Waffen, Kesselzubehör,
Gerätschaften und getriebene Bronze-
bleche sowie großformatige Terrakotta-
plastiken. All diese Objekte waren als
Weihgeschenke, wenn dem Heiligtum
die Überfüllung drohte, immer wieder
abgeräumt und als Eigentum des Zeus
unter die Erde gebracht worden, wo sie
– anders als die Weihgaben aus späteren

Jahrhunderten, die bei den ersten Plünderungen im Heiligtum noch frei zugänglich
waren – geschützt blieben. Durch diese
Funde trat die Frühzeit der griechischen
Kunst zum ersten Mal in das Blickfeld der
Wissenschaft. Für die geometrischen
Dreifüße und die orientalisierenden Grei-
fenkessel ist Olympia der wichtigste Fundort überhaupt. Nirgendwo lassen sich die
Kontakte nach Vorderasien und die Einflüsse der orientalischen Kunst so deutlich
nachvollziehen wie an diesen Funden.

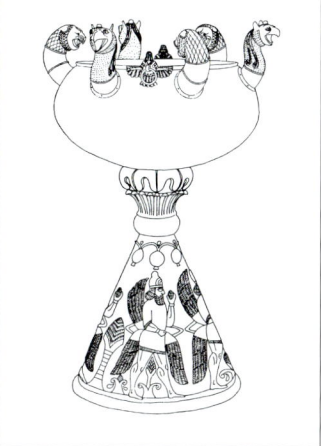

Wie groß die Verluste im Bereich der
bronzenen und steinernen Großplastik
durch nachantike Plünderungen sind, lässt
sich anhand der erhaltenen Inschriften auf den be-
raubten Basen und der Beschreibungen Olympias in
den antiken Quellen nur erahnen. Die Werke aller
großen klassischen Bildhauer – Myron, Pythagoras,
Kalamis, Phidias, Polyklet, Praxiteles und Lysipp –
standen hier, allein der bronzene Kopf eines Faust-
kämpfers blieb erhalten. Alles andere wurde bereits in
der Antike, lange vor dem Verbot der Spiele (394 n.
Chr.) und der Auflassung der Tempel (426 n. Chr.),
zerstört oder geplündert, beispielsweise durch Nero
(69 n. Chr.). Von dem berühmten, fast zwölf Meter
hohen Kultbild des thronenden Zeus, das Phidias um
430 v. Chr. aus Gold und Elfenbein geschaffen hatte
und das zu den Sieben Weltwundern zählte, blieben
nur die Beschreibungen der antiken Schriftsteller sowie Darstellungen auf Münzen erhalten.

Gussformen und Modeln für verschiedene Gewand-
partien des Götterbildes, etwa Falten und gläserne Blü-
tenornamente, fanden sich in der Werkstatt des Phidias in Olympia. Der Eindruck, den dieses Werk auf
den antiken Betrachter machte, muss überwältigend
gewesen sein, und es strömte eine solche Erhabenheit
und Kraft aus, dass man sagte, wer es einmal gesehen
habe, könne in seinem Leben nie mehr ganz unglück-
lich werden.

Rekonstruktion eines
Greifenkessels. Der Ty-
pus des Greifenkessels
mit Untersatz ist orienta-
lisch, wurde jedoch bald
von den griechischen
Künstlern selbst herge-
stellt. Als Weihgeschen-
ke wurden solche über-
aus kostbaren Kessel
von vermögenden Aristo-
kraten, aber auch von
Städten oder Staaten in
das Heiligtum gestiftet.
Über ihre eventuelle
Funktion im Kult weiß
man nichts.

Zeus von Olympia

»Der Gott sitzt auf einem Thron, er ist aus Gold und Elfenbein. Ein Kranz, Ölbaumzweigen nachgebildet, liegt auf seinem Kopf. Auf der rechten Hand trägt er eine Nike, auch sie aus Elfenbein und Gold, mit einer Binde in der Hand und einem Kranz auf dem Kopf. In der linken Hand des Gottes ist ein mit verschiedenen Metallen verziertes Zepter zu sehen. Der auf dem Zepter sitzende Vogel ist ein Adler (der Vogel des Zeus). Auch aus Gold sind die Sandalen des Gottes und ebenso sein Gewand, in welches Figuren und Lilien eingearbeitet sind. Der Thron ist eine kunstreiche Arbeit aus Gold und Steinen, aus Ebenholz und Elfenbein.«
Pausanias V, 11,1f.

Der Zeus von Olympia, Gold-Elfenbein-Kultbild im Zeustempel von Olympia, ursprüngliche H. 12 m. Darstellung auf einer Bronzemünze aus dem Jahr 137 n. Chr., Florenz, Museo Archeologico. Deutlich zu erkennen ist die Nike-Figur auf der rechten Hand des Gottes.

Tönerne Gussformen für ein gläsernes Palmettenornament, Olympia, Phidias-Werkstatt, größtes Stück L. 13 cm

Athen – Die Akropolis

1882 bzw. 1885 begannen die großen Ausgrabungen auf der Akropolis von Athen. Raub und Plünderungen, religiös motivierte Zerstörungen, Umbaumaßnahmen und Neubauten hatten das Gesicht der Burg über die Jahrhunderte seit der Antike radikal verändert: 267 n. Chr. hatten die Heruler Athen erobert, die monumentalen Plastiken der Athena Promachos und der Athena Parthenos wurden wohl im 5. Jahrhundert n. Chr. demontiert und nach Konstantinopel gebracht, bei dessen Plünderung 1204 sie endgültig verloren gingen, Parthenon und Erechtheion baute man zu christlichen Kirchen um. Eine letzte Bestandsaufnahme der Denkmäler und Bauwerke vor der türkisch-osmanischen Eroberung 1457/58 hinterließ der Kaufmann Kyriakos von Ancona, der Athen 1436 und 1447 besuchte, Inschriften kopierte und Skizzen der erhaltenen Gebäude, z. B. des Parthenon, anfertigte (s. S. 100).

Während der osmanisch-türkischen Okkupation Athens (1458–1827) war die Akropolis Sitz der lokalen Verwaltung – die Kirche im Parthenon wurde in eine Moschee umgebaut, das Erechtheion zu einem Harem, die Burg selbst war dicht besiedelt. Größere Schäden richteten dann erst die Explosion des türkischen Pulverlagers im Parthenon (1687), die Demontage der Propyläen und des Niketempels zu Befestigungsanlagen sowie der Abtransport der noch erhaltenen Skulpturen etwa durch den Comte Choiseul-Gouffier 1787 und Lord Elgin 1800 bis 1803 an.

Schon 1834, ein Jahr nach der Übergabe der Akropolis durch die türkische Besatzung, wurde die gesamte

Verwüstung durch Ausgrabung

»Durch Ausgrabungen im Interesse der Forschung geht mehr gelehrte Erkenntnis verloren als durch die Ausplünderung von Gräbern für Sammler und Museen, und trotzdem genießen die nicht publizierenden Ausgräber weiterhin Ansehen wegen ihrer Entdeckungen – ein Ansehen, das eher den antiken Schöpfern der ausgegrabenen Funde gebührt –, statt daß sie als akademisches Verbrechen gebrandmarkt würden.«
Sir John Boardman, englischer Archäologe

Modell der Akropolis von Athen, spätes 5. Jh. v. Chr. Toronto, Royal Ontario Museum

nicht antike Bebauung der Burg abgerissen. Die ersten Ausgrabungen bis 1890/91, ein Prestigeprojekt des jungen griechischen Staates, geleitet von deutschen und griechischen Archäologen, zählen heute »zu den größten Desastern der modernen Feldarchäologie« (Christoph Höcker, in: Der Neue Pauly, s. u. Athen, Sp. 306).

Schon die Zielsetzung der Grabung sollte sich von Anfang an (und bis heute) als absolut destruktiv erweisen, hatte man doch beschlossen, die Akropolis des 5. Jahrhunderts v. Chr., der Zeit des Perikles, zu suchen und zu erforschen. So wurden nicht nur alle Schichten der nachperikleischen Jahrhunderte undokumentiert zerstört, auch die Befunde der archaischen und früherer Perioden wurden – als sich die Schichtenfolgen als immer unübersichtlicher und komplizierter erwiesen und die Situation den Ausgräbern über den Kopf wuchs – kurzerhand abgegraben. Die in den vorangegangenen Jahrzehnten entwickelten Grabungs- und Dokumentationstechniken wurden ignoriert, man grub sich nach Schatzsuchermanier bis auf den gewachsenen Felsen vor, und nachdem der hinderliche Aushub mehrfach verlagert worden war, schüttete man ihn mit dem übrigen »Erdreich« von der Akropolis den

Parthenon, Akropolis

Hang hinab, so dass es keine Stratigraphie der Akropo-
lis-Grabungen gibt, obwohl man zu jener Zeit durchaus um deren Bedeutung wusste und sie auch hätte erkennen können. Deshalb ist bis heute sowohl die Stratigraphie des so genannten »Perserschutts« umstritten
als auch die Anzahl und Datierung der verschiedenen
Bauphasen einzelner Gebäude, z. B. des Parthenons.
Beim »Perserschutt« handelt es sich um archaische
Skulpturen und Architekturelemente, die nach der Verwüstung der Akropolis durch die Perser 480 v. Chr.
zurückblieben. In diesem »Abraum«, der später als
Hinterfüllung für eine Erweiterung der Burgmauer
diente, fanden sich die Überreste von mindestens neun
Tempeln und zahlreiche archaische Marmorstatuen,
die – weil sie Eigentum der Göttin waren – selbst nach
der Zerstörung nicht entfernt werden durften, sondern
im Besitz Athenas auf der Akropolis verblieben.

Die Plünderung Athens durch die Perser
»Die Perser aber, die hinaufgestiegen waren, wandten sich zuerst zum Tor und öffneten es; danach erschlugen sie die
Schützlinge im Tempel. Nachdem sie alle getötet hatten, plünderten sie das Heiligtum und zerstörten die ganze Akropolis
durch Feuer.«
Herodot (geb. um 480 v. Chr.), *Historien* 8.53

Sandalenbindende Nike von der Balustrade des Nike-Tempels am Aufgang zur Akropolis, um 420 v. Chr. Marmor, H. 105 cm, Athen, Akropolis-Museum

In den 1970er Jahren hat J. Bundgaart versucht, mit Hilfe der erhaltenen Grabungstagebücher und Fotos das Chaos um die frühen Ausgrabungen zu lichten, allerdings musste auch er bei vielen der offen gebliebenen Fragen kapitulieren.

Ein weiteres Problem – auf das man erst in den letzten Jahrzehnten aufmerksam wurde – stellen die Restaurierungen von Propyläen, Niketempel und Parthenon dar, bei deren Wiederaufbau nicht wissenschaftliche Genauigkeit, sondern die Rekonstruktion einer idealisierten, so jedoch niemals existenten Klassik des 5. Jahrhunderts v. Chr. das Ziel war. »Unklassische« Bauglieder wurden bei diesen »Säuberungsaktionen« undokumentiert entfernt und zum Abraum gegeben. Bereits um die Mitte des 19. Jahrhunderts hatte man den Niketempel (1835/36, 1843/44) und das Erechtheion (1844) aus im Schutt geborgenen und in der Befestigungsmauer verbauten Architekturteilen rekonstruiert (Anastylosis).

1898–1902 und 1922–1933 wurde die 1687 gesprengte Peristasis (äußerer Säulenring) des Parthenons wieder aufgerichtet und ergänzt. 1935–1939 hat man den Niketempel noch einmal vollständig auseinander genommen und neu zusammengesetzt. Als bautechnisch problematisch erwies sich hierbei u. a. die Verwendung von Eisenklammern, die korrodierten, den Stein zum Bersten brachten und so neue Schäden anrichteten. Darüber hinaus wurden fehlende Teile nicht, wie dies heute üblich ist, gekennzeichnet (etwa durch eine farbliche Differenzierung oder durch ihr optisch auffälliges Neu- und Unberührtsein), sondern man versuchte, fast im Geist des 19. Jahrhunderts, eine »schöne«, stimmungsvolle Ruine zu schaffen, bei der die Ergänzungen durch eine bewusste Beschädigung des Steins nicht mehr von der originalen Bausubstanz zu unterscheiden sind.

Die intensiv diskutierten Restaurierungsmaßnahmen der 80er und 90er Jahre des 20. Jahrhunderts waren einerseits technisch bedingt, folgten jedoch weitgehend der klassizistischen Tradition: Man wollte mit

Hilfe eines ästhetisch überzeugenden Denkmals eine ideale Klassik wieder beleben.

So bleibt die Akropolis, die bereits in der Antike den Hintergrund für herrscherliche Selbstdarstellung und die Machtlegitimation bildete (z. B. die Weihung der persischen Waffen nach der Schlacht am Granikos 334 v. Chr. durch Alexander den Großen, der damit auf den Sieg Athens in den Perserkriegen 480/79 v. Chr. anspielte und sich in die Tradition der »Freiheitskämpfer« stellte, oder die Errichtung des Tempels für Roma und Augustus vor dem Parthenon), die seit der römischen Kaiserzeit zum immer wieder zitierten künstlerischen Vorbild wurde (u. a. wurden die Koren des Erechtheions für das Augustusforum in Rom und die Villa Hadriana bei Tivoli kopiert, s. S. 38, 39), die verklärtes Reiseziel, klassizistisches Architekturideal und Inhalt von romantischen Gemälden, Dichtungen und Musikstücken war und die für den griechischen Staat eines der wichtigsten nationalen Symbole darstellt, eine Art mythisch idealisierte Traumkulisse, aus der jeder Betrachter das herausliest oder hinein interpretiert, was er gern sehen möchte, während der reale Gehalt und die tatsächliche Geschichte der Bauwerke längst zur störenden Nebensache geworden sind.

Leo von Klenze, *Ideale Ansicht der Stadt Athen mit der Akropolis und dem Areopag* (Platz für die Volksversammlung), 1846. Öl auf Leinwand, 102,8 x 147,7 cm. München, Bayerische Staatsgemäldesammlungen, Neue Pinakothek

Der 431 v. Chr. vollendete Parthenon auf der Akropolis von Athen gehört wohl zu den bekanntesten antiken Tempeln Europas. Er war der Stadtgöttin Athena geweiht, in seinem Inneren stand das von Phidias geschaffene Gold-Elfenbein-Kultbild der Stadtgöttin. Der Bildhauer war auch für den Skulpturenschmuck an der Außenseite des Bauwerkes verantwortlich. Pausanias überliefert die Themen der Giebelkompositionen und eine Beschreibung des Kultbildes (Pausanias I 24,5–7). Insgesamt 92 Metopen umgaben das Bauwerk oberhalb der Säulen, der durchlaufende, die Cella (den Kultraum) umspannende Fries zeigte die Prozession der Athener bei den Panathenäen, dem großen Fest zum Geburtstag der Stadtgöttin.

Die so genannte Pariser Platte vom Parthenon-Fries, um 445/38 v. Chr. Frauen im Panathenäenzug, Marmor, Paris, Musée du Louvre. Ende der 80er Jahre des 18. Jhs. gefunden und vom französischen Botschafter, dem Herzog Choiseul-Gouffier, erworben, gelangte die Friesplatte später in den Louvre.

Im Jahre 1799 wurde Lord Elgin (Thomas Bruce, 1766–1841) zum britischen Botschafter in Konstantinopel ernannt, kurze Zeit später besuchte er Athen, zunächst, um Zeichnungen und Abgüsse der Skulpturen anzufertigen. Der beklagenswerte Zustand der Skulpturen ließ ihn sehr bald seine Pläne ändern, und es gelang ihm, den Türken (Griechenland gehörte zu jener Zeit zum Osmanischen Reich), deren Interesse an diesen Denkmälern sehr gering war, u. a. fast die Hälfte des Frieses (56 Platten), 15 Metopen und 17 Giebelskulpturen sowie eine Säule und eine Karyatide vom Erechtheion abzukaufen (erst mit der griechischen Unabhängigkeit vom Osmanischen Reich 1827 konnte der Export von Antiken in diesem Umfang verboten werden). Zahlreiche Platten waren bereits herabgefallen und von Erde bedeckt, sie wurden erst später wieder ausgegraben und befinden sich heute im Akropolis-Museum. Am Tempel verbliebene Platten des Nordfrieses zeigen bei einem Vergleich mit den von Lord Elgin angefertigten Abgüssen, wie sehr die Skulpturen seit jener Zeit gelitten haben.

Die Verschiffung der von Lord Elgin erworbenen Skulpturen nach London sollte sich als schwierig erweisen. Sie begann Ende des Jahres 1801, aber aufgrund des komplizierten Transportweges über Alexandria und Malta kam ein Teil erst 1804 in England an. 40 Kisten befanden sich 1807 bei Ausbruch des Krieges zwischen England und der Türkei immer noch in Athen, sie erreichten London schließlich 1811. 1815 gelang es Lord Elgin, der die Skulpturen ursprünglich in seinem Haus in Schottland, Broomhall, anbringen

Die Elgin Marbles

Die so genannten Elgin Marbles. Skulpturen aus dem Ostgiebel des Parthenon. Leto, Dione, Aphrodite, um 440/32 v. Chr. Marmor, H. 148 cm, London, British Museum

Der rapide Verfall der im Freien verbliebenen Skulpturen, das in Griechenland wie in allen Mittelmeerländern grassierende Raubgräberunwesen und der blühende Antikenschmuggel wollte, aber in finanzielle Schwierigkeiten geraten war, die Reliefs und Plastiken für 35.000 Pfund an den britischen Staat zu verkaufen – er hatte mit mehr als dem doppelten Erlös gerechnet. Seit 1831 sind die *Elgin Marbles* im British Museum in London in einer eigenen Galerie ausgestellt.

Seit den 80er Jahren des 20. Jahrhunderts fordert die griechische Regierung zunehmend nachdrücklich, dass die Elgin Marbles an Griechenland zurückgegeben werden sollen. Das Argument der Gegner einer Rückführung, in Athen sei keine entsprechend sichere und denkmalpflegerisch unbedenkliche Unterbringung gewährleistet, sollte mit dem Bau eines neuen, größeren, 40 Millionen Euro teuren Akropolis-Museums am Fuß des Burgberges hinfällig gemacht werden (seine Errichtung war bis zum Sommer 2004 nicht über die Fundamentierung hinausgekommen, eigentlich sollte es zu den Olympischen Spielen in Athen 2004 eröffnet werden).

bringen die bei den Gegnern einer solchen Aktion bestehenden Zweifel am Sinn einer solchen Rückführungsaktion jedoch nicht zum Schweigen. Nicht nur würde das British Museum durch eine Rückgabe einen Präzendenzfall schaffen, dessen Folgen (nicht nur für England) überhaupt nicht abzusehen wären und der eine Lawine berechtigter oder dubioser Rückforderungen ins Rollen bringen könnte. Man argumentiert von englischer Seite auch, dass ihr Erwerb legal war und dass die komplizierte »Biographie« der Skulpturen wie ihr Ursprung untrennbar zu ihrer Geschichte gehöre und somit keinen Grund für eine Rückgabe darstelle.

In jüngster Zeit versucht man nun von griechischer Seite, die Briten dazu zu überreden, die Elgin Marbles als »Leihgabe« an das geplante neue Museum zu überführen, das man dann zur Zweigstelle des British Museum deklarieren könnte – eine positive Antwort aus London blieb bisher aus.

Der Wiederaufbau Athens

»Auf diese Art befestigten die Athener ihre Stadt in kurzer Zeit, man sieht es dem Mauerwerk noch heute an, daß es in Eile entstand. Denn die Steine des Unterbaus sind bunt zusammengewürfelt, stellenweise nicht einmal passend zugehauen, sondern wie jeder gerade gebracht wurde, und viele Stelen von Gräbern und bearbeitete Blöcke wurden eingefügt.«

Thukydides, *Geschichte des Peloponnesischen Krieges*, 1,931–2

Athen – Der Kouros vom Heiligen Tor

Ein weiteres wichtiges Ausgrabungsareal in Athen ist der so genannte Kerameikos, das Viertel der Töpfer im Nordwesten der antiken Stadt. Dort lagen außerhalb der Mauern vor dem Heiligen- und dem Dipylon-Tor entlang der Straßen, die von hier aus zur Akademie, nach Piräus, dem Hafen Athens, und nach Eleusis führten, die vornehmsten Gräber der Stadt.

Die ersten Bestattungen wurden hier bereits im späten 3. Jahrtausend v. Chr. angelegt. Bei der Einnahme Athens durch die Perser 479 v. Chr. wurde auch der Kerameikos verwüstet, die zerstörten Grabstelen,

Der Kouros vom Heiligen Tor, um 620/600 v. Chr. Marmor, H. 145 cm

-bauten und -statuen wurden 478 v. Chr. bei der Errichtung der neuen (Themistokleischen) Stadtmauer zur Befestigung von Straßen- und Gebäudefundamenten wieder verwandt und verbaut. Pausanias beschrieb viele der klassischen Grabmäler, bisher konnte jedoch nur das der 403 v. Chr. in Piräus gefallenen Spartaner und einige Privatgräber identifiziert werden.

Bei Sondierungsgrabungen des Deutschen Archäologischen Instituts, Abteilung Athen, kamen – für alle Beteiligten überraschend – im Frühjahr 2002 am heiligen Tor im Kerameikos von Athen mehrere sehr gut erhaltene Skulpturen, unter ihnen ein überlebensgroßer (ehemalige Höhe ca. 2,10 m), möglicherweise ursprünglich zu einem Grab gehöriger Kouros, zutage. Wie außergewöhnlich dieser Fund war und welch großes Aufsehen er erregte, mag man daran ablesen, dass am letzten Tag der Grabung im griechischen Kulturministerium in Anwesenheit des Ministers und des deutschen Botschafters eine Pressekonferenz abgehalten und die Skulpturen der Öffentlichkeit vorgestellt wurden.

Grabung vor dem Heiligen Tor und der ehemalige Lauf des Eridanos (mit Gras zugewachsener Streifen quer durch das Bild). Die Mauer im Hintergrund rechts zeigt den Unterschied zwischen antikem und modernem Bodenniveau.

Durch stilistische Vergleiche mit zwei weiteren Jünglingsstatuen, dem so genannten New Yorker Kouros (Höhe 1,92 m) und dem bereits 1916 ganz in der Nähe, in der Innenfüllung des Nordtores des Dipylon gefundenen Dipylon-Kopfes (ehemalige Höhe der Statue wohl 2,28 m) kam man zu einer Datierung des Kouros vom Heiligen Tor um 620/600 v. Chr.

Die Herkunft des New Yorker Kouros ist unsicher, er wurde 1932 vom Metropolitan Museum in New York aus dem Kunsthandel erworben, angeblich stammte er aus einer Raubgrabung in einer Nekropole bei Anavyssos im Süden Attikas. Es ist jedoch durchaus möglich, dass alle drei Statuen vom selben Künstler geschaffen wurden oder zumindest in der gleichen Werkstatt entstanden.

Das ergrabene Areal des Kerameikos, das nur einen kleinen Teil des antiken athenischen Stadtviertels umfasst, liegt heute bis zu 10 Metern unter dem modernen Straßenniveau. Um die antiken Reliefs vor den immer gravierender werdenden Umweltbelastungen zu schützen, leitete Dieter Ohly (Grabungsleiter im Kerameikos 1956–1961) ein Restaurierungsprogramm ein, bei dem die Originale nach und nach ins Museum verbracht und durch Zementabgüsse ersetzt wurden, ein Projekt, das bis heute fortgesetzt wird.

Das Apollon-Heiligtum von Delphi

Delphi

Auch in Delphi, wo die Ausgrabungen 1892 nach der kompletten Verlegung des Dorfes Kastro begannen, arbeitete man zunächst ohne stratigraphische Dokumentation. Der erste Grabungsleiter (1893–1903), Theophile Homolle, war im Auftrag der École Française d'Athènes tätig und gab auch die Grabungsberichte heraus (*Fouilles des Delphes*, 4 Bde., Paris 1902–1933). 1903 bis 1906 wurde dort auf Initiative der Stadt Athen das zerstörte Athener-Schatzhaus – wahrscheinlich 507 v. Chr. nach dem Sturz der Tyrannis als Ersatz für ein älteres Gebäude gestiftet – wieder aufgebaut, 1938 bis 1941 richtete man einige der Säulen des Apollon-Tempels wieder auf, ebenfalls 1938 die drei Säulen der Tholos (Rundtempel) im Heiligtum der Athena Pronaia.

Kreta

1878 konnte die Lage des antiken Knossos identifiziert werden. 13 Jahre später begann die Französische Archäologische Schule in Athen dort mit Ausgrabungen, deren Ergebnisse jedoch enttäuschend blieben. Im Jahr 1893 nahm Arthur Evans (1851–1941) dort erste Untersuchungen vor, ab 1900 grub er den Großen Palast, den Kleinen Palast und die Königliche Villa aus, später die Königsgräber von Isopata und das Gräberfeld von Zafer-Papura. Italienische Ausgrabungen brachten den Palast von Phaistos ans Licht.

Der von Evans ausgegrabene jüngere Palast, der ein Areal von 1,7 Hektar bedeckte und mehrstöckig angelegt war, gehört wohl zu den bekanntesten minoischen Denkmälern auf Kreta. Er umfasste Wohnräume, Höfe, Archive (in denen etwa 3000 Tontafeln gefunden wurden), Magazine, Werkstätten, Privatgemächer des Königs und der Königin, den Thronsaal, Heiligtümer, Bäder und Toiletten, miteinander verbunden durch Treppenhäuser, Korridore und Raumfluchten. Die Benennung der einzelnen Räume und Bereiche konnte nur sehr selten durch Funde gesichert werden, sie beruht meist allein auf Evans' Vorschlägen und wird heute einer einheitlichen Bezeichnung zuliebe beibehalten.

Auf Evans' Entwürfe geht auch die – seit ihrer Entstehung 1922 sehr umstrittene – Rekonstruktion der Anlage zurück. Hierfür wurde teilweise gravierend in die noch erhaltene Bausubstanz eingegriffen, so dass Korrekturen aufgrund von Nachuntersuchungen oder neuen Forschungsergebnissen praktisch unmöglich wurden. Die ausgegrabenen brüchigen Lehmwände waren nicht zu stabilisieren und wurden durch Mauern aus Stahlbeton, die ehemals hölzernen Konstruktionselemente (z. B. Säulen) durch Betonstützen und -balken ersetzt und holzfarben angestrichen. Insgesamt versucht die Rekonstruktion, einen »ruinösen« Eindruck zu vermitteln, die Gesamtanlage eines mehrstöckigen Palastes mit Höfen, Treppenhäusern, Lichtschächten und Raumfluchten erschließt sich aufgrund der Evansschen »Architekturproben« auch dem archäologisch vorgebildeten Besucher nicht. Die Rekonstruktion der Wandmalereien aufgrund von teilweise winzigen, unzusammenhängenden Fragmenten ist heute ebenfalls in vielen Fällen fragwürdig

Umstrittene Rekonstruktionen im Palast von Knossos

Knossos und seine Rekonstruktion

»Als erstes wird klar: der gute Geschmack war bei diesem Wiederherstellungswerk nicht zu Gaste geladen. Das Material des Neuen ist der Beton. Zu seinem Ruhm kann man nur sagen, daß er wenigstens niemals verleugnet, zu sein, was er ist. Überall sieht man den Abdruck der Holzschalung, die dem ehemals feuchten Gemisch die befohlene Form gab. In Königsgemächern sind Wände und Decken zum einen Teil ehrwürdig und alt, zum anderen Beton. Man möchte aber gern wissen, ob man sich in den Gemächern einer Prinzessin befinden soll oder in einem neuzeitlichen Bunker. Dazu kommen die Farben. So wie sie da stehen, eindeutig brutal, wird eins zur Gewißheit: so kann es niemals gewesen sein und so war es auch nicht. Und wenn es dieselbe Farbe wäre, von der man wohl Spuren und Reste fand: es kann ja nicht angestrichener Zement die Stelle von Alabaster vertreten, den Künstler einst färbten. Welch unheilvolle Verwirrung ...«

Erhart Kästner (1904–1974), Schriftsteller, in: *Kreta. Aufzeichnungen aus dem Jahre 1943*

und überholt, aber nicht mehr zu verändern – teilweise wurden die Fresken nicht an ihrem Fundort rekonstruiert, sondern dort, wo sie am dekorativsten zur Wirkung kamen.

Ein besonderes Problem war die Datierung der Fundstücke aus der Grabung von Knossos, für deren zeitliche Einordnung es bislang kein Raster gegeben hatte. Evans konnte jedoch anhand von ägyptischer, mit Inschriften versehener Keramik, die mit kretischen (minoischen) Funden vergesellschaftet war, eine Chronologie aufstellen, die bis heute – abgesehen von kleineren Modifikationen, die vor allem die Übergänge von einer Periode zur nächsten betreffen – ihre Gültigkeit behielt.

Evans teilte die Funde mit Hilfe der Stratigraphie in vier Perioden, wobei die Bezeichnung »minoisch« eine Erfindung des Ausgräbers ist, abgeleitet von dem mythischen kretischen König Minos (im Gegensatz zur »mykenischen« Kultur, unter der man die Bronzezeit auf dem griechischen Festland zusammenfasst): Neolithikum (5000–3000 v. Chr), Frühminoisch (3400–2100), Mittelminoisch (2100–1580) und Spätminoisch (1580–1200). Jede der letzten drei Phasen war in sich noch einmal in drei Zeitstufen unterteilt. Ab dem 15.

Jahrhundert v. Chr. geriet die Insel unter den Einfluss des immer mächtiger werdenden Mykene, um 1200 gehen aber auch dort die Paläste unter – vielleicht im Ansturm der so genannten »Seevölker«, möglicherweise aber auch durch Naturkatastrophen oder eine Kombination verschiedener äußerer und innerer Faktoren.

Evans' Klassifikation findet vor allem in der Keramikforschung Verwendung, die kulturellen Perioden benennt man nach »Palastzeiten«: Vorpalastzeit (2600–2000 v. Chr.), Altpalastzeit (2000–1700), Neupalastzeit (1700–1400) und Nachpalastzeit (1400–1100).

Sir Arthur Evans vor dem Nordeingang des Palastes von Knossos, Kreta

Sir Arthur Evans (1851–1941)

Evans (»ein kleiner, ganz unglaublich kurzsichtiger Mann, der stets einen dicken Spazierstock trug, um den Weg zu ertasten«, C.W. Ceram) kam 1893, begeistert von Heinrich Schliemanns Entdeckungen in Troja und Mykene, nach Kreta. Er kaufte mit seinem ererbten Vermögen das Areal des antiken Knossos, wo bereits einige erfolglose Sondierungsgrabungen vorgenommen worden waren (Heinrich Schliemann hatte das Gebiet von Knossos ebenfalls zu erwerben versucht, war jedoch an den zu hohen Geldforderungen der türkischen Besitzer gescheitert). 1900 begannen dort die von Evans finanzierten Ausgrabungen. Mit bis zu 200 Arbeitern gleichzeitig deckte er bis 1903 einen Großteil der Palastanlage auf; bis 1931 – unterbrochen nur durch den Ersten Weltkrieg – dauerten die Grabungsarbeiten insgesamt an, bei denen Evans nach und nach auch die Umgebung des Palastes untersuchte. Die wissenschaftliche Erforschung von Knossos sollte ihn noch bis zu seinem Tod 1941 beschäftigen. Evans' mit fast fanatischem Eifer zusammengetragene Ergebnisse und Interpretationen der kretischen Grabungen wurden in seinem vierbändigen Werk *The Palace of Minos* publiziert (London 1921–1936). Mögen seine Restaurierungen und Rekonstruktionen in Knossos heute auch umstritten sein, seine Forschungen zur minoischen Chronologie brachten ihm große und andauernde wissenschaftliche Anerkennung. Ein besonderes Verdienst von Evans war darüber hinaus, dass er die kretisch-mykenische Kultur, die von der Archäologie bis dahin praktisch ignoriert und als eine Art vorhistorische Mythenkunde behandelt worden war, in den Mittelpunkt des Interesses rückte. Bedauerlicherweise droht dieser Forschungsrichtung heute erneut ein ähnliches Schicksal wie zur Zeit vor Evans.

Linear-A-Tafel aus Hagia Triada, Kreta, Ton, 15. Jh. v. Chr./Linear-B-Tafel aus Pylos, Messenien (Griechenland), Ton, 13. Jh. v. Chr.

Tontäfelchen mit der kretischen Linear-B-Schrift, einer Art frühem griechischem Dialekt, fanden sich sowohl in Knossos und anderen kretischen Zentren als auch auf dem griechischen Festland (Pylos, Mykene, Tyrins, Orchomenos, Theben und Eleusis). Diese Schrift, die die (bis heute nicht entzifferte) Linear-A-Schrift ablöste, wurde nur für die Verwaltung benutzt, das heißt vor allem zum Zählen und Ordnen von Lagerbeständen und Vorräten. Michael Ventris (1922–1956) und John Chadwick (1920–1998) gelang es 1952/53, sie zu entziffern, nachdem Arthur Evans mehrfach an einem solchen Versuch gescheitert war.

Das späte 19. Jahrhundert

Gegen Ende des 19. Jahrhunderts, das man sicherlich als die Epoche der großen Ausgrabungen bezeichnen kann, wandelte sich dann auch langsam die Einstellung zum Inhalt des Faches. Sah noch Adolf Furtwängler (1853–1907) die Archäologie als »nichts anderes als antike Kunstgeschichte« und somit als »Teil der gesamten Kunsthistorie«, und warf man unverzierte Keramik weiterhin meist als uninteressant fort, ohne sie

Zur Aufgabe der Altertumswissenschaften
»Um ein allseitiges Verständnis der hellenischen Kultur zu erzielen, genügt es nicht, sie in ihren höchsten Spitzen wissenschaftlicher Erkenntnis oder künstlerischer Leistung zu erforschen; auch das praktische Leben der Hellenen, ihr Verhältnis zu den natürlichen Dingen, Landeskultur, Industrie und Handel dürfen von der Altertumswissenschaft nicht ausgeschlossen bleiben.«
Ernst Ludwig Curtius, in: *Heres, Forschungen und Berichte* 16, 1974, 144

zu dokumentieren, so setzte sich doch schrittweise die Erkenntnis durch, dass das Fach mehr als Statuen, Architektur und prachtvolle Vasen beinhaltet.

Auch das antike Handwerk, Kleinkunst und Äußerungen des Alltagslebens gewannen – zumindest bei einem Teil der Forscher – nun an Interesse: Küchengeschirr, Werkzeuge, Haushaltsgerät und Abfallgruben.

Nach und nach wuchs auch – vermittelt durch die Ur- und Frühgeschichte – das Bedürfnis nach einer Zusammenarbeit mit den naturwissenschaftlichen Disziplinen, Pflanzenreste sowie Menschen- und Tierknochen wurden untersucht, die Ergebnisse trugen zu einer breiteren Erkenntnisbasis bei.

In England trieb Lord Pitt Rivers (Augustus Henry Lane-Fox, 1827–1900) seit den 80er Jahren des 19. Jahrhunderts die Entwicklung einer modernen, bis heute gültigen Grabungstechnik und -dokumentation voran.

Ab 1893 erschien das nach seiner Fertigstellung im Jahre 2000 100.000 Stichwörter und mehr als 50 Bände umfassende Lexikonwerk *Paulys Realencyclopä-*

Abfallgrube einer Bandkeramischen Siedlung in Bad Nauheim-Nieder-Mörlen, »Auf dem Hempler«, 6./5. Jtsd. v. Chr.

Rom, Trajanssäule, 110–113 n. Chr., Marmor, H. 39,81 m, Fries ca. 200 m lang. Möglicherweise handelt es sich bei dem Fries um die Illustrationen zu Trajans *Commentarii*, einem heute verlorenen Prosabericht über die beiden Dakerkriege, die der Kaiser führte. Inspiriert waren diese Beschreibungen von ähnlichen Werken Cäsars. Ursprünglich befand sich im Sockel das Grab des Kaisers, der dort in einer goldenen Urne beigesetzt war. Das Bestattungsverbot innerhalb des Pomeriums (religiöse Stadtgrenze) war in diesem Falle aufgehoben, weil Trajan einen Triumph gefeiert hatte. Oben auf der Säule steht heute eine Petrus-Statue.

die der classischen Altertumswissenschaften, an dem mehr als 100 Autoren beteiligt waren. Dies war ein erster ehrgeiziger Versuch, das bis dahin gesammelte Wissen zu systematisieren.

Die erste Hälfte des 20. Jahrhunderts

1913 erschien der erste Band des neuen *Handbuchs der Archäologie*, und die veränderte Definition der Disziplin wird auch im Vorwort des Herausgebers Heinrich Bulle (1867–1945) deutlich. Er sah Archäologie »nicht nur als Kunstgeschichte, sondern als Denkmälerkunde im weitesten Sinne«. Auf das Wort »klassisch« hatte er im Titel der Reihe bewusst verzichtet.

Als vorbildlich für diese Zeit gelten die 1922 von schwedischen Archäologen begonnenen Ausgrabungen in Asine (Argolis). Sie waren wegweisend und ihrer Zeit weit voraus: Der gesamte Aushub der Grabungen wurde gesiebt, um auch nicht den kleinsten Fund unbeabsichtigt zu verlieren, man achtete auf eine sorgfältige Dokumentation, wodurch die Grabungsunterlagen bis heute als Ausgangspunkt für weitere Forschungen benutzt werden können, und ausnahmslos alle Funde wurden aufbewahrt.

Auch die Kunst der römischen Kaiserzeit wurde nun zum ersten Mal als eigenständig, beachtenswert und bedeutend wahrgenommen, eine Entwicklung, die durch die um die Jahrhundertwende geschriebenen, aber erst in den 1920er Jahren intensiv rezipierten Schriften von Franz Wickhoff (Vorwort zur *Wiener Genesis*, Wien 1895), Alois Riegl (*Die spätrömische Kunstindustrie*, Wien 1901) und Heinrich Wölfflin (*Kunstgeschichtliche Grundbegriffe*, 1915) befördert wurde. Die Winckelmannsche Theorie von Aufstieg und Niedergang der Kunst wurde hier durch das Modell eines überindividuellen, für eine Zeit typischen »Kunstwollens« ersetzt. Das Streben nach dem Ideal der »Naturnähe« war hier nicht mehr das zentrale Bewertungskriterium.

Im Anschluss an Riegl wurde ab den 1920er Jahren die so genannte »Strukturforschung« zu einer zentra-

Rom, Trajanssäule, Detail aus den Daker-Kriegen: zwei dakische Gesandtschaften vor Trajan. Das Bildprogramm der Säule war gleichzeitig politische Propaganda für das römische Heer und den Kaiser. Insgesamt 60-mal erscheint er auf den ursprünglich farbigen Reliefs, die man von den ehemals intakten Gebäuden des Trajans-Forums sehr viel besser als heute betrachten konnte. Die Darstellung historischer Ereignisse in dieser Form ist eine Neuerfindung der römischen Kunst.

len Methode der archäologischen Denkmälerbetrachtung. Hier ging es weniger um einzelne Künstler und ihr Œuvre, sondern um übergreifende, den Kunstwerken einer Epoche gemeinsame Merkmale. Tradition, landschaftliche Besonderheiten und die speziellen Charakteristika gesellschaftlicher Gruppen prägen den jeweiligen Stil. Hier löste sich auch die bis dahin vorrangige Fixierung auf die klassische griechische Kunst – man begann, auch die archaischen und nachklassischen Werke zu schätzen.

Neben der theoretischen Auseinandersetzung mit Stil und Struktur waren jedoch auch – zumindest bis zum Beginn des Zweiten Weltkrieges – noch einige spektakuläre Grabungserfolge zu verzeichnen.

Die Hethiter

Das Volk der Hethiter war nach dem Untergang seines Reiches in Vergessenheit geraten, und abgesehen von einigen Randbemerkungen in der Bibel und einer Erwähnung Herodots, der das Relief von Karabel bei Izmir beschrieb, war es bis in die Neuzeit praktisch unbekannt. Zwar hatten verschiedene Orientreisende im 18. und 19. Jahrhundert hethitische Monumente entdeckt, gezeichnet und vermessen, sie wussten diese jedoch in keinen der bekannten kulturhistorischen Kontexte einzuordnen. Herodot hatte das Relief von Karabel für eine Darstellung des ägyptischen Pharaos Sesostris III. (1878–1843 v. Chr.) gehalten, was der

Das Relief von Karabel

»In Ionien (heute Westtürkei) gibt es auch zwei Darstellungen dieses Mannes, in Felsen eingemeißelt: eine auf dem Weg von Ephesos nach Phokaia (!), die andere auf der Straße von Sardes nach Syrna. An beiden Stellen sieht man das Bild eines Mannes in der Größe von 4 ¹/₂ Spannen. In der rechten Hand hält er eine Lanze, in der linken Bogen; dem entspricht die übrige Ausrüstung; sie ist ägyptisch und aithiopisch. Von der einen Schulter zur anderen sind über die Brust heilige ägyptische Schriftzeichen eingemeißelt, die besagen: ›Dieses Land habe ich mit meinen Schultern unterworfen.‹ Wer er ist und woher er kommt, nennt er hier nicht; aber an anderen Orten hat er es getan. Manche, die diese Bilder gesehen haben, meinen, sie stellten Memnon dar; das entspricht aber keinesfalls der Wahrheit.«

Herodot, *Historien* II,106

deutsche Ägyptologe Richard Lepsius (1810–1884) bestätigte, nachdem das Relief 1839 von dem französischen Architekten Charles Texier (1802–1871) wiederentdeckt und als Zeichnung veröffentlicht worden war.

Texier war es auch, der 1834 bei dem Dorf Bogazköy die (erst sehr viel später als solche identifizierten) Überreste der hethitischen Hauptstadt Hattuscha untersuchte, doch weder ihm noch den Altertumswissen-

Der König Tarkasnawa von Mira, Felsrelief von Karabel und Zeichnung von Charles Texier 1839

schaftlern gelang zunächst eine korrekte Identifizierung des Ortes. Der französische Wissenschaftler Georges Perrot vermutete allerdings bereits 1887, dass es sich bei den imposanten Ruinen von Bogazköy um die Überreste der hethischen Hauptstadt handeln müsse.

1893 und 1894 unternahm Ernest Chantre (1843–1924) im Auftrag des französischen Kulturministeriums erste Grabungen in Bogazköy, wo er unter anderem Keilschrifttafeln fand, die nicht in babylonischer oder assyrischer Sprache beschriftet waren (beide konnte man damals bereits lesen). Die Texte auf den Tafeln ähnelten den (ebenfalls nicht lesbaren) so genannten Arzawa-Briefen, die man kurz zuvor im Tontafelarchiv des ägyptischen Amarna, der Hauptstadt des »Ketzerkönigs« Echnaton (reg. um 1364–1348 v. Chr.), entdeckt hatte. Einen der Briefe aus Amarna hatte der ägyptischen Pharao an den König von Arzawa gerichtet, und da in Bogazköy und Amarna Texte in der gleichen Sprache gefunden worden waren, konnte man nun mit größerer Sicherheit vermuten, dass es sich bei den Ruinen von Bogazköy um die Hauptstadt des Königreiches Arzawa handelte, von dem man wusste, dass es in Anatolien gelegen hatte. Letzte Gewissheit konnten jedoch nur weitere Grabungen bringen.

Die erste größere Ausgrabung in Bogazköy begann 1906 mit der Kampagne des deutschen Assyrologen Karl Winckler (1863–1913) in Zusammenarbeit mit Theodor Makrid Bey (1872–1940), dem Konservator des archäologischen Museums von Istanbul. Während Makridi die Feldarbeit leitete, kümmerte sich Winckler um die Übersetzung und Auswertung der gefundenen Tontafeln. Es fand sich weitere Staatskorrespondenz in akkadischer Sprache, Vertragsentwürfe und Briefe zwischen dem ägyptischen Pharao Ramses II. und dem hethitischen Großkönig Hattusili III. Nun wurde klar, dass es sich bei den Ruinen von Bogazköy tatsächlich um eine ehemalige Hauptstadt handelte, jedoch nicht um die von Arzawa, sondern um die des Hethiterreiches.

Aufgrund dieser sensationellen Entdeckung wurde im folgenden Jahr von der Deutschen Orient-Gesell-

Das Löwentor von Hattuscha während der Ausgrabung

schaft eine weitere Kampagne finanziert, ein zweites Team arbeitete am gleichen Ort im Auftrag des Archäologischen Institutes des Deutschen Reiches unter der Leitung von Otto Puchstein (1856–1911). Neben den Ausgrabungen fand auch eine umfassende Vermessung und fotografische Dokumentation der Ruinen statt, außerdem erstellte man einen exakten Geländeplan. Mit dem Ausbruch des Ersten Weltkrieges 1914 wurden die Ausgrabungen in Hattuscha eingestellt, und man widmete sich nun vorrangig der Entzifferung der hethitischen Schrift, was im Laufe der 1920er Jahre auch weitgehend gelang.

1931 wurden die Grabungen in Hattuscha, das seit 1986 zum Weltkulturerbe zählt, unter der Leitung des damals erst 24 Jahre alten Kurt Bittel (1907–1991) wieder aufgenommen. Mit Hilfe der bei diesen Grabungen entdeckten zweisprachigen Siegelabdrücke (Keilschrift und hethitische Hieroglyphen) von Mitgliedern des Königshauses und hohen Beamten konnte man im Verlauf der 30er Jahre dann auch Schritt für Schritt die hethitische Hieroglyphenschrift entziffern.

Nach dem Zweiten Weltkrieg dauerte es bis 1951, bis die Kampagnen in Hattuscha im Auftrag des Deutschen Archäologischen Instituts wieder aufgenommen wurden. Seit 1952 unterstützt auch die deutsche Forschungsgemeinschaft die Arbeiten, die bis heute weitergeführt werden und – gemeinsam mit den anderen

Grabungen in Anatolien (Kusakli/Sarissa, Alacahöyük, Kültepe usw.) – die Kenntnisse über die Hethiter und ihr kulturelles Umfeld beständig vergrößern.

Liest man die Beschreibungen dieser frühen Expeditionen in den Orient, so verblüffen immer wieder der Mut, die Unverdrossenheit und die Zähigkeit, mit der Reisende, Wissenschaftler und Ausgräber ans Werk gingen: Es gab praktisch keine oder kaum als solche nutzbaren Straßen, Unterkunft, Ernährung und hygienische Verhältnisse waren erbärmlich, Cholera, Typhus, Malaria und andere Infektionskrankheiten an der Tagesordnung. Das Ausrüstungsmaterial war ebenfalls meist unzureichend, wenn es defekt war, konnte es häufig nicht repariert oder ersetzt werden. Hinzu kam die Bedrohung durch Straßenräuber und Diebesbanden, viele Kampagnen konnten nur unter militärischem Schutz stattfinden. Dennoch trotzen bis heute Wissenschaftler und Archäologen allen äußeren Widrigkeiten und Problemen und fördern unverdrossen neue Funde und verblüffende Forschungsergebnisse zu Tage.

Das Grab des Tut-anch-Amun
Zu den berühmtesten archäologischen Funden des frühen 20. Jahrhunderts gehörte sicherlich die Entdeckung des Grabes des ägyptischen Pharaos Tut-anch-Amun (reg. 1347–1338 v. Chr.) im November 1922 durch den britischen Archäologen Howard Carter.

Bereits 1907 hatte der Amerikaner Theodore Davis (1837–1915) im Tal der Könige auf dem Westufer des Nils bei Theben einen Fayencebecher und Goldplättchen mit dem Namen des Tut-anch-Amun sowie eine fast leere Grabkammer entdeckt, die man für die letzte Ruhestätte des besagten Pharaos hielt. Howard Carter jedoch glaubte nicht, dass es sich hierbei wirklich um das Grab des Tut-anch-Amun handelte, und so suchte er, finanziert von Lord Carnavon, der 1915 die erste Grabungslizenz beantragt hatte, seit 1916 verbissen nach dem letzten noch unentdeckten Grab der Pharaonen des Neuen Reiches.

Howard Carter (1873–1939)

Carter kam 1891 als Grabungszeichner zum ersten Mal nach Ägypten, um an einer Ausgrabung des »Egypt Exploration Fund« teilzunehmen. Bis zu diesem Zeitpunkt hatte er mit Archäologie oder Ägyptologie noch nichts zu tun gehabt. In engem Kontakt zu dem britischen Archäologen Sir Flinders Petrie konnte er sich das Wissen aneignen, das er später benötigte, um seine eigenen Grabungen im Tal der Könige zu leiten. 1899 bis 1904 war er Chefinspektor der ägyptischen Altertümerverwaltung für Oberägypten und 1904/05 für Unterägypten. Zusammen mit dem amerikanischen Archäologen Theodore Davis grub er die Grabkammern der Königin Hatschepsut und der Pharaonen Amenophis I. und Thutmosis III. aus. Im November 1922 entdeckte er nach sechsjähriger Suche im Tal der Könige das Grab des Pharaos Tut-anch-Amun. Trotz seines spektakulären Fundes blieb Carter die Anerkennung als Ägyptologe versagt.

Nie bewiesen werden konnten die immer wieder vorgebrachten Unterstellungen, Carter und Carnavon hätten Schmuckstücke aus der Grabkammer des Tut-anch-Amun gestohlen.

Howard Carter und ein einheimischer Arbeiter bei der Untersuchung des goldenen Sarkophages, der noch in dem zweiten Sarkophag aus vergoldetem Holz steht

Zunächst floss die finanzielle Unterstützung Lord Carnavons stetig und großzügig, doch im Sommer 1921 verschlechterte sich seine wirtschaftliche Lage aufgrund einer Abwertung des britischen Pfundes, und so musste auch er sich einschränken – die noch immer erfolglose Suche im Tal der Könige sollte endgültig eingestellt werden. Im Sommer 1922 besuchte Carter Carnavon auf dessen Schloss in Berkshire, wo der Lord ihm eröffnete, dass er finanziell nicht mehr in

der Lage sei, die Ausgrabungs-
kampagne zu unterhalten.
Carter weigerte sich jedoch
aufzugeben, notfalls wollte er
versuchen, das Unternehmen
aus eigener Tasche zu bezah-
len, und so ließ sich der Lord
schließlich überzeugen, noch
einen allerletzten Versuch zu
unterstützen und bei der ägyptischen Regierung eine weitere
Grabungskonzession zu bean-
tragen.

Am 28. Oktober 1922 traf
Howard Carter erneut in Luxor
ein, und nun begann für ihn

Das Tal der Könige, in
der Mitte der Eingang
zum Grab Ramses' VI.,
darunter die Mauer um
den Eingang zum Grab
Tut-anch-Amuns

der Wettlauf gegen die Zeit. Ein einziger Bereich war
bisher nicht untersucht worden, eine Stelle etwas unterhalb des Eingangs zum Grab von Ramses VI. Dort
befanden sich die Reste von Unterkünften für die Bau-
arbeiter der Grabanlagen, die Carter nun abtragen ließ,
um unter ihre Fundamente zu gelangen. Seine Aussichten waren schlecht, das wusste auch Carter, denn
erfahrungsgemäß bestand zwischen den Eingängen
der einzelnen Königsgräber ein erheblich größerer Abstand. Am 4. November entdeckten die Grabungsarbei-
ter eine in den Fels gehauene Treppe aus 16 Stufen, an
ihrem Ende befand sich eine vermauerte Tür, die – so
stellte man schnell fest – bereits einmal aufgebrochen
worden war. Dieser Einbruch hatte sich jedoch anscheinend schon in der Antike zugetragen, denn die
Öffnung war wieder geschlossen und mit dem Siegel
der Nekropolenverwaltung der 18. Dynastie versehen
worden.

Carter unterbrach die Grabungsarbeiten sofort, ließ
die Treppe wieder zuschütten und verständigte Lord
Carnavon, der bei der Öffnung des Grabes selbstverständlich anwesend sein sollte. Nachdem der Geld-
geber am 23. November mit seiner Tochter in Luxor
eingetroffen war, grub man am nächsten Tag die Trep-

Grabräuber

Aus ägyptischen Papyri weiß man, dass bereits zur Zeit Ramses' IX. (um 1100 v. Chr.) Prozesse gegen Grabräuber stattfanden, die ihr Unwesen in Zusammenarbeit mit den Beamten der Nekropolenverwaltung getrieben hatten. Über die Diebe wurden teilweise drakonische Strafen verhängt, was jedoch nicht verhindern konnte, dass alle Königsgräber mit Ausnahme des Grabes von Tut-anch-Amun nach und nach geplündert wurden. Beständig gab es weitere Diebstähle, mehrfach mussten die Königsmumien neu ausgestattet und in andere Gräber verlegt werden. Schließlich sammelte man im 21. Dynastie die königlichen Verstorbenen der 17. bis 21. Dynastie im Grab Amenophis' II. und in einem großen Felsgrab bei Deir-el-Bahari, der so genannten Cachette. Dort entdeckte sie 1875 der Grabräuber Abd el-Rassul aus Kurna und plünderte sie erneut.

1881 hat man die Königsmumien schließlich in das Ägyptische Museum nach Kairo überführt, wo sie seither aufbewahrt werden. Eine letzte Demütigung erfuhren die sterblichen Überreste der ägyptischen Herrscher bei ihrer Ankunft im Hafen von Kairo: Dort deklarierten die Zollbeamten sie aufgrund der nicht eindeutig feststellbaren Warengruppe als »Trockenfisch« und belegten das Frachtgut mit einer entsprechenden Gebühr.

pe zum Grabeingang ein weiteres Mal aus und entdeckte schließlich zwei Siegel mit den Kartuschen des Pharaos Tut-anch-Amun – der endgültige Beweis, dass man tatsächlich das so lang gesuchte »Haus für die Ewigkeit« gefunden hatte. Die erneute Versiegelung des Grabes in der 18. Dynastie konnte nur bedeuten, dass Diebe bereits kurz nach der Bestattung des Pharaos versucht hatten, das Grab zu plündern. Die Nekropolenaufsicht konnte sie ertappen, ließ die Tür reparieren und versiegelte das Grab noch einmal.

Es war nicht vorauszusehen, was Carter und seine Grabungsmannschaft hinter der versiegelten Tür erwarten würde. Bislang waren alle königlichen Gräber bei ihrer Auffindung geplündert und ihrer Beigaben beraubt gewesen, möglicherweise würde man auch

Blick in der Vorkammer des Grabes von Tut-anch-Amun. Zu erkennen sind Liegen, Hocker, Truhen, vorn links der vergoldete, zerlegte Streitwagen des Pharaos

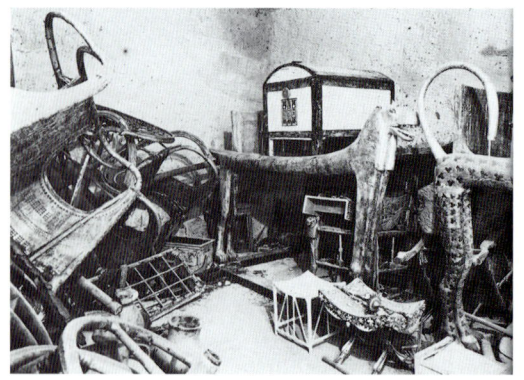

hier eine Enttäuschung erleben. Am 25. November wurde die erste Tür geöffnet, einen ganzen Tag benötigten die Arbeiter, um den dahinter liegenden Gang von dem Geröll zu befreien, das dort zum Schutz gegen Grabräuber eingefüllt worden war.

Am 26. November konnte Carter mit einer Eisenstange die Tür zur Vorkammer durchstoßen (genau in diesem Augenblick, so berichtet die Legende, wurde Carters Wellensittich von einer Schlange getötet). Was er bei Kerzenlicht durch das kleine Loch in der Tür im Inneren des Raumes sehen konnte, raubte ihm schier den Atem: vergoldete Möbel, Gefäße, Gerätschaften, Statuen und Truhen in einem wilden Durcheinander, aber in so strahlendem Glanz, als seien sie erst kurz zuvor dort niedergelegt worden. Die Unordnung war wohl entstanden, als sich die Grabräuber über die Schätze des Pharaos hermachten und zunächst den leicht zu transportierenden Schmuck sowie goldene Grabbeigaben raubten. Die Nekropolenbeamten hatten später nur oberflächlich Ordnung in das Chaos gebracht und die Grabkammer dann erneut verschlossen.

Journalisten und Schaulustige verfolgen die Arbeiten

Für Carter und sein Grabungsteam fing die eigentliche Arbeit nun erst an: Alle Funde mussten an Ort und Stelle in ihrer ursprünglichen Position fotografiert oder gezeichnet, nummeriert, registriert und gesichert werden, viele Stücke waren ohne eine vorherige Konservierung gar nicht transportfähig, man benötigte Lagerräume, ein Labor und elektrisches Licht im Grab. Darüber hinaus verbreitete sich die Nachricht von dem sensationellen Fund, ausgeschmückt mit den fantastischsten Gerüchten, in Windeseile, so dass sehr schnell eine stabile Tür vor dem Eingangskorridor angebracht werden musste, um die Fundstätte vor Schaulustigen, Touristen, Souvenirjägern und den nach wie vor auf der Lauer liegenden Grabräubern zu schützen.

Erst drei Monate später, am 3. Februar 1923, nachdem in mühevoller Kleinarbeit der Inhalt der Vorkammer dokumentiert und abtransportiert worden war, konnten sich Carter und seine Mitarbeiter den weiteren Kammern des Grabes widmen und die Tür zur eigentlichen Sargkammer öffnen. Diese beinhaltete einen riesigen, mit Goldblech überzogenen Holzschrein, 5,2 Meter lang, 3,3 Meter breit und fast 2,7 Meter hoch, der bis auf einen schmalen Gang fast die gesamte Kammer füllte. In ihm befanden sich, wie man später feststellte, drei weitere Schreine aus vergoldetem Holz, die wiederum einen Quarzitsarkophag bargen. In ihm ruhten zwei ineinander geschachtelte, mumienförmige vergoldete Särge, ein dritter aus reinem Gold, 111 Kilogramm schwer, bildete die innerste Hülle für den mumifizierten Leichnam des Königs. Kopf und Schultern des Pharaos waren separat noch einmal mit der berühmten Maske aus Gold und Lapislazuli bedeckt. In der angrenzenden Schatzkammer, die im Beisein Carnavons schließlich am 17. Februar geöffnet wurde, fanden die Ausgräber die Statue des schakalköpfigen Totengottes Anubis, den Kanopenschrein mit vier kleinen goldenen Särgen, in denen die balsamierten Eingeweide des Pharaos beigesetzt waren, sowie weitere Möbelstücke, Kästen und Schatullen, deren Inhalt von den Grabräubern jedoch ebenfalls teilweise gestohlen worden war.

Heute wird die komplette Grabausstattung des Tutanch-Amun – mehr als 5000 Einzelobjekte – im Ägyptischen Museum in Kairo aufbewahrt, wo sie jedes Jahr Hunderttausende von Touristen verzaubert und ahnen lässt, welche unvorstellbaren Schätze durch die seit der Antike währenden Grabschändungen und Plünderungen verloren gegangen sind. Die Mumie des so jung verstorbenen und für seine Zeit so unbedeutenden Pharaos aber (»das einzig Bemerkenswerte in seinem Leben bestand darin, dass er starb und begraben wurde«, Howard Carter) ruht nach wie vor in dem steinernen Sarkophag in ihrem »Haus für die Ewigkeit« im Tal der Könige.

Neben den kostbaren Grabbeigaben war es vor allem das unvorhergesehene Ableben verschiedener Besu-

Die goldene Maske, mit der die Mumie bestattet wurde. Tut-anch-Amun (reg. 1347–1338 v. Chr.), der als 8-jähriger den ägyptischen Thron bestieg, war für sein Land ein eher unbedeutender Pharao. Allein die Tatsache, dass sein Grab als einziges ägyptisches Königsgrab im Jahre 1922 von Howard Carter unversehrt entdeckt wurde, brachte ihm unsterblichen Ruhm. Wie viele Mitglieder seiner Familie starb Tut-anch-Amun jung, mit gerade 17 Jahren. Dass er eines gewaltsamen Todes starb, wurde vermutet, ist aber nicht gesichert. In seinem Schädel hat man bei einer Röntgenuntersuchung einen Knochensplitter entdeckt, der aber nicht zwingend für seinen frühen Tod verantwortlich gewesen sein muss. Ob diese Absplitterung durch einen Schlag auf den Kopf verursacht wurde, bei einem Sturz entstand oder sich erst bei der Mumifizierung löste, ist heute nicht mehr zu klären.

cher und an der Kampagne beteiligter Personen – besonders der plötzliche Tod des Mäzens und Mitausgräbers Lord Carnavon nur zwei Monate nach der Öffnung des Sarkophages – das Mythen und Legenden über einen »Fluch des Pharaos« entstehen ließ und zahlreiche phantastische Bücher, Filme und Abenteuergeschichten inspirierte. Die Erklärung für dieses Phänomen ist jedoch eher ernüchternd: Ursache für die meisten der bei den Besuchern des Grabes aufgetretenen Todesfälle war wahrscheinlich eine Lungenerkrankung, ausgelöst durch Schimmelpilzsporen. Solche Sporen sind eigentlich harmlos und überall in der Atemluft vorhanden, sie können jedoch bei älteren oder bereits angegriffenen Personen in entsprechend hoher Dosierung starke allergische Reaktionen der Lungen hervorrufen, die oft tödlich enden (einige Besucher starben bereits wenige Stunden nach der Be-

Lord George Edward Stanhope Molyneux Herbert Carnavon (1866–1923)

Lord Carnavon hegte zunächst kein besonderes Interesse für die Antike, seine Leidenschaft galt der Jagd, dem Sport und dem Automobil, er besaß den dritten in England zugelassenen Wagen. Im Jahre 1901 erlitt er bei einem Unfall in der Nähe von Bad Schwalbach im Taunus schwere Verletzungen, von denen er sich nicht erholte, weshalb ihm sein Arzt einen längeren Aufenthalt im Süden empfahl. So kam er nach Ägypten, wo er zunächst Antiquitäten sammelte und schließlich intensiv die ägyptische Geschichte studierte und zum Ausgräber wurde. Ab 1916 finanzierte er die Suche Howard Carters nach

dem Grab des Tut-anch-Amun. Die Öffnung der Sarg- und der Schatzkammer des Grabes am 17. Februar 1923 krönte die lange, mühsame und kostenintensive Arbeit des Ausgräbers und seines Mäzens. Mitte März 1923 wurde Lord Carnavon im Tal der Könige von einem Moskito gestochen. Es entwickelte sich eine Blutvergiftung, an deren Folgen er am 6. April 1923 in Kairo starb.

Lord Carnavon während einer Arbeitspause im Tal der Könige

sichtigung des Grabes). Im Grab des Tut-anch-Amun scheint eine hohe Konzentration des so genannten gelben Gießkannenschimmelpilzes vorhanden gewesen zu sein, und Menschen mit instabiler Gesundheit fielen ihm zum Opfer. Howard Carter, der sich wahrscheinlich am längsten im Grab aufgehalten hat, starb 1939 im Alter von 66 Jahren, Douglas Derry, der die Obduktion der Mumie durchgeführt hatte, wurde sogar 87 Jahre alt.

Archäologische Forschung seit 1945

Die Zeit der großen Ausgrabungen war nach dem Zweiten Weltkrieg endgültig vorbei. Zwar wurden auch danach noch spektakuläre Funde gemacht – z. B. die Skulpturen von Sperlonga (1957), der Taucher in der Tomba del Tuffatore, Paestum (1968), die Krieger von Riace (1972), die Fresken von Vergina (1977), die Himmelsscheibe von Nebra (1999) oder der Kouros vom Heiligen Tor (2002) – und zentrale Grabungen weitergeführt – etwa die Wiederaufnahme der Grabungen in

Troja (1988) –, die immer wieder ein großes Medienecho auslösen und die aufgrund des stetig gewachsenen öffentlichen Interesses intensiv diskutiert werden. Der Schwerpunkt der wissenschaftlichen Arbeit lag und liegt jedoch bei der Aufarbeitung des Vorhandenen, auf den sich häufenden Notgrabungen mit all ihren Nachteilen und Problemen und auf der Entwicklung neuer theoretischer Methoden zur Strukturierung, Auswertung und Präsentation des unüberschaubar gewordenen Fundmaterials.

Die deutsche Archäologie nach 1945 und bis in die 60er Jahre ist gekennzeichnet durch ein Beharren auf »politisch unverdächtigen« Methoden – stilgeschichtliche und ikonographische Analysen, die Publikation von Sammelwerken und Katalogen, werkimmanente Interpretationen. Archäologen und Prähistoriker hatten – bewusst oder unfreiwillig – der Ideologie der Nationalsozialisten eine »wissenschaftliche« Unterfütterung geliefert (Germanentum, rassische Überlegenheit der Arier, in der Prähistorie vor allem die Kulturkreislehre G. Kossinnas), und so zog man sich auf unverfängliches Terrain zurück.

Man spürte zwar recht bald, dass allein die Klassifikation von Denkmälern auf die Dauer nicht befriedigen konnte, die Bereitschaft, sich darüber hinaus – auch selbstkritisch – auf eine Diskussion der theoretischen Grundlagen und Arbeitsweisen des Faches einzulassen, entwickelte sich jedoch nur langsam. Sie findet in Deutschland erst seit den 80er Jahren, als jüngere Archäologen die »Nachkriegsgeneration« ablösten und man die Augen vor den Entwicklungen in den englischsprachigen Ländern nicht mehr verschließen konnte, Eingang auch in die deutsche Forschung.

Philosophie, Kultur- und Literaturwissenschaft hatten neue methodische Ansätze entwickelt, die sich – entsprechend modifiziert – auch auf die Archäologie übertragen lassen. Diese im englischsprachigen Raum intensiv diskutierten, weiterentwickelten und mehr oder weniger erfolgreich angewandten Theorien haben bisher in die stark traditionsverhaftete deutsche For-

Internationale Maßnahmen zum Schutz von Kulturdenkmälern

Bereits seit dem Anfang des 20. Jahrhunderts bemüht man sich auch auf internationaler Ebene verstärkt darum, Abkommen für den Fall kriegerischer Auseinandersetzungen zu entwickeln, die nicht mehr nur den Umgang mit der Zivilbevölkerung oder den Kriegsgefangenen regeln sollen, sondern auch die Behandlung von »Kulturgut« im weitesten Sinne zum Inhalt haben. Zu den wichtigsten Schritten auf dem Weg zu einem international gültigen Kulturgüterschutzgesetz – sowohl für den Kriegsfall als auch auf dem Gebiet des Kunstraubes und der illegalen Ausgrabungen – zählen folgende Übereinkünfte: die *Haager Landkriegsordnung* (HLKO, 1907) sowie das *Haager Kulturgüterschutzabkommen* (amt-

lich: Konvention zum Schutz von Kulturgut bei bewaffneten Konflikten, 1954), die *Charta von Venedig* (1964), die eine Grundlage für den Umgang mit historischer Bausubstanz bilden soll, die *UNESCO-Konvention von 1970* (amtlich: UNESCO-Konvention vom 14. November 1970 über Maßnahmen zum Verbot und zur Verhütung der unzulässigen Einfuhr, Ausfuhr und Übereignung von Kulturgut) gegen den illegalen Handel mit Kulturgütern sowie die *UNESCO-Welterbekonvention* (Internationales Übereinkommen zum Schutz des Kultur- und Naturerbes der Welt, 1972). Dieser letztgenannte Vertrag wurde bisher von 178 Staaten unterzeichnet, inzwischen sind weltweit 788 Stätten in 134 Ländern auf der Weltkulturerbe-Liste der UNESCO verzeichnet, jährlich kommen neue hinzu. In Deutschland standen bis Sommer 2004 30 Denkmäler auf der Weltkulturerbe-Liste, u. a. der Aachener Dom, die Hansestadt Lübeck, die Eisenhütte in Völklingen, die Grube Messel und die Museumsinsel in Berlin.

Die nach der Haager Konvention zum Schutz von Kulturgut bei bewaffneten Konflikten geschützten unbeweglichen Denkmäler – Gebäude, Bau- und Industriedenkmäler, Ensembles, Parks – werden am Objekt in Ultramarin und Weiß gekennzeichnet

Ergänzend entstanden die *EU-Richtlinie zur Rückgabe von unrechtmäßig aus dem Hoheitsgebiet eines Mitgliedsstaates verbrachten Kulturgütern (1993)* und die *Unidroit-Konvention über gestohlene oder rechtswidrig ausgeführte Kulturgüter* (1995).

Logo UNESCO-Weltkulturerbe

Archäologisches Denkmal

Seit 1996 vergibt der Verband der Landesarchäologen in der Bundesrepublik Deutschland das Logo »Archäologisches Denkmal«

schung kaum Eingang gefunden und wurden – bestenfalls – polemisch abgekanzelt bzw. ignoriert. Einerseits scheinen große Berührungsängste gegenüber neuen, die kunsthistorisch-ästhetische Betrachtungsweise und Stilanalyse oft vehement ablehnenden Fragestellungen, Methoden und Sehweisen der Grund für diese Zurückhaltung zu sein, andererseits machen die zunächst be-

fremdende Terminologie, die sehr abstrakte Argumentationsweise und die oft recht komplizierten statistischen Auswertungsverfahren eine Annäherung des
»klassisch« geschulten Archäologen an die neuen theoretischen Ansätze nicht unbedingt leichter.

Eine der wichtigsten Theorien, die seit dem Ende des
Zweiten Weltkrieges in der internationalen Archäologie
entwickelt wurden und Eingang in die Forschung gefunden haben, war die so genannte »New Archaeology«
und die aus ihrer Kritik weiterentwickelten Modelle.

New Archaeology
In den 60er Jahren entwickelte sich im angloamerika-
nischen Bereich die so genannte »New Archaeology«,
zu deren wichtigsten Vertretern der Amerikaner Lewis
Binford zählt (*Archaeology as Anthropology*, 1962). Diese Richtung war stark von der amerikanischen Kul-
turanthropologie beeinflusst, zu der in den USA die
Archäologie bis in die 60er Jahre zählte. Kultur wurde
als eine Form der menschlichen Anpassung an die
natürliche Umgebung aufgefasst, der Mensch selbst
kann auf diese nur reagieren, ohne selbst aktiv gestal-
tend einzugreifen, Veränderungen in der Gesellschaft
ergeben sich aus einem Wandel der Umwelt, wobei
Zeitstufen und Datierungen – das bislang zentrale Problem der klassischen Archäologie – eine eher unterge-
ordnete Rolle spielen. Archäologische Funde spiegeln
diesen Adaptionsprozess und müssen entsprechend
interpretiert werden, z.B. mit Hilfe von Vergleichen
mit anderen Gesellschaften auf der gleichen »evolu-
tionären Stufe« (hier besteht eine enge Verbindung zur
Ethnoarchäologie). Mit der New Archaeology hielten
verstärkt naturwissenschaftliche Methoden und statistische Analysen Einzug in die Archäologie, teilweise
wurde sie sogar als Naturwissenschaft betrachtet, man
glaubte, gesetzmäßige Verallgemeinerungen entwickeln zu können. Gerade hier setzte jedoch auch die
Kritik an, denn menschliches Verhalten und Geschichte sind – bei aller Regelhaftigkeit – unwiederholbar
und einmalig und deshalb nicht wie eine chemische

oder physikalische Versuchsanordnung beliebig und stets mit dem gleichen Ergebnis zu reproduzieren. Ein weiterer Kritikpunkt war die passive Rolle, die dem Menschen in diesem Modell zugewiesen wurde, das eine Einflussnahme und Formung der Umwelt durch ihn praktisch ausschloss. Das große Verdienst der New Archaeology war jedoch, dass zum ersten Mal seit mehr als 200 Jahren der Forschungsgeschichte die theoretischen Grundlagen der Disziplin problematisiert und in Frage gestellt und eine allgemeinverbindliche, nachvollziehbare Argumentationsweise eingefordert wurde.

Die späteren, modifizierten Theorieentwicklungen der New Archaeology werden heute unter dem Begriff der prozessualen und der postprozessualen Archäologie zusammengefasst (s. S. 49ff.).

Denkmalschutz und Denkmalpflege

Die Denkmalpflege widmet sich, laut Definition, der Erhaltung historisch bedeutender Gegenstände, an deren Schutz ein öffentliches, wissenschaftliches, künstlerisches oder historisches Interesse besteht. Ihre Aufgabe ist es, solche Denkmäler zunächst zu erkennen, zu erfassen und zu dokumentieren, um sodann Maßnahmen zu ihrem Schutz, ihrer Erhaltung, aber auch ihrer Einbindung in die aktuelle Lebenswelt zu ergreifen. In den Denkmalschutzgesetzen unterscheidet man Baudenkmäler, Ensembles (z.B. Straßenzüge oder historische Industrieanlagen, Parks, Friedhöfe), Bodendenkmäler (archäologische Funde und Befunde) und bewegliche Denkmäler (Bücher, Bilder, Einrichtungsgegenstände usw.). Nach den Zerstörungen der beiden Weltkriege und der forcierten Straßen- und Siedlungsplanung der Jahrzehnte nach dem Zweiten Weltkrieg wuchs auch das öffentliche Bewusstsein für die Notwendigkeit von Schutz und Erhaltung ansonsten unwiederbringlich verlorener historischer Hinterlassenschaften. Dass dabei nicht jede Rekonstruktion überzeugend war und manche Maßnahme als fragwürdig bezeichnet werden kann, ändert nichts an der Berechtigung denkmalpflegerischer Aktivitäten. Heute muss in Deutschland vor jedem Eingriff in den Erdboden im Rahmen von Planfeststellungsverfahren und Bauanträgen die mögliche Gefährdung archäologischer Denkmäler überprüft werden. Deshalb versucht man bereits im Vorhinein, möglichst alle Denkmäler systematisch zu erfassen, zu registrieren, zu dokumentieren und in eine Denkmalliste einzutragen, um so eine unkontrollierte, nicht wieder gut zu machende Zerstörung zu verhindern oder zumindest so gering wie möglich zu halten.

In Deutschland ist die Denkmalpflege Angelegenheit der einzelnen Bundesländer, was eine uneinheitliche, teilweise kontraproduktive Vorgehensweise zur Folge haben kann. Nach der deutschen Wiedervereinigung bestand die Möglichkeit, bei den Gesetzentwürfen für die neuen Bundesländer all die Fehler zu korrigieren, die in den alten Ländern seit Anfang der 1970er Jahre gemacht worden waren, so dass die Denkmalschutzgesetze in den neuen Bundesländern zu den strengsten und effektivsten gehören. Allen Bundesländern gemeinsam ist das Eintragen von Kulturdenkmälern in Denkmallisten oder -büchern, denn eine sorgfältige und vollständige Erfassung gehört zu den unabdingbaren Voraussetzungen für die Planung von Schutz- und Erhaltungsmaßnahmen.

Sperlonga

1957 wurde in einer Höhle bei Sperlonga (ein kleiner Ort an der Adria-
küste zwischen Neapel und Rom) ein
Skulpturenensemble entdeckt, das
zentrale Abenteuer des Odysseus in
monumentalen Großplastiken schildert: Odysseus, der den Riesen Poly-
phem blendet, Odysseus und Skylla
sowie der Raub des Palladions von
Troja. Über dem Eingang befand sich
eine Skulptur des Ganymed, der vom
Adler des Zeus entführt wird. Die
Höhle lag in der Nähe der Villa des
römischen Kaisers Tiberius (reg. 14–
37 n. Chr.), sie wird in die Zeit zwischen 4 und 26 n. Chr. (Rückzug des

Kopf des Odysseus aus
Sperlonga, Original
2. Jh. v. Chr., Marmor.
Rom, Museo Archeologi-
co Nazionale

Tiberius nach Capri) datiert. Besonders interessant
macht diesen Fund, dass in einer Inschrift die gleichen
Bildhauer genannt sind, die auch den Laokoon geschaffen haben: Athanodorus, Hagesandros und Poly-
doros. Man nimmt heute an, dass das Ensemble, wie
auch der Laokoon, auf hellenistische Bronzeoriginale
zurückgeht, die Tiberius möglicherweise bei seinem
Aufenthalt auf der Insel Rhodos bewundert hatte.

Çatal Höyük

1958 entdeckte der britische Prähistoriker James Mel-
laart (geb. 1925) 50 Kilometer südöstlich von Koya
(Türkei) die neolithische Siedlung Çatal Höyük, die in
4 Kampagnen zwischen 1961 und 1965 ausgegraben
wurde. In den Häusern fand man Wandmalereien, Reliefs, Alltagsgegenstände wie Messer und Haushaltsge-
fäße, aber auch Statuetten (so genannte Idole) aus Ton
oder Stein. Spektakulär war das Alter der Siedlung: Mit
Hilfe der C14-Methode ließ sich der älteste Lehmziegel
(dem Lehm wird Stroh zur Stabilisierung unterge-
mischt) in die Zeit um 7600 v. Chr. datieren. Somit ist
Çatal Höyük erheblich älter als die frühesten Städte in
Ägypten und Mesopotamien. Seit 1993 leitete Mellaarts

Schüler Ian Hodder die von mehreren großen internationalen Unternehmen finanzierte Grabung, die auf modernste technische Hilfsmittel und Untersuchungsmethoden zurückgreifen kann und mit einem fast 100-köpfigen Grabungsteam ausgestattet ist.

Die Krieger von Riace

Die beiden überlebensgroßen Bronzestatuen wurden im August 1972 von Hobbytauchern bei Riace Marina (Italien) im Meer entdeckt. Man brachte die beiden Statuen zur Restaurierung zunächst nach Florenz, neun Jahre später, 1981, wurden sie zum ersten Mal öffentlich ausgestellt. In Ermangelung jeglicher Hinweise auf ihre ursprüngliche Benennung erhielten sie die profane Bezeichnung Krieger A und B.

Die Präsentation der beiden außergewöhnlichen Großbronzen, die den aktuellen Bestand an erhaltenen griechischen Bronzeplastiken praktisch verdoppelten, entfachte eine intensive wissenschaftliche Diskussion, die in den letzten Jahren zwar wieder abgeflaut, aber noch keineswegs beendet ist. Schnell war man sich relativ einig, dass es sich um griechische Originale aus der Zeit um 460/50 v. Chr. handelte (auch wenn einzelne Archäologen extrem abweichende Datierungen bis in römische Zeit vorschlugen), doch welcher Bildhauer sie geschaffen hatte, woher sie stammten, welche Götter, Heroen oder Sterblichen sie darstellen sollten, wann und wie sie ins Meer gelangt waren, bleibt bis heute ein Rätsel. Wahrscheinlich wurden sie aus einem griechischen Heiligtum geraubt, aber ob das Schiff, auf dem sie nach Italien gebracht wurden, unterging und eventuell noch weitere kostbare Fracht an Bord hatte oder ob die bei-

Die Krieger von Riace, um 460/50 v. Chr. Bronze, H. 2,09 m (Krieger A), 2,05 m (Krieger B). Bei beiden Kriegern fehlen Speer und Schild, bei B ist auch der Helm verlorengegangen.

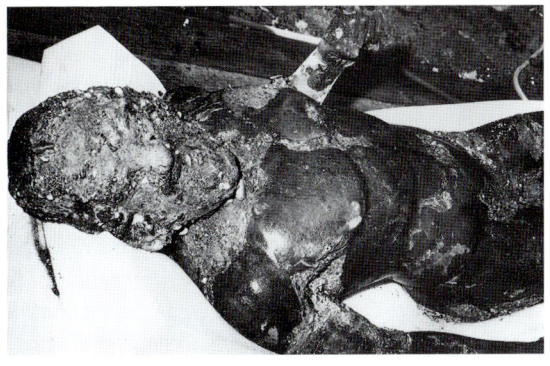

Krieger B direkt nach seiner Bergung aus dem Meer

den Statuen bei einem schweren Sturm als überflüssiger Ballast über Bord geworfen und dann an die Küste Italiens gespült wurden, ist nach wie vor fraglich.

Als Bildhauer wurde u. a. Phidias vorgeschlagen, denn einige Archäologen vermuteten aufgrund von stilistischen Vergleichen mit anderen diesem Künstler zugeschriebenen Werken, dass es sich bei den Statuen ursprünglich um Teile eines athenischen Weihgeschenks von der Hand des Meisters handelte, das den Sieg bei Marathon (September 490 v. Chr.) verherrlichte und das Pausanias bei seinem Gang durch Delphi beschreibt. Die Gruppe im Heiligtum bestand aus Athena, Apollon, Miltiades (dem siegreichen Strategen von Marathon) und athenischen Heroen (Pausanias X, 9,12). Andere Forscher wiederum glauben, dass die Statuen aus Olympia stammten und dort zu einer Gemeinschaftsweihe aller Griechen mit großplastischen Darstellungen der Helden vor Troja gehört hatten. Diese Gruppe, so erklärt Pausanias, wurde von dem äginetischen Bildhauer Onatas geschaffen (V, 25,8).

All diese Theorien mögen faszinieren und in sich schlüssig sein, beweisen lassen sie sich nicht, und falls nicht eines Tages neue Funde Aufschluss über die Fragen nach dem Namen und der Herkunft der beiden Statuen geben, bleibt ihr Ursprung wohl für immer im Dunkeln. So sind die beiden Krieger von Riace auch ein anschauliches Beispiel für die Probleme, die entstehen, wenn Funde – warum auch immer – aus ihrem

ursprünglichen Zusammenhang gerissen sind und
nur noch Anlass zu gelehrten Spekulationen geben,
aber nicht mehr zu wissenschaftlicher Erkenntnis beitragen können.

Heute sind die beiden Krieger im Museum von Reggio di Calabria zu bewundern, wo sie eine Attraktion
darstellen, die jährlich viele Tausend Touristen in die
kleine Küstenstadt an der Straße von Messina zieht.
Auch hier hätte man es bevorzugt, die Bronzen in einem archäologischen Museum in Rom oder Florenz zu
präsentieren. Gern wird in solchen Fällen darauf hin-
gewiesen, dass man »in der Provinz« gar nicht in der
Lage sei, mit den zu erwartenden Touristenmassen zu-
recht zu kommen und die Sicherheit der kostbaren
Stücke zu gewährleisten: Die Bewohner Kalabriens
konnten sich jedoch erfolgreich gegen ein solches An-
sinnen zur Wehr setzen, und so stehen die beiden heute in einem neu erbauten Museum und lassen mit stoi-
scher Ruhe täglich die nicht enden wollenden Men-
schenströme an sich vorbeiziehen.

Archäologie korrigiert die Geschichtsschreibung

Die ersten Feldzüge über die Alpen unternahm Julius
Cäsar in der Mitte des 1. Jahrhunderts v. Chr. Nach ihrer Beendigung wurde das Gebiet links des Rheins,
Gallien, durch Stützpunkte innerhalb des Landes gesichert. Rechtsrheinisch lag das nicht unterworfene Germanien, von wo aus germanische Stämme immer wieder vor allem nach Nordostgallien einfielen und das
Land verwüsteten und plünderten. Nach einer Reihe
von Übergriffen und römischen Gegenschlägen eska-
lierte die Situation 16 v. Chr. Ein germanischer Reiter-
verband, die Sugambrer, fiel nach Nordgallien ein und
schlug nicht nur die ihm entgegengesandte römische
Reiterei, sondern auch die ihr folgende 5. Legion unter
dem Kommando des Marcus Lollius. Eine besondere
Demütigung für das römische Heer war dabei, dass bei
dieser Schlacht das Feldzeichen der Legion in germanische Hände fiel. Kaiser Augustus begab sich daraufhin
im gleichen Jahr persönlich nach Gallien, um dort Mi-

litär und Verwaltung neu zu ordnen. Gleichzeitig wurden im Norden Galliens am Rhein die ersten römischen Militärlager eingerichtet (Neuss und Nimwegen).

15 v. Chr. gelang den Römern ein Feldzug über die Alpen, mit dem das Gebiet südlich der Donau unter römische Kontrolle gebracht wurde. Ein Zeugnis für dieses Unternehmen ist das 7/6 v. Chr. dem Augustus geweihte Denkmal bei La Turbie, auf dem die Namen von fast 50 unterworfenen Alpenstämmen verzeichnet sind.

Ab 12 v. Chr. unternahmen die Römer weitere Feldzüge nach Germanien, durch die es ihnen schließlich gelang, das Land bis zur Elbe zu unterwerfen. 11 v. Chr. (Datierung durch dendrochronologische Untersuchungen) wurde zur Kontrolle der streitfreudigen Germanenstämme im nördlichen Sugambrergebiet das Lager Oberaden bei Bergkamen an der Lippe (Nordrhein-Westfalen) erbaut.

Im Jahre 1 v. Chr. brachen in Germanien zahlreiche Aufstände gegen die römische Besatzung aus, die einige Jahre andauerten. 4 n. Chr. übernahm der spätere Kaiser Tiberius den Oberbefehl in Germanien, mehrere seiner Militäraktionen waren erfolgreich, so dass

La Turbie, Denkmal des Augustus, 7/6 v. Chr.

man um diese Zeit beginnen konnte, römische Verwaltungsstrukturen in Germanien zu etablieren. Der 7 n. Chr. berufenen Statthalter P. Quictilius Varus legte die Basis für eine Besteuerung und die Einführung des römischen Gerichtswesens in Germanien – schrittweise sollte das Gebiet zwischen Rhein und Elbe zur römischen Provinz werden. Doch die Ruhe im Land war trügerisch: Angeführt von dem Cherusker Arminius, einem engen Vertrauten des Varus, der seine Kampferfahrungen im römischen Heer gesammelt und früher eine unter römischem Kommando stehende, aus Germanen zusammengesetzte Auxiliareinheit befehligt hatte, war eine Verschwörung gegen die Römer erwachsen. Die Cherusker und verbündete Stämme hatten verabredet, dass sich ein in einem abgelegenen Gebiet siedelnder Germanenstamm zum Schein gegen die Römer erheben sollte. Gegen diesen erneuten Unruheherd zog Varus im Sommer 9. n. Chr. mit drei Legionen, sechs Auxiliarkohorten und drei Reitereinheiten (die Sollstärke wäre etwa 20.000 Mann gewesen, bei der eigentlichen Operation waren es wahrscheinlich weniger), begleitet von einem Tross mit Frauen und Kindern, durch Germanien, um mit einer erdrückenden militärischen Übermacht die Aufständischen zu »befrieden«.

Germanen

Die erste Erwähnung der Bezeichnung »Germanen« findet sich bei Caesar (*Bellum Gallicum*), der diese aus taktischen Gründen scharf von den »Galliern« (Kelten) absetzt. Später wird »Germanicus« zum Sieger- und Ehrentitel im julisch-claudischen Herrscherhaus.

Der Ursprung des Wortes ist bis heute ungeklärt: Möglicherweise handelt es sich um den keltischen Namen eines einzelnen linksrheinischen Stammes, der später auf alle »germanischen« Stämme übertragen wurde. Dass die Germanen sich selbst nicht so nannten und sich auch nicht – was ein solcher übergreifender Begriff vermuten lassen könnte – als einheitliches Volk sahen, gilt als sicher. Das Wort könnte auch vom Lateinischen »germen« (Keim, Spross) abgeleitet sein oder eine germanische Wurzel haben. Bis heute wurden mehr als 50 Theorien über Bedeutung, Ursprung und Erklärung des Namens aufgestellt, was allerdings eher die Faszination des Themas belegt als eine Annäherung an die Lösung der Frage.

Varus-Schlacht

»Schwere, schimpfliche Niederlagen erlitt er nur zwei, und zwar beide in Germanien: die des Lollius und die des Varus; von diesen war die erstere eher schmachvoll als verlustreich, die letztere aber brachte das Reich fast an den Rand des Abgrunds, da drei Legionen mitsamt ihrem Feldherrn, den Offizieren und Hilfstruppen gänzlich vernichtet wurden. Auf die Nachricht von dieser Niederlage hin ließ er Rom durch Wachen besetzen, damit kein Aufruhr entstehe; auch verlängerte er das Kommando der Provinzstatthalter, damit die Bundesgenossen durch erfahrene und ihnen bekannte Leute in Zaum gehalten würden. Er versprach auch feierlich große Spiele zu Ehren von Iuppiter Optimus Maximus, wenn die Staatsangelegenheiten eine Wendung zum Besseren genommen hätten, wie das schon im Krieg gegen die Cimbern und gegen die Marser gemacht worden war. Er soll so niedergeschlagen gewesen sein, daß er sich einige Monate lang Bart- und Haupthaar habe wachsen lassen und bisweilen den Kopf gegen die Türe gerannt und gerufen habe: »Quinctilius Varus, gib mir meine Legionen wieder!«; und jedes Jahr soll er den Tag dieser Niederlage in Trauer und Niedergeschlagenheit begangen haben.«

Sueton, *Das Leben der Caesaren*, Augustus 23

Auf dem Weg dorthin geriet er mit seinen Truppen und dem nachfolgenden Tross in einen Hinterhalt: Nach kleineren Scharmützeln griffen die Germanen in unwegsamem, waldigem Gelände und bei schlechtem Wetter an, die Marscheinheiten waren gezwungen, sich aufzulösen, die Reiterei konnte ihre Kampfkraft nicht ausspielen. Für die Germanen ideale Voraussetzungen: In einem mehrere Tage dauernden Gemetzel gelang es ihnen, die römischen Truppen – insgesamt wohl mehr als 10.000 Mann – vollständig aufzureiben. Varus beging Selbstmord, seinen Kopf schickten die Germanen mit einem Bündnisangebot an den Markomannenkönig Marbod, der jedoch dankend ablehnte.

Mit diesem militärischen Desaster verloren die Römer all ihre Militärstützpunkte östlich des Rheins, an einen Vergeltungsschlag war zunächst nicht zu denken. Die Rheinlinie als Grenze zu Germanien wurde mit Kastellen befestigt (Xanten, Köln, Mainz und Obergermanien) und acht Legionen (ein Drittel des gesamten römischen Heeres) zu ihrer Sicherung und Kontrolle dorthin verlegt. Nach einigen weiteren mehr oder weniger erfolglosen Feldzügen und Strafexpeditionen in rechtsrheinisches Gebiet befahl Tiberius schließlich 16 n. Chr. die Einstellung dieser Unternehmungen. Aber auch die antirömische Koalition zerbrach am Ende: Arminius wurde selbst Opfer einer Intrige und von seinen eigenen Verwandten ermordet.

Das Hermannsdenkmal

Sei dem 16. Jahrhundert beschäftigte man sich mit der Frage, wo genau die Schlacht zwischen Römern und Germanen stattgefunden hatte. Ausgelöst hatte diese Diskussionen die Wiederentdeckung römischer Schriftquellen, in denen die Varusschlacht ausführlich geschildert wurde (Tacitus, *Annales* I,60–62; Lucius Annaeus Florus, *Bellorum omnium annorum* DCC lib. II30,29–31; Sueton, *Das Leben der Caesaren*, Augustus 23; Velleius Paterculus, *Historia Romana* II117–119, 120,4; Cassius Dio, *Historia Romana* LVI18–22,1;23–24), die jedoch keine detaillierten Angaben zu einer genauen Lokalisierung lieferten: Die Autoren sprachen von tiefen Schluchten, dichten Wäldern, Sümpfen und Moor. Fast 700 Vorschläge zur Lösung dieses Problems wurden im Laufe der Zeit gemacht und mangels eindeutiger Beweise wieder verworfen. Kunst, Literatur (z. B. Heinrich von Kleist, *Die Hermannsschlacht*) und Theater (noch 1982 inszenierte Claus Peymann in Bochum *Che Guevara im Teutoburger Wald*) nahmen sich des Themas an, und Arminius (später Hermann), der Befreier Germaniens von den römischen Besatzern, wurde zum von Mythen und Legenden umrankten Nationalhelden.

Als der Ort, an dem dieser für die Freiheit Germaniens so entscheidende, wenn auch durch Verrat erkaufte Sieg der Cherusker und ihrer Verbündeten wahrscheinlich stattgefunden hatte, galt lange – wenn auch nicht unumstritten – der Teutberg, auf dem sich eine germanische Ringwallanlage, die Grotenburg (»große Burg«), befindet. Die auf einem solchen Schlachtfeld zu erwartenden Funde wurden hier zwar nie gemacht, diese Tatsache ignorierte man jedoch. Als zusätzliches Indiz für die Lokalisierung der Schlacht im Teutoburger Wald galt außerdem, dass Tacitus in ihrem Zusammenhang den *Teutoburgiensis saltus* (Teutoburger Wald, Gebirge) erwähnt. Dabei ließ man jedoch außer Acht, dass der »Lippische Wald« zum ersten Mal 1710 auf der Karte des Bischofs Ferdinand von Paderborn in Anlehnung an Tacitus' »Teutoburgiensis Saltus« als Teutoburger Wald bezeich- net wurde.

Nach dem Ende der Befreiungskriege (1813– 1815) gab es noch keinen einheitlichen deutschen Staat, 38 souveräne Ein- zelstaaten waren im Deutschen Bund mitein- ander verknüpft. Das Be- dürfnis nach Einheit und

K. Ekwall, *Einweihung des Hermanns- denkmals*, 1875, kolorierter Stich

einem gemeinsamen nationalen Symbol war groß, und was eignet sich besser als Identifikationsfigur und zum Ausgleich unterschiedlicher Interessen als ein siegrei- cher Führer, der einen gemeinsamen Feind (in diesem Fall nicht Rom, sondern das verfeindete Frankreich) geschlagen hat? Erste Skizzen des Bildhauers und Ar- chitekten Ernst Bandel (1800–1876) für ein Denkmal zu Ehren des siegreichen Arminius/Hermann und sei- ner Mannen entstanden bereits 1819, jedoch erst 1838 begannen die Bauarbeiten. 37 Jahre später, am 16. Au- gust 1875, wurde das Hermannsdenkmal im Beisein von Kaiser Wilhelm I. und zahlreicher Fürsten und Honoratioren eingeweiht.

In seinem Sockel befindet sich die unvollendet ge- bliebene so genannte »Ruhmeshalle«, in der berühmte Deutsche verewigt werden sollten, außerdem sind dort Auszüge aus den *Annalen* des Tacitus sowie Gedanken zu den Befreiungskriegen und zur Reichsgründung eingemeißelt. Hermann schaut nach Westen, zum Rhein, wo sich zur Zeit des Arminius die römischen Militärlager befanden, und, noch weiter im Westen, das von Römern besetzte Gallien.

So wurde aus politischem Kalkül und im Drang nach nationaler Legitimation und Identifikation ein durch keinen einzigen archäologischen Fund ausge- wiesener Ort zum legendären Schlachtfeld erklärt und verehrt – vergleichbar vielleicht den zahllosen Orten der Antike, die von sich behaupteten, dass bei ihnen der Eingang zur Unterwelt, das Grab eines berühmten

Heroen oder eine von einem Gott persönlich eingerichtete Kultstätte zu finden sei.

Dass die Nationalsozialisten in ihrem Germanenkult das Denkmal (einschließlich der nahe gelegenen Externsteine) ihrer Ideologie einverleibten, war eine fast zwangsläufige Konsequenz. So wird dann in Abständen auch immer wieder Kritik laut, die im Hermannsdenkmal einen Kristallisationspunkt nicht überwundener rechter Gesinnung sieht und deshalb eine Sprengung der Anlage fordert. Für die meisten Besucher heute ist der »Arminius« jedoch wohl eher ein beliebtes Ausflugsziel und ein selbst für das denkmalbegeisterte 19. Jahrhundert etwas überdimensioniertes Kuriosum denn ein Monument ewig gestriger Germanen- und Deutschtümelei.

Kalkriese

Bereits 1885 äußerte der Professor für römische Geschichte und spätere Literaturnobelpreisträger Theodor Mommsen (1817–1903) die Hypothese, dass aufgrund der zahlreichen Münzfunde in der Gegend von Kalkriese (bei Bramsche/Osnabrück) vieles dafür spreche, dass dies der Ort der legendären Varusschlacht sei. Seine Kritiker machten dagegen das Fehlen von Waffenfunden geltend, und Mommsen konnte sich mit seinem Vorschlag nicht durchsetzen. Schließlich erlosch dann auch das Interesse an jenem Ereignis.

Erst 1987 begann der britische Offizier Tony Clunn erneut, in Kalkriese nach Spuren der Varusschlacht zu suchen, und sehr bald fand man einen Münzschatz und römische Schleuderbleie, die ersten Waffen. 1989 begannen die offiziellen Ausgrabungen. Bis in das Jahr 2002 wurden am Nordhang des Kalkrieser Berges 11.000 Quadratmeter Fläche untersucht und zahlreiche Funde aus

Ludwig Knaus, *Bildnis des Althistorikers Theodor Mommsen*, 1881. Öl auf Holz, 120 x 85 cm. Staatliche Museen zu Berlin – Alte Nationalgalerie

der frühen Kaiserzeit geborgen: Münzen, Waffen, Werkzeuge und Ausrüstungsgegenstände. Der beeindruckendste Fund war wohl die Maske eines römischen Gesichtshelms, deren bedrohliche Ausstrahlung ihre Wirkung auf den Betrachter bis heute nicht verloren hat. Das Fehlen typisch germanischer Fundstücke erklärt man sich damit, dass an der Seite des Arminius germanische Hilfstruppen mit römischer Bewaffnung kämpften. Außerdem wurde das Schlachtfeld, das den Germanen sakrosankt war und auf dem die Toten zunächst wohl einige Jahre unbestattet lagen, gründlich geplündert, so dass nur die Kleinfunde, die man übersah oder für wertlos hielt, zurückblieben. Erst 15 n. Chr. besuchte Germanicus, der Adoptivsohn des Kaisers Tiberius, den Ort und ließ die Überreste der römischen Legionäre dort unter einem Grabhügel beisetzen.

Eiserne Maske eines Gesichtshelms aus Kalkriese, Ausrüstungsteil eines römischen Reiters, H. 16,9 cm

Heute gilt das Schlachtfeld von Kalkriese mit großer Sicherheit als der Ort, an dem die Varusschlacht stattfand. Im Jahr 2000 eröffnete das »Museum und Park Kalkriese«, 2002 das archäologische Museum mit über 3000 Exponaten vom Fundort Kalkriese.

Das Schlachtfeld sechs Jahre nach der Niederlage

»Da regte sich in Germanicus das Verlangen, den römischen Kriegern und ihrem Führer die letzten Ehren zu erweisen. Das gesamte Heer, das zugegen war, wurde wehmütig gestimmt bei dem Gedanken an Verwandte und Freunde, an die Wechselfälle des Krieges und der Menschen Los. (...)
(...) inmitten der Ebene sah man bleiche Gebeine, zerstreut oder in Haufen, so wie die Römer geflohen waren oder Widerstand geleistet hatten. Daneben lagen Bruchstücke von Waffen und Gliedmaßen von Pferden; auch waren an Baumstämmen Menschenschädel angenagelt zu sehen. Unter den Baumgruppen in der Nähe standen noch die Altäre, an denen der Feind die Tribunen und Centurionen erster Klasse hingeschlachtet hatte. (...)
So barg das an Ort und Stelle anwesende Römerheer sechs Jahre nach der Niederlage die Gebeine der drei Legionen in der Erde Schoß. Da keiner unterscheiden konnte, ob er die Überreste Fremder oder seiner eigenen Angehörigen vor sich habe, begruben sie sie alle als die ihrer Freunde und Blutsverwandten mit gesteigerter Rachsucht gegen den Feind, betrübt zugleich und ergrimmt. Das erste Rasenstück zur Errichtung eines Grabhügels legte Germanicus hin; damit erwies er den Gefallenen den größten Liebesdienst und bekundete den Anwesenden seine Teilnahme an ihrem Schmerz.«
Tacitus, *Annales*, I, 60–62

Die Himmelsscheibe von Nebra

Die Scheibe wurde im Juli 1999 auf dem Mittelberg bei Nebra in Sachsen-Anhalt zusammen mit verschiedenen Bronzegegenständen von Raubgräbern entdeckt und gestohlen. Die Diebe boten ihre Beute zu einem Preis von 360.000 Euro verschiedenen Sammlern und Museen an, im Februar 2002 konnten die Stücke bei einer fingierten Kaufverhandlung in einem Basler Hotel schließlich sichergestellt werden. Die Raubgräber wurden im September 2003 wegen Hehlerei und Unterschlagung zu Bewährungsstrafen und einer Geldstrafe verurteilt. Mit Hilfe der anhaftenden Erdreste konnte eindeutig nachgewiesen werden, dass die Stücke vom Mittelberg stammten. Dort wird seit August 2002 systematisch gegraben. Die Himmelsscheibe ist etwas mehr als 2 Kilogramm schwer und hat einen Durchmesser von 32 Zentimetern. Die kleinen runden Goldplättchen stellen wahrscheinlich Sterne dar, die

Die Himmelsscheibe von Nebra, um 1600 v. Chr., Dm. 32 cm, Bronze und Gold

sieben eng zusammenstehenden wohl die Plejaden (Siebengestirn). Außerdem erkennt man Sonne und Mond sowie einen flachen gebogenen Horizontstreifen. Der halbkreisförmige Bogen am unteren Rand wird aufgrund der horizontalen Streifen auf seinem Körper, die an das Aussehen ägyptischer Boote erinnern, als Schiff gedeutet, manche Wissenschaftler interpretieren das Band auch als Milchstraße.

Die Archäologen vermuteten, dass die um 1600 v. Chr. entstandene Scheibe (die älteste Himmelsdarstellung der Menschheitsgeschichte) nicht in einem einzigen Arbeitsgang geschaffen wurde, erste Analysen hatten jedoch keine Unterschiede in der Materialzusammensetzung der Goldauflagen nachweisen können, was für eine sukzessive Herstellung gesprochen hätte. Auch Zweifel an der Echtheit der Scheibe waren schon früh aufgetaucht. Im Sommer 2003 fand am Berliner Elektronenspeicherring für Synchrotronstrahlung (Bessy) eine eingehende Materialanalyse statt. Mit Hilfe der Synchrotron-Röntgenfluoreszenzanalyse am Bessy konnte nun nachgewiesen werden, dass sich die einzelnen Goldbleche in ihrem Zinngehalt unterscheiden, das heißt, dass man über einen längeren Zeitraum an der Scheibe arbeitete und sie immer wieder ergänzt und verändert wurde. Zunächst brachte der prähistorische Handwerker wohl den großen Kreis (Sonne oder Vollmond) und die Sterne auf, indem er tiefe Rillen in die Bronzeplatte grub, die zugeschnittenen Goldbleche hineinlegte und die Ränder dann über dem Gold zurückschlug, so dass die Goldbleche auf der Oberseite der Scheibe festgeklemmt wurden. Diese so genannte Tauschiertechnik war bisher nur aus Mykene und dem Orient bekannt, möglicherweise hat sich der Handwerker diese Arbeitsweise dort angeeignet und dann nach seinen eigenen Bedürfnissen weiterentwickelt. Später wurden die Horizontbögen aufgebracht, zu diesem Zweck mussten drei der Sterne versetzt werden. Schließlich wurde die »Barke« eingefügt, noch später die Scheibe am Rand gelocht.

Als weitere Ergebnisse erbrachte die Analyse, dass das Kupfer für die Bronzescheibe aus der Region Mitterberg bei Bischofshofen (Österreich) stammte, die Goldauflagen aus Siebenbürgen im heutigen Rumänien.

Die Himmelsscheibe war nicht nur ein Kalender zur Bestimmung von Winter- und Sommersonnenwende, sondern auch ein Kultobjekt, das bei Prozessionen mitgetragen wurde. Mit der Einfügung des Schiffes für die »nächtliche Fahrt über den Himmelsozean« erhält die Scheibe auch eine mythologische Komponente. Nach ihrer Restaurierung – die Raubgräber hatten erhebliche Schäden angerichtet, als sie die Funde mit einem

Grabung Goseck, Süd-ost-Tor

Maurerhammer gewaltsam aus dem Boden lösten – wird die Scheibe ab Herbst 2004 zum ersten Mal öffentlich ausgestellt.

Im Sommer 2003 wurde bei Goseck, etwa 25 Kilometer vom Fundort der Himmelsscheibe entfernt, eine kreisförmige Anlage von 75 Metern Durchmesser freigelegt, die zu den so genannten Henge-Monumenten gehört. Dies sind vorgeschichtliche, in Nordeuropa vorkommende Anlagen, bestehend aus einem runden Graben und einem Erdwall, denen nach innen eine kreisförmige Setzung aus großen Steinen oder Holzpfosten folgt. In das Innere des Kreises führen ein oder mehrere Eingänge. Ihre Funktion ist bis heute nicht genau geklärt: Möglicherweise handelt es sich um Kultplätze unter freiem Himmel, in oder bei manchen der Ringe wurden Bestattungen entdeckt, vielleicht benutzte man sie aber auch zur Feststellung astronomisch wichtiger Tage wie Sommer- und Wintersonnenwende oder Mondfinsternis – nicht auszuschließen ist, dass sie gleichzeitig mehreren Zwecken dienten. Die Entdeckung des Kreises von Goseck geht auf Luftaufnahmen vom Anfang der 1990er Jahre zurück, die durch geomagnetische Prospektionen präzisiert werden konnten (s. S. 69). Die Anlage bestand ursprünglich aus einem Spitzgraben, dem außen ein Wall vorgelagert war und der nach innen zwei konzentrische Palisadenkreise umschloss. In das Zentrum führten drei Tore. Mit Hilfe der in dem Graben gefundenen Keramik lässt sich die Entstehung an den Beginn des 5. Jahrtausends v. Chr. datieren; sie ist somit unter den etwa 180 in Europa bekannten Anlagen dieser Art die älteste. Stonehenge in England wird von den meisten Prähistorikern in die Zeit um 2500 bis 2000 v. Chr. datiert (die Datierung wurde mit Hilfe von C14-Untersuchungen der Holzkohle, Knochen und Geweihfragmente in den Fundamentgruben der Monolithe gewonnen).

Mit Hilfe eines sehr präzisen GPS-Verfahrens wurde eine punktgenaue Einmessung auf der Erdoberfläche vorgenommen, die als Grundlage für astronomische Berechnungen diente. Diese ergaben, dass das im Jahre 2003 vollständig ausgegrabene Südosttor genau auf den Sonnenaufgang zur Wintersonnenwende um 5000 v. Chr. ausgerichtet war. Das noch nicht ausgegrabene Südwesttor war wahrscheinlich am Sonnenuntergangspunkt orientiert. Verwandt ist diese Anlage mit den sehr viel jüngeren britischen Henge-Monumenten (3./2. Jahrtausend v. Chr.), die wahrscheinlich ebenfalls astronomischen Beobachtungen und kultischen Verrichtungen dienten.

Im Inneren des Ringes wurden Schächte mit Resten von Menschen- und Tierknochen gefunden.

Bronzezeitliches Sonnenobservatorium bei Goseck, Rekonstruktion

In Europa, vor allem in den Ländern rund um das Mittelmeer, aber auch in Deutschland stellen illegale Grabungen – von professionell organisierten, teilweise gezielt auf den Bedarf des Antikenmarktes abgestimmten Beutezügen bis zu den Sondengängern und »Hobbyarchäologen« mit Metalldetektoren – eines der Hauptprobleme der Denkmalpfleger und Wissenschaftler dar. Alle Versuche, den Schmuggel von Antiken einzuschränken und den illegalen Handel unter Strafe zu stellen, scheitern, wenn es keine internationalen Übereinkünfte und Maßnahmen dagegen gibt.

Von der italienischen Guardia di Finanza beschlagnahmte Fundobjekte aus Raubgrabungen

Deutschland hat beispielsweise die verschiedenen Schutzkonventionen aus juristischen Gründen (Fragen des Gerichtsstandes, eine angeblich zu weit gefasste Definition des Begriffes Kulturgut und des Anwendungsbereiches) größtenteils bis heute nicht unterzeichnet. Hinzu kommt, dass in diesem Bereich das Justizministerium, nicht der Kulturminister zuständig ist. Die bestehende EG-Richtlinie über die »Rückgabe von unrechtmäßig aus dem Hoheitsgebiet eines Mitgliedsstaates verbrachten Kulturgütern« bleibt ebenso wie das im Oktober 1998 in Deutschland in Kraft getretene Kulturgutsicherungsgesetz, das in seinem Ergebnis eher einen möglichst liberalen Handel mit Kulturgütern befördert, weit hinter der Unidroit-Bestimmung und der UNESCO-Konvention zurück, ihre Umsetzung gestaltet sich äußerst zäh, die Beweislast liegt jeweils bei dem Bestohlenen. Sobald ein Stück sein Heimatland verlassen hat und unbemerkt über die Grenze gebracht wurde, ist es praktisch vogelfrei und kann legal auf dem Kunstmarkt angeboten werden. Allein der Besitzer (beispielsweise der bestohlene Staat) kann dann im Rahmen eines Rechtshilfeersuchens auf Herausgabe des Objektes klagen, muss dann aber den Nachweis führen, dass das entsprechende Stück tatsächlich auf seinem Boden gefunden wurde, was in den meisten Fällen praktisch unmöglich ist.

Der Handel ist nicht verpflichtet, einen präzisen »Stammbaum« oder »Antikenpass« über die Herkunft und die Erwerbsumstände der verkauften Objekte zu führen, obwohl dies auf einschlägigen Tagungen und Kongressen von Archäologen und Denkmalpflegern immer wieder gefordert wird. Als Herkunftsangabe reicht »alte Privatsammlung« (bevorzugt »schweizerisch«), und schon wird aus der Beute einer Raubgrabung ein legal und zu hohen Preisen verkäuflicher Gegenstand.

Als eine Art passiven Widerstand gegen solches Vorgehen fordert der Ethikkodex des ICOM (International Council of Museums) die Wissenschaftler auf, diese Stücke – wenn man den illegalen Transfer schon nicht verhindern kann – in Vorträgen, Büchern und anderen Veröffentlichungen zu boykottieren und jegliche Beschäftigung mit Werken dubioser Herkunft oder ungeklärter Erwerbsgeschichte zu vermeiden. Ob dies immer möglich ist, da es sich ja häufig um zentrale und deshalb wissenschaftlich äußerst interessante Stücke handelt, mag dahingestellt bleiben.

Auch ist in diesem Zusammenhang zu fragen, wann der illegale Erwerb verjährt und das umstrittene Stück sozusagen »legalisiert« und wieder »unschuldig« wird, das heißt, wie hat man sich gegenüber den unzähligen, sich seit Jahrzehnten oder länger in Museums- und Sammlungsbesitz befindlichen Antiken zu verhalten, die ebenfalls keine gesicherte Herkunftsangabe tragen? Was soll mit verschenkten und übereigneten, legal auf einer Auktion ersteigerten oder gegen einen symbolischen Betrag veräußerten Antiken – etwa den Parthenon-

Skulpturen in London, dem Pergamonfries in Berlin oder den Giebelskulpturen des Aphaia-Tempels von Ägina in München (1812 von Martin von Wagner, dem Kunstagenten des späteren bayrischen Königs Ludwig I., auf einer Auktion erworben) – geschehen, deren Veräußerung und Export die Ursprungsländer heute als illegal empfinden und deshalb auf Herausgabe der Stücke pochen?

Das nächste Problem ergibt sich angesichts der Frage nach dem Besitzer: Sollte beispielsweise Russland den »Schatz des Priamos« an Deutschland zurückgeben oder an die Türkei, den ursprünglichen Eigentümer der Kostbarkeiten? Würden alle wie und unter welchen Bedingungen auch immer aus ihrem Ursprungsland entfernten Kunstwerke ihren rechtmäßigen Eigentümern zurückgegeben – man schätzt, dass es sich allein bei den »legal« erworbenen und nicht in Privatsammlungen befindlichen Stücken weltweit um etwa eine Million handelt – müssten zahlreiche Museen schließen und viele öffentliche Plätze in den europäischen Hauptstädten wären kahl – man denke an die Sammlung des British Museum, des Louvre, den Pergamon-Altar in Berlin oder die ägyptischen Obelisken in Rom, Paris und London.

Noch einmal Troja

Im Jahre 1988 wurden die Ausgrabungen in Troja unter deutscher Leitung wieder aufgenommen. Seither haben mehr als 30 Kampagnen stattgefunden, die das Bild der antiken Stadt Jahr für Jahr deutlicher hervortreten lassen. Seit 1998 gehören die Ruinen von Troja zum Weltkulturerbe.

Eines der zentralen Probleme der Troja-Forschung (neben der Diskussion, ob der Trojanische Krieg tatsächlich stattgefunden hat – und wenn ja, wann – oder ob er eine freie Erfindung Homers war und ob Homer eine reale Person gewesen ist) war bis weit in die 90er Jahre des 20. Jahrhunderts die Frage, ob es sich bei der Stadt, die man im Hügel Hisarlik ausgrub, wirklich um Troja handelte. Man hatte im Laufe der Grabungen zahllose Funde gemacht – Keramik, Waffen, Kleinplastiken, Bronzegerät, Skelette –, jedoch niemals einen schriftlichen Hinweis auf die Identität des Ortes gefunden. Zweifel hatten bereits an Schliemann genagt, und diese hatten von keinem der folgenden Wissenschaftler jemals ganz ausgeräumt werden können. Erst 1996 fiel Hethitologen bei der Auswertung von in Keilschrift geschriebenen hethitischen Texten (Staatsverträge, diplomatische Korrespondenz, historiographische Texte) die wiederholte Erwähnung eines Ortes namens Wilusa auf. Weiß man nun, dass der Schauplatz der Ilias bei Homer Ilios (oder auch Troiē) heißt und dieses Wort im Griechischen ursprünglich ein W als Anlaut hatte, so ist die Verbindung von

Schematischer Schnitt durch den Siedlungshügel von Troja von der Bronzezeit bis zum römischen Ilion

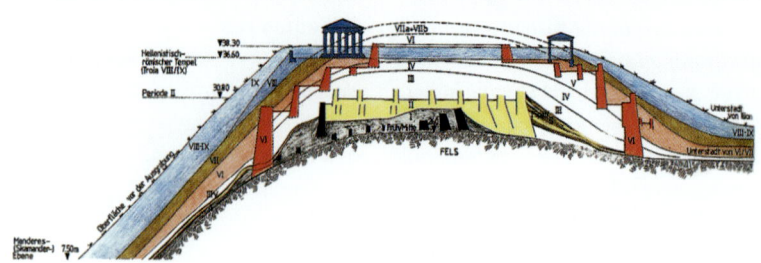

Das 1995 in Troja ent-deckte beschriftete luwische Siegel. Dm. ca. 2 cm, Ende 12. Jh. v. Chr. (Troja VIIb), die Vorderseite trägt den Namen eines Schreib-meisters, die Rückseite den einer Frau.

(W)ilios zu Wilusa nicht mehr weit, und man konnte zumindest davon ausgehen, dass es den Ort Ilios (Tro-ja) wirklich gegeben hat.

Wilusa/Ilion (das heißt die Siedlungsschichten VI und VIIa) besaß, darauf lassen die hethitischen Quel-len des 16. bis 13. Jahrhunderts v. Chr. schließen, eine wichtige strategische Schlüsselposition an den Darda-nellen und war für das Hethiterreich von großem poli-tischem Interesse. Zu Beginn des 13. Jahrhunderts v. Chr. schloss der in Wilusa regierende, aber uner-wünschte Alaksandu zur Sicherung seiner Position mit dem hethitischen Großkönig Muwatalli II. (um 1290–1272 v. Chr.) einen Vasallenvertrag, durch den die Stadt in Abhängigkeit vom Hethiterreich geriet. Gleichzeitig eskalierten die Auseinandersetzungen zwischen den Hethitern und dem Land Achijawa, vielleicht die ho-merischen Achäer (Griechen), die ihre Kriegsflotte nach Wilusa/Troja schickten? So hätte es sich beim Trojanischen Krieg um einen Streit zwischen Griechen und Hethitern gehandelt, und der Zankapfel wäre nicht eine entführte Ehefrau, sondern ein strategisch äußerst wichtiger Ort an den Dardanellen gewesen.

Zu diesem Befund fügt sich, dass man in Troja be-reits 1995 ein luwisch beschriftetes Siegel vom Ende des 12. Jahrhunderts v. Chr. gefunden hatte (das Luwische war eine Sprache aus der anatolischen Gruppe der indogermanischen Sprachen, die im südlichen Kleinasien benutzt wurde). Aus diesem Einzelfund lassen sich zwar keine komplexen Beweise für enge politische und kulturelle Beziehungen ableiten, aber er wäre im Zusammenhang mit weiteren Funden doch ein Indiz für Kontakte zwischen Troja und dem Hethiterreich. Troja wäre somit kein drittrangiger Ort am äußersten östlichen Rand des Achäerreiches gewesen – was bislang der Stand der Forschung war –, sondern eine Art Schnittpunkt oder Kontaktstelle zwischen Griechen und Hethitern.

Mit der Übernahme der Grabungsleitung durch den Prähistoriker Manfred Korfmann 1988 und die wachsende Zahl von Funden, aber ebenso durch die Quellenstudien der Hethitologen wuchs das wissenschaftliche und öffentliche Interesse an dem Ort erneut. Den aktuellen Stand der Forschung, aber auch die Wirkungsgeschichte des Mythos Troja von der Antike bis zur heutigen Zeit präsentierte die Ausstellung *Troia. Traum und Wirklichkeit*, die 2001/2002 in Stuttgart, Braunschweig und Bonn gezeigt wurde und fast eine Million Besucher ins Museum lockte. Die in ihrem archäologischen Teil vom Ausgräber selbst konzipierte Ausstellung ebenso wie der begleitende Katalog lösten ein überaus heftiges und in dieser Form wohl nicht erwartetes Echo sowohl in den Medien und der Öffentlichkeit als auch und vor allem unter verschiedenen Altertumswissenschaftlern – Archäologen, Althistoriker, Altphilologen – aus.

Nach mehr als 130 Jahren Grabungsgeschichte hat sich Troja heute von einer klassischen Schatzsucherstätte zu einem hoch professionellen Grabungsprojekt mit einem umfangreichen internationalen Mitarbeiterstab von Wissenschaftlern aus allen Forschungsbereichen, einer soliden finanziellen Ausstattung und modernstem technischem Equipment entwickelt. Auf weitere Funde und Forschungsergebnisse darf man gespannt sein.

Ein Schlusssatz

Dem Leser sei versichert: Ausgrabungskampagnen laufen nicht so ab wie bei Indiana Jones, und die wenigsten Archäologinnen können es mit Lara Croft aufnehmen, dennoch bleibt die Archäologie eine spannende Wissenschaft, deren Materialfundus – im Gegensatz zu dem fast aller anderen Geisteswissenschaften – Tag für Tag wächst und die mit immer neuen Fragestellungen und Untersuchungsmethoden stets detailliertere und verblüffendere Antworten und Ergebnisse präsentiert. Und wie bei allen lebendigen Wissenschaften eröffnet sich mit jeder gefundenen Antwort mindestens eine neue Frage.

Archäologische Institute, Verbände und Schulen

Deutsche Archäologisches Institut (DAI)

Am 21. April 1829 in Rom als »Istituto di Corrispondenza Archeologica« gegründete, um die antiken Denkmäler und Inschriften der Stadt Rom zu erforschen und bekannt zu machen.

1832 Verlegung der Leitung des Instituts nach Berlin.

1874 Gründung der Abteilung in Athen.

1871, mit seiner Umwandlung in eine Preußische Staatsanstalt, Umbenennung in »Deutsches Archäologisches Institut«.

Heute ist das Deutsche Archäologische Institut (DAI) eine der wichtigsten deutschen Forschungsinstitutionen im Bereich der Archäologie mit etwa 115 Mitarbeitern. Die Zentrale befindet sich in Berlin.

Angeschlossen sind die Römisch-Germanische Kommission in Frankfurt (RGK), die Kommission für Alte Geschichte und Epigraphik in München (AEK) sowie die Kommission für Allgemeine und Vergleichende Archäologie in Bonn (KAVA). Das Institut unterhält in den Ländern, in denen es Ausgrabungsprojekte betreibt, jeweils eigene Abteilungen, d. h. in Madrid, Rom, Athen, Istanbul, Kairo mit einer Außenstelle in Sanaa, Bagdad und Teheran. Weitere Außenstellen befinden sich in Damaskus, Lissabon, Ankara und Ingolstadt. Als Außenstelle der Abteilung Teheran wurde 1995 die Eurasien-Abteilung gegründet, die Forschungsprojekte im Gebiet der GUS-Staaten und den benachbarten Ländern betreut. Darüber hinaus unterhält das DAI Grabungen, unterstützt Forschungsprojekte, Publikationen und Bestandsaufnahmen in Afghanistan, im Iran und im Libanon, im Jemen, in Syrien, Tunesien, in Bulgarien, in Zusammenarbeit mit der KAVA in Bolivien und an vielen weiteren Orten.

Zu den Aufgaben des Instituts gehören neben den Ausgrabungen auch die archäologische Forschung und die Kontaktpflege mit Wissenschaftlern, Universitäten und Institutionen im In- und Ausland.

Regelmäßig erscheinende Publikationsorgane sind der *Archäologische Anzeiger* und die *Mitteilungen des Deutschen Archäologischen Instituts*, die Zweigstellen im Ausland geben ebenfalls Zeitschriften mit Beiträgen zu den jeweils aktuellen Forschungsergebnissen heraus.

Jährlich vergibt das DAI an hervorragende, frisch promovierte junge Archäologen Reisestipendien, die diesen ermöglichen, ein Jahr lang in den Mittelmeerländern zu reisen und ihre Ausbildung direkt am Ort zu vervollständigen.

Deutsches Archäologisches Institut
Podbielskiallee 69–71
14195 Berlin
www.dainst.de

Kommission für Allgemeine und Vergleichende Archäologie (KAVA)

1979 gegründet.
Verwaltung in Bonn.
Schwerpunkt ist die Forschung in Asien, Afrika und Lateinamerika. Die Forschung mit einer stets übergreifenden Themenstellung und Ausgrabung vollziehen sich in enger Zusammenarbeit mit den wissenschaftlichen Institutionen des jeweiligen Gastlandes, so in Marokko, Sri Lanka, Bolivien, Peru, im Himalaya (Ausgrabung und Untersuchung der befestigten Höhlensiedlungen im Hochtal von Muktinah) oder Vietnam (Kulturen der frühen Metallzeit).

Jährlich erscheint die Zeitschrift *Beiträge zur Allgemeinen und Vergleichenden Archäologie* sowie in loser Folge Monographien und Kongressberichte.

Kommission für Allgemeine und Vergleichende Archäologie
Endenicher Str. 41
53115 Bonn
www.dainst.de

Deutscher Archäologen-Verband e.V. (DArV)

1970 in Bonn gegründet.
Berufsverband mit ca. 800 Mitgliedern, Schwerpunkte seiner Arbeit sind die Berufs- und Wissenschaftspolitik für den Bereich Archäologie, die archäologische Forschung und Lehre an den Universitäten, das Museumswesen, die Darstellung der Disziplin in der Öffentlichkeit, die internationale Zusammenarbeit sowie Archäologie und Denkmalpflege.

Zweimal jährlich erscheinen die *Mitteilungen des Deutschen Archäologen-Verbandes* sowie vor jedem Semester ein Verzeichnis der Vorlesungen und Seminare an den Universitäten in Deutschland, Österreich und der deutschsprachigen Schweiz. Einmal jährlich gibt der DArV eine Liste der abgeschlossenen Magisterarbei

Archäologische Institute, Verbände und Schulen

ten sowie der in Arbeit befindlichen bzw. abgeschlossenen Dissertationen heraus.

Deutscher Archäologen-Verband
Prof. Dr. Friederike Fless
Institut für Klassische
Archäologie der Freien
Universität Berlin
Otto-von-Simson-Str. 11
14195 Berlin
www.darv.de

Römisches Institut der Görres-Gesellschaft

1888 gegründet zur historischen und Archivforschung in Rom.
Schwerpunkte seiner Arbeit sind die Kirchengeschichte und die altchristlichen Monumente.

Römisches Institut der Görres-Gesellschaft
Via della Sagrestia, 17
I–00120 Città del Vaticano

Deutscher Altphilologen-verband (DAV)

1925 in Berlin gegründet.
Offizieller Fachverband für Latein und Griechisch an Schulen und Universitäten mit 6000 Mitgliedern.

Deutscher Altphilologenverband
Dr. Helmut Meißner
Hubstr. 16
69190 Walldorf
www.altphilologenverband.de

Winckelmann-Gesellschaft

1940 in Stendal, der Geburtsstadt von Johann Joachim Winckelmann, gegründet.
Aufgabe ist die Pflege von Winckelmanns Erbe sowie die kritische Edition seiner Schriften; in ihrem Besitz befinden sich die Erstausgaben seiner Bücher sowie Briefe und Archivmaterial.
In Winckelmanns Geburtshaus ist heute ein Museum untergebracht.

Winckelmann-Gesellschaft
Winckelmannstr. 36/37
39576 Stendal
www.winckelmann-gesellschaft.de

Mommsen-Gesellschaft

1949/50 in Hinterzarten und Jena als »Verband der deutschen Forscher auf dem Gebiete des griechisch-römischen Altertums« gegründet.
Verband mit ca. 620 Mitgliedern zur »Förderung der altertumswissenschaftlichen Forschung, der Zusammenarbeit und dem Austausch zwischen den verschiedenen altertumswissenschaftlichen Disziplinen, der Förderung des altertumswissenschaftlichen Studiums an den Universitäten und der Vertretung der altertumswissenschaftlichen Forscher und Fachdisziplinen gegenüber der Öffentlichkeit«.
Sie vergibt den Bruno-Snell-Preis für besonders hervorragende Dissertationen und Habilitationen.

Mommsen-Gesellschaft
Archäologisches Institut
Albert-Ludwigs-Universität
Freiburg
Fahnenbergplatz
79085 Freiburg i. Br.
www.mommsen-gesellschaft.de

Österreichisches Archäologisches Institut (ÖAI)

1898 gegründet.
Zentrale in Wien, Zweigstellen in Athen und Kairo.
Zu den bekanntesten Grabungen, die das Institut seit seiner Gründung betreut, gehören die Kampagnen in Ephesos (Türkei).

Österreichisches Archäologisches Institut
Franz-Klein-Gasse 1
A–1190 Wien
www.oeai.at

Académie de France à Rome

1666 auf Initiative von Jean-Batist Colbert (1619–1683), dem Oberintendanten Ludwigs XIV. u. a. für die königlichen Bauwerke und die schönen Künste, in Rom gegründet.
Sie widmete sich zunächst hauptsächlich dem Studium und dem Kopieren von Kunstwerken in Rom. Heute ist ihr Sitz die Villa Medici in Rom.

Académie de France à Rome
Viale Trinità die Monti, 1
I–00187 Rom
www.villamedici.it

École Française d'Athènes

1846 gegründet

6, rue Didotou
GR–10680 Athen
www.efa.gr

École Française de Rome

1875 gegründet

Piazza Farnese, 67
I–00186 Rom
ecole-francaise.it

Archäologische Institute, Verbände und Schulen

The British School at Athens (BSA)

1883 nach dem Vorbild der École Française in Rom und des Deutschen Archäologischen Instituts gegründet. Die BSA betreut zahlreiche Grabungen in Griechenland, u.a. auf Melos und Kreta. 1901 nach dem Modell der BSA die *British School at Rome* (BSR) gegründet.

The Britisch School at Athens
Odhos Souidhias 52
GR–10676 Athen
bsa.ac.uk

The Britisch School at Rome

Via Gramsci, 61
I–00197 Rom
bsr.ac.uk

American School of Classical Studies at Athens

1881 in Athen gegründet. Forschungsinstitut zur Förderung junger amerikanischer Archäologen, Kunsthistoriker, Historiker sowie Sprach- und Literaturwissenschaftler. Darüber hinaus will es Lehrern der griechischen Sprache eine Möglichkeit zur Landes- und Denkmälererkundung geben.
Seit 1896 betreut die American School die Grabungen in Korinth.

ASCSA
54 Souidias Street
10675 Athen
GR–Griechenland
ascsa.edu.gr

Auch andere europäische Länder unterhalten Schulen und Institute in Rom und Athen. Sie betreuen Ausgrabungen in den jeweiligen Ländern, deren Ergebnisse in hauseigenen Publikationen und Zeitschriften veröffentlicht werden, bieten Wissenschaftlern Unterstützung und Hilfe bei Forschungsvorhaben, organisieren Tagungen und Kongresse und sind darüber hinaus ein wichtiger Faktor bei der Vermittlung kultureller und wissenschaftlicher Kontakte zwischen den jeweiligen Staaten. Die wichtigsten – in der Reihenfolge ihrer Gründung bzw. ihrer Anerkennung durch die jeweilige Regierung – sind:
das Niederländische Institut in Rom (1904)
das Schwedische Institut in Athen (1948)
das Finnische Institut in Rom (Institutum Romanum Finlandiae) (1954)
das Belgische Archäologische Institut in Griechenland (1962)
die Schweizerische Archäologische Schule in Griechenland (seit 1975 mit dem Titel »Schule«)
das Finnische Institut in Athen (1984)
das Niederländische Institut in Athen (1982/84)
das Norwegische Institut in Athen (1989)
das Dänische Archäologische Institut in Athen (1992).

Vereinigungen experimenteller Archäologen

Europäische Vereinigung zur Förderung der Experimentellen Archäologie (EXAR)
2002 gegründet zur »Förderung von Arbeiten der Experimentellen Archäologie«. Zeitschrift *Experimentelle Archäologie in Europa.*

EXAR
Landesmuseum Natur und Mensch
Damm 38–44
26135 Oldenburg
www.exar.org

European Exchange on Archaeological Research and Communication (EXARC)
2001 gegründet zur Förderung der Zusammenarbeit archäologischer Freilichtmuseen.

EXARC
Sekretär: Roeland Paardekooper
Canadastraat 21
NL–5651 CE Eindhoven
www.exarc.org

Archaeological Interpretation Network (AIN)
2001 gegründet. Zusammenschluss von Museen, Instituten und Firmen, die sich mit Geschichtsdarstellung befassen.

AIN
Sekretariat: René Hänggi
Vindonissa-Museum
Industriestr. 3
CH–5200 Brugg

Arbeitskreis Experimentelle Archäologie in der Schweiz/Groupe de Travail pour l'Archeologie Experimentale en Suisse (AEAS/GAES)
1993 gegründet.

AEAS/GAES
c/o Museum für Urgeschichte(n)
Hofstr. 15
CH–6300 Zug
www.prehist.unizh.ch/vereine/vereine-frameset.html

Archäologische Institute, Verbände und Schulen

Arbeitskreis Experimentelle Archäologie der Österreichischen Gesellschaft für Ur- und Frühgeschichte

1991 gegründet, Vorträge und Lehrveranstaltungen zur Experimentellen Archäologie.

Arbeitskreis Experimentelle Archäologie der Österreichischen Gesellschaft für Ur- und Frühgeschichte (ÖGUF)
Franz-Klein-Gasse 1
AU–1190 Wien
Österreich
www.oeguf.ac.at

Unterwasserarchäologie

Kommission für Unterwasserarchäologie beim Verband der Landesarchäologen in der BRD
www.unterwasserarchaeologie.de/kuwa/index.html

Deutsche Gesellschaft zur Förderung der Unterwasserarchäologie e.V.
www.deguwa.de

Denkmalpflege

Verband der Landesarchäologen in der BRD
c/o Brandenburgisches Landesamt für Denkmalpflege und Archäologisches Landesmuseum
Wünsdorfer Platz 4-5
15838 Wünsdorf
www.landesarchaeologen.de

Ur- und Frühgeschichte

Deutsche Gesellschaft für Ur- und Frühgeschichte (DGUF)
Geschäftsleitung
Dipl. Arch. Gudrun Noll
Stadtmuseum Erfurt
Johannesstr. 169
99084 Erfurt
www.dguf.de

Ägyptologie

Internationaler Ägyptologenverband (IAE)
Generalsekretär Prof. Dr. Günter Burkhard
Institut für Ägyptologie
Meiserstr. 10
80333 München
www.fak12.uni-muenchen.de/aegyp/IAEPage.html

Vorderasiatische Altertumskunde

Deutsche Orientgesellschaft
1898 gegründet zur Förderung der Forschung auf dem Gebiet der orientalischen Altertumskunde.

Geschäftsstelle
c/o Institut für Altorientalistik
Hüttenweg 7
14195 Berlin
www.orientgesellschaft.de

Wichtige archäologische Museen und Sammlungen

Ägypten
Alexandria
  Griechisch-Römisches
    Museum
Giza
  Sonnenbarken-Museum
Kairo
  Ägyptisches Museum
Luxor
  Luxor Museum of Ancient
    Art

Algerien
Algier
  Musée National des
    Antiquités
Cherchell
  Musée Archéologique
Timgad
  Musée Archéologique de
    Timgad

Belgien
Brügge
  Archeologisch Museum
Brüssel
  Musée Archéologique
    Bruxella
  Musée d'Ixelles
  Musées Royaux d'Art et
    d'Histoire

Bulgarien
Sofia
  Archäologisches National-
    museum

Dänemark
Kopenhagen
  Nationalmuseum
  Ny Carlsberg Glyptotek

Deutschland
Berlin
  Ägyptisches Museum und
    Papyrussammlung
  Antikensammlung
  Museum für spätantike
    und byzantinische Kunst

Museum für Vor- und Früh-
    geschichte
  Pergamon-Museum
  Vorderasiatisches Museum
Bonn
  Akademisches Kunst-
    museum der Universität
  Rheinisches Landes-
    museum
Dresden
  Antikensammlung im Alber-
    tinum
Frankfurt a. M.
  Städtische Galerie Liebieg-
    haus/Museum Alter
    Plastik
Hannover
  Kestner-Museum (ägypti-
    sche Kunst)
Hildesheim
  Roemer- und Pelizaeus-
    Museum (ägyptische
    Kunst)
Karlsruhe
  Badisches Landesmuseum
Kassel
  Antikensammlung in
    Schloß Wilhelmshöhe
Köln
  Römisch-Germanisches
    Museum
Konstanz
  Archäologisches Landes-
    museum Baden-Würt-
    temberg
Leipzig
  Ägyptisches Museum der
    Universität Leipzig
  Antikenmuseum der
    Universität Leipzig
Mainz
  Römisch-Germanisches
    Zentralmuseum
München
  Staatliche Antikensamm-
    lungen und Glyptothek
  Staatliche Sammlung
    Ägyptischer Kunst
Schleswig
  Archäologisches Landes-
    museum, Schloß Gottorf
Stuttgart
  Württembergisches
    Landesmuseum

Trier
  Rheinisches Landes-
    museum
Tübingen
  Ägyptische Sammlung der
    Universität
Würzburg
  Martin-von-Wagner-
    Museum der Universität
    Würzburg

Frankreich
Paris
  Musée du Louvre

Griechenland
Athen
  Agora-Museum
  Akropolis-Museum
  Archäologisches National-
    museum
Delphi
  Archäologisches Museum
Kreta
  Archäologische Museen
    von Chania und Rethym-
    non, Chania
  Archäologisches Museum,
    Heraklion
Olympia
  Archäologisches Museum

Großbritannien
Cambridge
  The Fitzwilliam Museum
London
  British Museum
Oxford
  Ashmolean Museum

Israel
Jerusalem
  Archäologisches Museum
Tel Aviv
  Antikenmuseum

Italien
Agrigent
  Archäologisches Regional-
    museum

Wichtige archäologische Museen und Sammlungen

Bologna
  Museo Civico Archeologico
Florenz
  Archäologisches Museum
Mailand
  Archäologisches Museum
Neapel
  Archäologisches National-
  museum
Paestum
  Archäologisches Museum
Palermo
  Archäologisches Museum
Rom
  Kapitolinische Museen
  Museo Nazionale Romano
  – Palazzo Massimo alle
  Terme (Thermenmuseum)
  Vatikanische Museen
  Villa Giulia
Syrakus
  Archäologisches National-
  museum
Turin
  Museo Egizio
Venedig
  Archäologisches National-
  museum

Jordanien
Amman
  Jordanisches archäolo-
  gisches Museum

Kroatien
Split
  Archäologisches Museum
Zagreb
  Archäologisches Museum

Niederlande
Amsterdam
  Allard Pierson Museum
Leiden
  Rijksmuseum van Oudheden

Norwegen
Oslo
  Nationalgalerie, Antiken-
  sammlung

Österreich
Wien
  Ephesos-Museum
  Kunsthistorisches Museum

Polen
Krakau
  Archäologisches Museum
Warschau
  Nationalmuseum

Portugal
Lissabon
  Museu Arqueológico

Rumänien
Bukarest
  Historisches National-
  museum

Russland
Moskau
  Puschkin-Museum
St. Petersburg
  Staatliche Eremitage

Schweden
Stockholm
  Nationalmuseum

Schweiz
Basel
  Antikenmuseum Basel und
  Sammlung Ludwig
Bern
  Antikensammlung
Genf
  Musée d'Art et d'Histoire

Spanien
Madrid
  Museo Arqueológico
Merida
  Museo Nacional de Arte
  Romano

Tunesien
Karthago
  Nationalmuseum

Türkei
Ankara
  Museum der Anatolischen
  Kulturen
Istanbul
  Archäologisches Museum
Izmir
  Archäologisches Museum

Ungarn
Budapest
  Museum der Bildenden
  Künste

USA
Baltimore
  Walters Art Gallery
Boston
  Museum of Fine Arts
Cambridge, Mass.
  Fogg Art Museum
Chicago
  Oriental Institute Museum
Cleveland
  The Cleveland Museum of
  Art
Detroit
  The Detroit Institute of Art
Malibu
  J. P. Getty Museum
New Haven
  Art Museum of Yale Univer-
  sity
New York
  The Metropolitan Museum
  of Art
Princeton
  Princeton University Art
  Museum

Archäologische Fundstätten und Parks

Eine Auswahl von Adressen wichtiger archäogoischer Fundstätten und archäologischer Parks

Aschaffenburg
(Bayern)

Pompejanum
im Schloss Johannisburg
Schlossplatz 4
D-63739 Aschaffenburg
Tel. (0 60) 21 36 85 70
www.schloesser.bayern.de/

Augst
(Kanton Basel/ Schweiz)

Römerstadt Augusta Raurica
Römerhaus
Giebenacherstr. 17
CH-4302 Augst
Tel. (0 61) 8 16 22 61
www.augusta-raurica.ch

Bad Buchenau
(Baden Württemberg)

Archäopark Federsee
Federseemuseum
August-Gröber-Platz 2
D-88422 Bad Buchenau
Tel. (0 75 82) 83 50
www.federseemuseum.de/

Badenweiler
(Baden-Württemberg)

Römische Badruine
Ernst-Eisenlohr-Str. 4
D-79410 Badenweiler
Tel. (07632) 79 93 10
www.rp.baden-wuerttemberg.de/

Bad Neuenahr-Ahrweiler
(Rheinland-Pfalz)

Museum Römervilla
Am Silberberg 1
D-53474 Bad Neuenahr-Ahrweiler
Tel. (0 26 41) 53 11

Berlin

Freilichtmuseumsdorf
Düppel
Clauertstraße 11
D-14163 Berlin
Tel. (0 30) 8 02 66 71
www.dueppel.de

Bliesbruck (Frankreich) und **Reinheim** (Saarland)

Europäischer Kulturpark
Robert-Schumann-Straße 2
D-66453 Gersheim-Reinheim
Tel. (0 68 43) 90 02 11
www.kulturpark-online.de/

Bramsche
(Niedersachsen)

Museum und Park Kalkriese
Venner Straße 69
D-49565 Bramsche-Kalkriese
Tel. (0 54 68) 92 04 38
www.kalkriese-varus-schlacht.de

Carnuntum
(Niederösterreich)

Archäologischer Park
Carnuntum
Hauptstraße 296
A-2404 Petronell-Carnuntum
Tel. (0 21 63) 3 37 70
www.carnuntum.co.at/

Greven-Pentrup
(Nordrhein-Westfalen)

Freilichtmuseum Sachsenhof
Pentruper Mersch
48268 Greven-Pentrup
Tel. (0 25 71) 13 00
www.greven.net/

Haltern
(Nordrhein-Westfalen)

Westfälisches
Römermuseum
Weseler Straße 100
D-45721 Haltern
Tel. (0 23 64) 9 37 60
www.lwl.wmfa/wmfa04.htm

Heuneburg bei Hundersingen (Baden-Württemberg)

Freilichtmuseum Keltischer
Fürstensitz Heuneburg
Binzwanger Straße 14
D-88518 Herbertingen-Hundersinden
Tel. (0 75 86) 16 79
www.dhm.de/museen/heuneburg/

Hitzacker
(Niedersachsen)

Archäologisches Zentrum
Hitzacker-See
D-29456 Hitzacker
Tel. (0 58 62) 67 94
www.archaeo-centrum.de

Hochdorf
(Baden-Württemberg)

Keltenmuseum Hochdorf
Keltenstraße 2
D-71735 Eberdingen-Hochdorf
Tel. (0 70 42) 7 89 11
www.keltenmuseum.de/index.html

Archäologische Fundstätten und Parks

Holzhausen
(Thüringen)

»Gelände für experimentelle
Archäologie und kreative
Freizeit«
Wachsenburggemeinde
Ortsteil Holzhausen
Arnstädter Straße 97
99316 Holzhausen
Tel. (0 36 28) 7 81 57
www.tlad.de/gelaende

Homburg-Schwarzenacker
(Saarland)

Freilichtmuseum Römerpark
Homburger Straße 38
D-66424 Homburg-Schwar-
zenacker
Tel. (0 68 48) 8 75
www.homburg.de/

Kempten
(Bayern)

Archäologischer Park
Cambodunum
Cambodunumweg 3
D-87437 Kempten
Tel. (08 31) 57 42 50
www.kempten.de/

Köln
(Nordrhein-Westfalen)

Römische Grabkammer
Aachener Straße 1328
D-50859 Köln
Tel. (0 22 34) 7 33 99
www.museenkoeln.de/

Römisches Prätorium
Rathausplatz
D-50667 Köln
Tel. (02 21) 22 12 23 94
www.museenkoeln.de/

Kussow
(Mecklenburg-Vorpommern)

Steinzeitdorf Kussow
Kussower Weg
23948 Kussow bei Greves-
mühlen
Tel. (0 38 81) 71 50 55
www.nordwestmecklenburg.de

Nennig
(Saarland)

Römische Villa
Römerstraße 11
D-66706 Perl
Tel. (0 68 67) 13 29
www.nennig.de/

Oerlinghausen
(Nordrhein-Westfalen)

Archäologisches
Freilichtmuseum
Am Barkauser Berg 2–6
D-33813 Oerlinghausen
Tel. (0 52 02) 22 20
www.afm-oerlinghausen,de/

Otrang
(Rheinland-Pfalz)

Römische Villa
Otranger Straße
54636 Fließem
Tel. (0 65 69) 96 32 45
www.fliessem.de/

Saalburg
(Hessen)

Römisches Kohortenkastell
Saalburgstraße
D-61350 Bad Homburg
Tel. (0 61 75) 9 37 40
www.saalburgmuseum.de

Trier
(Rheinland-Pfalz)

Palastaula – Basilika
Konstantinplatz
D-54290 Trier
Tel. (06 51) 4 25 70

Kaiserthermen
Weberbach
54290 Trier
Tel. (06 51) 4 42 62

Thermen am Viehmarkt
Viehmarktplatz
D-54290 Trier
Tel. (06 51) 99 410 57

Unteruhldingen
(Baden-Württemberg)

Pfahlbaumuseum
Strandpromenade 6
D-88690 Uhldingen
Tel. (0 75 56) 85 43
www.pfahlbauten.de

Xanten

Archäologischer Park
Wardter Straße
46509 Xanten
Tel. (0 28 01) 29 99
www.apx.lvr.de/

Bibliographie

Alle Publikationen enthalten ein ausführliches Verzeichnis der älteren und weiterführenden Literatur. Fast alle Bücher sind noch lieferbar.

Allgemein

Bergemann, Johannes, Orientierung Archäologie, Was sie kann, was sie will, Reinbek bei Hamburg 2000 (mit ausführlicher Bibliographie: neueste Publikationen zu den verschiedenen Themenbereichen, Liste aller deutschsprachigen Institute und Seminare für Klassische Archäologie und alle weiteren Archäologien, Archäologie im Internet, Links, Webseiten von Ausgrabungen und Museen)

Bernbeck, Reinhard, Theorien in der Archäologie, Stuttgart 1997

Beyer, Heinz-Jürgen/Röder, Brigitte, Studienführer. Geschichts-, Kunst- und Altertumswissenschaften, Eibelstadt 1998

Borbein, Adolf H. u.a., Klassische Archäologie: eine Einführung, Berlin 2000

Bianchi Bandinelli, Ranuccio, Klassische Archäologie. Eine kritische Einführung, München 1978

Brendel, Otto, J., Was ist römische Kunst?, Köln 1990

Brodersen, Kai (Hrsg.), Antike Stätten am Mittelmeer, Stuttgart 1999

Brodersen, Kai/Zimmermann, Bernhard (Hrsg.), Personen der Antike, Stuttgart 2004

Der Kleine Pauly, Lexikon der Antike in 5 Bänden, hrsg. von Konrat Ziegler und Walther Sontheimer, München 1979

Der Neue Pauly, 15 Bde. Altertum, 5 Bde. Rezeptions- und Wissensgeschichte, 1 Registerband, hrsg. von Hubert Cancik, Helmuth Schneider und Manfred Landfester, Stuttgart 2003

Eggert, Manfred K. H./Veit, Ulrich, Theorie in der Archäologie: zur englischsprachigen Diskussion, Münster 1998

Fehring, Günter P., Einführung in die Archäologie des Mittelalters, Darmstadt 1992

Fehring, Günter P., Die Archäologie des Mittelalters, Stuttgart 2000

Hölscher, Tonio (Hrsg.) u.a., Klassische Archäologie – Grundwissen, Darmstadt 2002

Hodder, Ian, Reading the Past. Current approaches to interpretation in archaeology, Cambridge 1991

Lang, Franziska, Klassische Archäologie, Stuttgart 2002

Lullies, Reinhard (Hrsg.), Archäologenbildnisse: Porträts und Kurzbiographien von Klassischen Archäologen Deutscher Sprache, Mainz 1988

Schliemann, Heinrich, Mykenae. Bericht über meine Forschungen und Entdeckungen in Mykenae und Tyrins 1878, Darmstadt 1991

Sinn, Ulrich, Einführung in die Klassische Archäologie, München 2000

Thomson de Grummond, Nancy (Hrsg.), Encyclopedia of Classical Archaeology, Westpoint, CT, 1996

Winckelmann, J. J., Geschichte der Kunst des Altertums, Nachdruck Köln 1993

Athen

Sinn, Ulrich, Athen, Geschichte und Archäologie, München 2004

Etrurien

Falchetti, Franco/Romualdi, Antonella, Die Etrusker, Stuttgart 2001

Pfiffig, Ambros J., Einführung in die Etruskologie, Darmstadt 1991[4]

Olympia

Sinn, Ulrich, Das antike Olympia. Götter, Spiele und Kunst, München 2004

Pompeji

Bringmann, Klaus, Römische Geschichte, München 2004[8]

Coarelli, Filippo, Pompeji. Archäologischer Führer, Bergisch Gladbach 1993

Rom

Buchner, Edmund, Die Sonnenuhr des Augustus, Mainz 1982

Coarelli, Filippo, Rom, ein archäologischer Führer, Mainz 2004

Troja

Cobet, Justus, Heinrich Schliemann. Archäologe und Abenteurer, München 1997

Hertel, Dieter, Troia. Archäologie, Geschichte, Mythos, München 2001

Hertel, Dieter, Die Mauern von Troia. Mythos und Geschichte im antiken Ilion, München 2003

Latacz, Joachim, Troja und Homer. Der Weg zur Lösung eines alten Rätsels, München/Berlin 2001

Troia. Traum und Wirklichkeit, Ausstellungskatalog Stuttgart/Braunschweig/Bonn 2001/2002

Bibliographie

Ulf, Christoph (Hrsg.), Der neue Streit um Troja. Eine Bilanz. München 2003

Schliemann, Heinrich, Selbstbiographie, hrsg. von R. Vollmann, Stuttgart 2004

Schliemann, Heinrich, Bericht über die Ausgrabungen in Troja in den Jahren 1871 bis 1873, Düsseldorf 2000

Naturwissenschaftliche Untersuchungen

Aufderheide, Arthur C., The Scientific Study of Mummies, Cambridge 2003

Brothwell, D. R., Digging up Bones, New York 1992[3]

Brothwell, D. R., The Bog Man and the Archaeology of People, London 1986

Bunte Götter. Die Farbigkeit antiker Skulptur, Ausstellungskatalog München 2003/2004.

Germer, R., Mumien. Zeugnisse des Pharaonenreichs, Düsseldorf/Zürich 2001

Herrmann, Bernd, Archäometrie. Naturwissenschaftliche Analyse von Sachüberresten. Eine praktikumsbegleitende Veröffentlichung aus dem Arbeitskreis Umweltgeschichte der Georg-August-Universität Göttingen, Berlin 1994

Cockburn, A. und E./Reyman, T. A. (Hrsg.), Mummies, Disease and Ancient Cultures, Cambridge 1998[2]

David, Ann Rosalie/Archbold, Rick, Wenn Mumien erzählen, neueste naturwissenschaftliche Methoden enträtseln das Alltagsleben im Ägypten der Pharaonenzeit, München 2001

Herrmann, Bernd/Hummel, Susanne, Ancient DNA. Recovery and Analysis of Genetic Material from Paleontological, Archaeological, Museum, Medical, and Forensic Specimens, New York/Berlin/Heidelberg 1994

Jacomet, Stefanie/Kreuz, Angela, Archäobotanik. Aufgaben, Methoden und Ergebnisse vegetations- und agrargeschichtlicher Forschung, Stuttgart 1999

Kreutz, Kerstin/Verhoff, Marcel A., Forensische Anthropologie, Lehrmanns Media, LOB.de 2002

Mommsen, Hans, Archäometrie. Neuere naturwissenschaftliche Methoden und Erfolge in der Archäologie, Stuttgart 1986

Ortner, Donald J., Identification of Pathological Conditions in Human Skeletal Remains, Amsterdam 2003

Wünsche, Raimund/Brinkmann, Vincent, Bunte Götter. Die Farbigkeit antiker Skulptur, München 2003

Ausgrabungen

Gersbach, Egon, Ausgrabung heute. Methoden und Techniken der Feldgrabung, Stuttgart 1998

Denkmalpflege

Ahrendt, Claus, Wiederaufgebaute Vorzeit. Archäologische Freilichtmuseen in Europa, Neumünster 1990

Flashar, Martin, Bewahren als Problem, Freiburg i. Br. 2000

Schmidt, Hartwig, Archäologische Denkmäler in Deutschland, rekonstruiert und wieder aufgebaut, Stuttgart 2000

Mythologie

Rose, Herbert J., Griechische Mythologie, München 2003[6]

Unterwasserarchäologie

Deutsche Gesellschaft zur Förderung der Unterwasserarchäologie e.V. (Hrsg.), In Poseidons Reich, Mainz 1995

Hellenkemper-Salies, Gisela, Das Wrack. Der antike Schiffsfund von Mahdia, Köln 1994

Ohlig, Christoph, Wasserhistorische Forschungen. Schwerpunkt Antike, Norderstedt 2003

Ohlig, Christoph, Wasserhistorische Forschungen. Schwerpunkt Montanbereich, Norderstedt 2003

Schlechterle, Helmut (Hrsg.), Pfahlbauten rund um die Alpen, Stuttgart 1997

Luftbildarchäologie

Trümpler, Charlotte/Gerster, Georg, Flug in die Vergangenheit, München 2002

Experimentelle Archäologie

Fansa, Mamoun (Red.), Neues aus dem Mittelalter. Experimentelle Archäologie im Museumsdorf Düppel, Oldenburg 1996

Junkelmann, Marcus, Die Legionen des Augustus. Der römische Soldat im archäologischen Experiment, Mainz 1986

Bibliographie

Junkelmann, Marcus, Das Spiel mit dem Tod, Mainz 2000

Provinzialrömische Archäologie

Fischer, Thomas, Die römischen Provinzen, Stuttgart 2001

Pleyel, Peter, Das Römische Österreich. Ein Führer zu Fundstätten und Museen, Wien 1987

Trillmich, W./Hauschild, T. u.a. (Hrsg.), Hispania Antiqua: Denkmäler der Römerzeit, Mainz 1993

Varusschlacht

François, Etienne/Schulze, Hagen (Hrsg.), Deutsche Erinnerungsorte, 3 Bde., München 2001, Bd. III, Michael Werner, Die "Germania", S. 569ff., ebda., Werner M. Doyé, Arminius, S. 587ff.

Ulrich von Hutten, Arminius, in: Rainer Wiegels/Winfried Woesler (Hrsg.), Arminius und die Varusschlacht – Geschichte – Mythos – Literatur, Paderborn 1995

Todd, Malcolm, Die Germanen, Stuttgart 2000

Christliche Archäologie

Davies, Philip R./Brooke, George J./Callaway, Phillip R., Qumran – Die Schriftrollen vom Toten Meer, Stuttgart 2002

Finkelstein, Israel/Silberman, Neil A., Keine Trompeten vor Jericho. Die archäologische Wahrheit über die Bibel, München 2002

Vieweger, Dieter, Archäologie der biblischen Welt, Stuttgart 2003

Ur- und Frühgeschichte

Blech, M./Koch, M./Kunst, M. (Hrsg.), Hispania Antiqua: Denkmäler der Frühzeit, Mainz 2001

Cunliffe, Barry (Hrsg.), Illustrierte Vor- und Frühgeschichte Europas. Oxford Illustrated History, Frankfurt 1996

Eggert, Manfred K. H., Prähistorische Archäologie. Konzepte und Methoden, Tübingen 2001

Kuckenburg, Martin, Vom Steinzeitlager zur Keltenstadt. Siedlungen der Vorgeschichte in Deutschland, Stuttgart 2000

Müller-Karpe, Hermann, Grundzüge früher Menschheitsgeschichte, Stuttgart 1998

Ägypten/Tut-anch-Amun

Carter, Howard/Mace, A. C., The Discovery of the Tomb of Tut ankh Amen – Discovered by the Late Earl of Carnavon and Howard Carter, 3 Bde., London 1923–1933 (Deutsch: ders., Das Grab des Tut-ench-Amun, Stuttgart 1997, gekürzte Ausgabe)

Harris, James E./Wente, Edward F. (Hrsg.), X-Ray Atlas of the Royal Mumies, Chicago 1980

Hornung, Erich, Grundzüge der ägyptischen Geschichte, Darmstadt 1996

Hornung, Erich, Tal der Könige, Düsseldorf 1999

Jánosi, Peter, Die Pyramiden. Mythos und Archäologie, München 2004

Vorderasiatische Archäologie

Klengel, Horst (Vorwort), Frühe Hochkulturen. Ägypten-Sumerer-Assyrer-Babylonier-Hethiter-Minoer-Phöniker-Perser, Stuttgart 2003

Altphilologie/ Alte Geschichte

Rupprecht, Hans-Albert, Kleine Einführung in die Papyrologie, Darmstadt 1998

Günther, Rosemarie, Einführung in das Studium der Alten Geschichte, Stuttgart 2001

Howgego, Christopher, Geld in der Antiken Welt, London 2000

Neue Medien

Altekamp, Stefan/Tiedemann, Paul, Internet für Archäologen, Darmstadt 1999

Archäologie auf CD-ROM, Stuttgart, Limes (1998); Pergamon (2000); Troja (2001); Karthago (2004)

Junkelmann, Marcus, Hollywoods Traum von Rom, Mainz 2004

Tourismus

Perrottet, Tony, In Troja ist kein Zimmer frei. Bildungs- und Vergnügungsreisen in der Antike, München 2002

Register

Register

Bildnachweis

Umschlag l. stern – nach einer Zeichnung von Wislaw Smetek / Umschlag o. M. Rainer Hackenberg, Köln / Umschlag o. r. H. Bock, Jübar / Umschlag M. Bildarchiv preussischer Kulturbesitz / Umschlag M. r. dpa / Umschlag u. Franck Goddio / Umschlagrückseite: H. Schneider, Hamburg

Frontispiz: British Museum, London

9, 92 Cartomedia, Karlsruhe

11 Peter Willi, Paris

12, 38 o., 103, 114, 115, 127, 147 u., Stefan Albers, Bremen

15 aus: Description de l'Egypte

16 H. Klengel, Berlin

17 aus: John Stevens und Frederick Catherwood, Incidents of Travel in Central America, Chiapas and Yucatan, New York 1843

19 picture-alliance/dpa

20 Brandenburgisches Landesamt für Denkmalpflege und Archäologisches Landesmuseum, Wünsdorf; D. Sommer

21 Ziethen-Verlag, Pulheim-Geyen

22 Cartomedia, Karlsruhe, nach: Helmut Brückner, Bochum

24 Bernisches Historisches Museum

27 aus: J.-Y. Empereur, Raising Statues and Blocks from the Sea at Alexandria (Egypt Archaeology 9, 1996)

28 Bayerisches Landesamt für Denkmalpflege, K. Leidorf

32 o. Museum of London

32 u., 112 u., 120, 142 Musée du Louvre, Paris – RMN

33 o. Rheinisches Landesmuseum, Trier, Marcus Junkelmann

35 o. DAI Athen, H. P. Goette

35 u. Ägyptisches Museum, Berlin, Papyrussammlung, Foto Margarete Büsing

37 Musei Vaticani, Rom

38 u. Akropolis-Museum, Athen

39 Museo Villa Hadriana, Tivoli

40 Boston Museum of Fine Arts

41, 58 u., 59, 62, 73 aus: Der Keltenfürst von Hochdorf, Stuttgart 1985, Landesdenkmalamt Baden-Württemberg

43 aus: John Boardman, Athenian Red Figure Vases, London 1975

44 l., M. Nationalmuseum, Athen

44 r. Akropolismuseum, Athen

46 Musées Royaux d'Art et d'Histoire, Brüssel

48 aus: Reinhard Bernbeck, Theorien in der Archäologie, Tübingen und Basel 1997

49, 67 aus: Franziska Laug, Klassische Archäologie, Tübingen und Basel 1992

55 Peter Willi, Paris

57 H. Bock, Jübar

58 o. J. F. Jüttner und R. Klostermann

61, 94 ArcTron GmbH, Altenthann

63 Erhard Pansegrau, Berlin

64, 65 aus: Macht, Herrschaft und Gold. Das Gräberfeld von Varna (Bulgarien) und der Anfang einer neuen europäischen Zivilisation, Saarbrücken 1988

70 Bayerisches Landesamt für Denkmalpflege

71 Landesamt für Denkmalpflege und Archäologie Sachsen-Anhalt, Landesmuseum für Vorgeschichte, Ralf Schwarz 71 o.; Alfred Volker 71 M.; 180, 182

72 http://catal.arch.cam. ac. uk

76 o. Badisches Landesmuseum, Karlsruhe

76 u. Hermann Born, Berlin

78, 79 Glyptothek, München

80 M. Renate Kühling

80 r. Wasmund

81 Museo Nazionale di Reggio Calabria

82, 83, 84, 85 aus: D. R. Brothwell, Digging up Bones, Ithaca 1992

86, 89 Michael Schultz

88, 112 o., 143 British Museum, London

90 o. Walter Leitner

90 u. stern – nach einer Zeichnung von Wislaw Smetek

91, 101, 107, 108, 149 Archiv DuMont

93 o. Egon Gersbach

93 u. J. Wiethold

97 ANSA, dpa

98 Archivio Skira di Antichità

100 o. M. Pausch

100 Staatsbibliothek Preussischer Kulturbesitz, Berlin

102, 110 u., 126 picture-alliance/akg-images

104 Forschungsarchiv für römische Plastik

105 Raoul Laev

106, 111 o. Bridgeman Art Library

109 Museo Archeologico Nazionale, Venedig

110 o. Bibliothek Werner Oechslin

111 u. L. Schneider, Hamburg

116 Staatliche Kunstsammlungen Kassel, Schloss Wilhelmshöhe

117 Franz Kaufmann

118 D. Austmann, Köln

119 Soprintendenza archaeologica dell'Emilia-Romagna, Bologna

120, 158–164 aus: Tutenchamun, Ausstellungskatalog Mainz 1980

203

Bildnachweis

121, 124 o., 178 Bildarchiv Preussischer Kulturbesitz Berlin
122 Erich Lessing, Wien
123 Antikenmuseum Basel, Sammlung Ludwig
128 picture-alliance/dpa/dpaweb
129 dpa
130, 134 o., 135 aus: DAI, Die Funde aus Olympia, Athen 1980; 136 u. Foto: H. P. Gotte
133 Archäologisches Museum, Olympia
134 u. Nationalmuseum, Athen
136 o. Museo Archaeologico, Florenz
138 Royal Ontario Museum, Toronto
139, 147 o. Rainer Hackenberg, Köln
140 Akropolis-Museum, Athen, TAP Service
141 Bayerische Staatsgemäldesammlungen, Neue Pinakothek, München
144, 145 DAI Athen, W. D. Niemeier
146 aus: M. Maaß, Delphi. Orakel am Nabel der Welt, Sigmaringen 1996
150 l. Hellenic Ministry of Culture – I. Iliadis
150 r. Hellenic Ministry of Culture – St. Stouranras
151 Landesamt für Denkmalpflege Niedersachsen
152, 170 Scala, Florenz
153 Araldo di Luca/ARRIS, Rom
154 r. aus: Charles Texier, Descriptions d l'asie mineur I, Paris 1839
156 aus: John Garstang, The Land of the Hettites, London 1910
169 Museo Archaeologico Nazionale, Rom
171 aus: I Bronzi di Riace, Cosenza 1981
173 © Chris Hellier, CORBIS
177 Lippisches Landesmusuem, Detmold
179 Museum Kalkriese
183 picture-alliance
184 Archiv Graepler
186 © Troja-Projekt
187 Canakkale Müsezi © TC Kulturministerium, Foto M. Gülbiz

Der Verlag hat sich bemüht, alle Rechteinhaber ausfindig zu machen. Leider ist dies in einigen Fällen nicht gelungen. Berechtigte Ansprüche werden selbstverständlich im Rahmen der üblichen Vereinbarungen abgegolten.